21世纪经济管理新形态教材·统计学系列

统计学
SPSS应用及案例分析

王秀芝 ◎ 编著

清华大学出版社

北京

内 容 简 介

统计学作为一门应用性非常强的学科,为使用者提供了获取数据、分析数据并从中得出结论的方法。掌握统计分析方法的具体应用,学会使用统计软件对海量数据进行分析整理,可以让使用者在竞争激烈的就业市场中占据优势。

本书力图将统计学理论知识与实际问题分析相结合、将统计软件操作与案例分析相结合,提高使用者分析问题与解决问题的能力。本书的主要特色包括:以真实数据为依据、以案例分析为载体、以能力培养为目标;案例均为原创,并提供相关配套数据。本书对国内部分宏观和微观数据库进行了较为详细的介绍,可以成为学生查找数据的重要指南。

本书既可作为高等院校经济管理类学生的专业教材,也可以作为其他专业人士和广大实际工作者的参考用书。

本书封面贴有清华大学出版社防伪标签,无标签者不得销售。

版权所有,侵权必究。举报: 010-62782989, beiqinquan@tup.tsinghua.edu.cn。

图书在版编目(CIP)数据

统计学: SPSS应用及案例分析/王秀芝编著.—北京: 清华大学出版社, 2023.9(2025.1重印)
21世纪经济管理新形态教材. 统计学系列
ISBN 978-7-302-64656-3

Ⅰ.①统… Ⅱ.①王… Ⅲ.①统计分析-软件包-高等学校-教材 Ⅳ.① C819

中国国家版本馆CIP数据核字(2023)第175496号

责任编辑:胡 月
封面设计:汉风唐韵
版式设计:方加青
责任校对:宋玉莲
责任印制:曹婉颖

出版发行:清华大学出版社
网　　址:https://www.tup.com.cn, https://www.wqxuetang.com
地　　址:北京清华大学学研大厦A座　　　　邮　编:100084
社 总 机:010-83470000　　　　　　　　　邮　购:010-62786544
投稿与读者服务:010-62776969, c-service@tup.tsinghua.edu.cn
质 量 反 馈:010-62772015, zhiliang@tup.tsinghua.edu.cn

印 装 者:艺通印刷(天津)有限公司
经　　销:全国新华书店
开　　本:185mm×260mm　　印　张:15.75　　字　数:371千字
版　　次:2023年9月第1版　　　印　次:2025年1月第3次印刷
定　　价:49.00元

产品编号:100618-02

前言

PREFACE

统计学是一门实用性非常强的学科。作为经济管理类专业的学生，学好统计学无论是对学位论文的写作，还是对今后工作中各类分析报告的撰写，都有非常大的帮助。而伴随着大数据时代的到来，使用统计软件对海量数据进行分析整理更成为经济管理类专业学生的必备技能之一。因此，在课程学习中，掌握必要的统计软件使用方法非常重要。为配合经济管理类各专业统计学课程教学，我们在 2017 年编写了主要使用 SPSS 软件进行统计分析的讲义，力图将统计学理论知识与实际问题分析相结合、将统计软件操作与案例分析相结合，提高学生分析问题与解决问题的能力。在使用过程中，编者根据学生的反馈意见，对讲义进行了修改和完善，形成本书。

本书的主要特点有以下三点。

（1）以实际数据为依据：使用统计年鉴、问卷调查、各机构的调查数据进行分析，让学生在使用 SPSS 软件进行操作的同时，学习对实际问题的分析方法。

（2）以案例分析为载体：阐述数据分析思路，通过案例分析引导学生正确使用统计方法对社会经济现象进行分析和解释，强化案例在统计学实验课程中的引导作用。

（3）以能力培养为目标：结合编者的科研成果，精心选取案例和真实数据，让学生在学习理论知识及统计软件使用的过程中，加深对社会经济现象的认识，提高数据分析能力。

本书的数据和案例尽量从多维度反映社会经济发展现状，采用的案例均为编者自己编写和创作，使用的全部是真实数据，有利于学生提高创新能力、拓宽专业视野。此外，本书对国内部分宏观和微观数据库进行了较为详细的介绍，可以成为学生查找数据的重要指南。

本书多处使用了我国国家卫生健康委员会的"中国流动人口动态监测调查"数据（China Migrants Dynamic Survey，CMDS），在此向参与历年全国调查的工作人员和数据录入人员表示感谢！本书还使用了编者问卷调查的数据，感谢参加问卷调查的南昌航空大学经济管理学院 2012 级、2013 级、2014 级的同学们！感谢 2014 级研究生朱瑶、2015 级经济学专业吴冬、2016 级研究生陈永、

2018 级研究生邵子煜、2019 级经济学专业刘震海在原始数据录入中的贡献！感谢 2020 级研究生王俊霞在本书修订过程中做的大量基础性工作！感谢 2021 级研究生邹统标、2019 级经济学专业陈雅妮、过楚艳对书稿所做的校对工作！

本书的部分上机作业由潘艳平副教授提供，在此表示感谢！

王秀芝

2023 年 4 月 21 日

目 录
CONTENTS

第一篇　SPSS 应用

第一章　SPSS 文件建立与编辑　2
1.1　变量和数据　3
1.2　SPSS 的使用基础　7
1.3　SPSS 数据文件的建立和管理　10
1.4　SPSS 数据的预处理　21

第二章　描述统计　33
2.1　用 SPSS 展示定性数据　33
2.2　用 SPSS 分析定量数据　44
2.3　用 SPSS 计算描述统计量　50
2.4　描述统计的具体应用　55

第三章　参数检验　65
3.1　基本思想　65
3.2　单样本 t 检验　66
3.3　两独立样本 t 检验　68
3.4　两配对样本 t 检验　70

第四章　卡方检验　77
4.1　用 SPSS 进行 χ^2 拟合优度检验　77
4.2　用 SPSS 进行 χ^2 独立性检验　80

第五章　方差分析　87
5.1　基本思想　87

5.2　用 SPSS 进行单因素方差分析　90
5.3　用 SPSS 进行双因素方差分析　97

第六章　相关分析　103
6.1　绘制散点图　103
6.2　相关系数的计算及检验　109
6.3　偏相关分析　112

第七章　线性回归分析　116
7.1　用 SPSS 进行一元线性回归分析　116
7.2　用 SPSS 进行多元线性回归分析　127
7.3　用 SPSS 进行哑变量回归　135

第八章　因子分析　144
8.1　基本思想　144
8.2　SPSS 操作步骤　145
8.3　结果解释　150

第九章　聚类分析　161
9.1　基本思想　161
9.2　用 SPSS 进行层次聚类　163
9.3　用 SPSS 进行 K-Means 聚类　170

第二篇　统计分析案例

第十章　数据来源及分析步骤　178
10.1　宏观数据　178
10.2　微观数据　181
10.3　数据分析的基本步骤　185

第十一章　描述统计案例　188
11.1　农民工与城镇职工的收入差距　188
11.2　迁移与老人健康　197

第十二章　推断统计案例　203
12.1　人力资本与我国城乡低龄老年人就业　203
12.2　新生代农民工家庭支出的估计和检验　208

第十三章　回归分析案例　212
13.1　受教育程度的影响因素　212
13.2　省际迁移决定因素的变迁　215

第十四章　多元统计分析案例　220
14.1　高技术产业科技实力分析　220
14.2　中国宜居城市聚类分析　225

主要参考文献　230

附录　常用数理统计表　231

第一篇
SPSS 应用

第一章 SPSS 文件建立与编辑

学习目标：
1. 明确 SPSS 软件的用途，了解 SPSS 的基本窗口和菜单，熟练掌握 SPSS 的基本操作。
2. 熟练掌握建立 SPSS 数据文件及管理 SPSS 数据的基本操作方法。
3. 熟练掌握 SPSS 进行数据合并、数据排序、数据选取、变量计算等操作方法。

SPSS 是世界著名的统计分析软件之一，是 Statistical Package for Social Science 的英文缩写，中文译为"社会科学统计软件包"，也是 Statistical Product and Service Solutions 的英文缩写，即统计产品与服务解决方案。20 世纪 60 年代末，美国斯坦福大学的三位研究生研制开发了最早的统计分析软件 SPSS，并于 1975 年在芝加哥成立了专门研发和经营 SPSS 软件的 SPSS 公司。1984 年，SPSS 公司推出了运行在 DOS 操作系统上的 SPSS 计算机版第 1 版，随后又相继推出了第 2 版、第 3 版等。20 世纪 90 年代初，随着计算机 Windows 图形操作系统的出现和盛行，SPSS 公司又研制出了以 Windows 为运行平台的 SPSS 第 5 版、第 6 版。20 世纪 90 年代中后期，为适应用户在 Windows 95 操作系统环境下工作的习惯，并迎合 Internet 的广泛使用，SPSS 第 7 版～第 17 版又相继诞生。目前，SPSS 在全球约有几十万家产品用户，分布于通信、医疗、银行、证券、保险、制造、商业、市场研究、科研教育等多个行业和领域，已成为世界上最流行、应用最广泛的专业统计分析软件之一。

2009 年，IBM 公司斥资 12 亿美元收购了 SPSS 软件公司。SPSS 第 18 版和第 19 版更新命名为 PASW（Predictive Analytics Software，预测分析软件）Statistics。其第 20 版～第 29 版命名为 IBM SPSS Statistics。

从 SPSS/PC+ 版本到目前的最新版本，SPSS 在用户操作和分析结果的展现方面做了非常大的改进。用户的数据管理和统计分析工作可以非常方便地通过鼠标单击菜单或按钮并配合简单的窗口输入来实现，免去了使用者记忆命令和参数的负担，也不需要任何计算机编程。SPSS 的基本功能包括数据管理、统计分析、图表分析、输出管理等。SPSS 统计分析过程包括描述统计、均值比较、一般线性模型、相关分析、回归分析、对数线性模型、聚类分析、因子分析、生存分析、时间序列分析、多重响应等，每类中又分好几个统计过程。比如，回归分析中又分线性回归分析、曲线估计、Logistic 回归、Probit 回归、加权估计、两阶段最小二乘法、非线性回归等多个统计过程，而且每个过程中又允许用户选择不同的方法及参数。SPSS 也有专门的绘图系统，可以根据数据绘制各种图形。

除了 SPSS 软件之外，这里简要介绍一下其他几种统计软件。

（1）**SAS**。SAS 是功能齐全的软件，价格不菲，许多公司特别是美国制药公司偏爱使用。尽管它现在已经尽量"傻瓜化"，但相关人员仍然需要经过一定的培训才可以使用，使用者也可以对它编程，不过对于基本统计课程使用起来不太方便。

（2）**Stata**。Stata 是用于 Windows、Macintosh 及 Unix 计算机系统下的一种功能完全的统计软件包。它的特点包括易操作、速度快，其具有一整套预先编好的分析与数据管理功能，同时也允许用户根据需要来创建自己的程序、添加更多的功能。Stata 的大部分操作既可以通过下拉菜单系统来完成，也可以更直接地通过键入命令来完成。初学者可以在菜单的帮助下学习使用 Stata，任何人在应用自己所不熟悉的程序时都可以由此获得帮助。Stata 的命令有很强的一致性和直观意义，可以使有经验的用户更为高效地工作，这一特点还使得对更复杂或需要多次重复的任务进行编程变得十分容易。Stata 是应用经济学研究者的一个有力工具，不论所探索的数据是时间序列、面板数据还是横截面数据，Stata 都能帮助人们更容易且更有效地进行分析研究。

（3）**R**。R 是基于 R 语言的一款统计软件。R 语言是一种统计计算语言，是贝尔实验室开发的 S 语言的一种实践，具有许多优点。比如：R 是免费的；R 的更新速度快，可以包含很多最新方法的实现方案，而其他软件的更新则需要比较长的时间；R 可以提供丰富的数据分析技术，功能十分强大；R 的绘图功能强大，可以按照需要画出图形，对数据进行可视化分析。

（4）**Eviews**。Eviews 是一种处理回归和时间序列等问题很方便的经济计量学软件，能够处理以时间序列为主的多种类型数据，进行包括描述统计、回归分析、传统时间序列分析等基本数据分析，以及建立条件异方差、向量自回归等复杂的计量经济模型。

（5）**Excel**。Excel 作为微软公司推出的 Office 软件中的主要成员，因其具有电子表格管理、数据清单管理、商业统计图表处理及数据分析与决策功能，已受到广大用户的青睐，并逐步成为政府机构和企事业单位进行数据处理分析的主要工具。Excel 严格来说并不是统计软件，但有一定的统计计算功能。而且凡是装有 Microsoft Office 的计算机，基本上都有 Excel 。但要注意，有时在安装 Office 时没有安装数据分析的功能，如需使用则必须安装该功能后才能进行数据分析。画图功能是 Excel 默认具备的功能，该功能在对数据的描述统计中非常有用。对于简单分析，如相关分析、一元线性回归分析、方差分析，Excel 还算方便，但随着问题的深入，Excel 就不那么方便了，需要使用宏命令来编程，这时没有相应的简单选项。因此，多数专门的统计推断问题还是需要专门的统计软件来处理。

当然，还有很多其他的软件，此处不再一一列出。对于经济管理类专业的学生而言，如果没有特别的数据分析要求，能够熟练掌握 Excel 和 SPSS 一般就可以达到对数据进行分析的目的。而且，只要学会使用一种软件，使用其他的软件也不会困难，通过阅读帮助和说明即可掌握使用方法。

最后，需要说明的是，学习软件的最好方式是在使用中学习。

1.1 变量和数据

统计学是一门分析数据的科学，因此，在学习数据分析之前，我们有必要对变量和数据有一个全貌的认识。

1.1.1 变量和变量值

变量（variable）是说明现象某种特征的概念。"变量"这个名称来源于某个特征在总体中的所有个体上是变化的这一事实。例如，就业人员的年龄、性别和受教育年限。这里的"年龄""性别""受教育年限"就是变量，对于每一位就业人员来说，他们的"年龄""性别""受教育年限"都是不同的。

变量的具体取值称为**变量值**。比如，某个人的年龄是 35 岁，性别为女，受教育年限是 12 年，这里的"35 岁""女""12 年"就是变量值。对于一个抽取的样本（样本容量为 500）来说，如果我们研究"年龄"这个变量，那么我们所关注的是"一个"变量，但是有"500 个"变量值。

根据变量值的不同，可以将变量分为以下几种类型：

1. 定类型变量

定类型变量是说明事物类别的一个名称。例如，"性别"就是一个定类型变量，其变量值为"男"或"女"。类似的，"籍贯""政治面貌""行业"等都是定类型变量。

2. 定序型变量

定序型变量是说明事物有序类别的一个名称。例如，"产品等级"就是一个定序型变量，其变量值可以为"一等品""二等品""三等品"等；受教育程度也是一个定序型变量，其变量值可以为"小学""初中""高中""大学"等。

3. 数值型变量

数值型变量是说明事物数字特征的一个名称，例如，"国内生产总值""产品产量""年龄"等。根据取值不同，数值型变量又可以分为**离散型变量**和**连续型变量**。

上述的定类型变量和定序型变量属于**定性变量**，数值型变量属于**定量变量**。如果要研究定性变量之间的关系，可采用列联分析、卡方独立性检验等统计分析方法；如果要研究定量变量之间的关系，可采用相关分析、回归分析等统计分析方法；如果要研究定性变量与定量变量之间的关系，可采用方差分析、Logistic 回归、判别分析等统计分析方法。

1.1.2 数据的类型

统计数据是对现象进行测量的结果，上述变量值被统称为**数据**（data）。数据是统计分析的基础，数据质量的优劣直接影响着统计分析结果的准确性。获取高质量的数据是一项系统工程，其中涉及很多问题。本节主要介绍数据的类型及数据获取方法。

1. 分类数据、顺序数据、数值型数据

按照所采用的计量尺度不同[①]，可以将统计数据分为分类数据、顺序数据和数值型数据。

---

① 数据的测量尺度有四种。①分类尺度（nominal scale）：按照事物的某种属性对其进行平行的分类，数据表现为类别，没有序次关系，是数据的最低级；②顺序尺度（ordinal scale）：是对事物类别顺序的测度，数据表现为有序的类别，只能比较大小，不能进行加减运算，更不能做乘除运算；③间隔尺度（interval scale）：是对事物类别或次序之间间距的测度，没有绝对零点，数据表现为数字，数据中的 0 是人为设定的，只能做加减运算，不能做乘除运算；④比率尺度（ratio scale）：是对事物类别或次序之间间距的测试，有绝对零点，数据表现为数字，是数据最高级的测度等级，可以做加减乘除运算，以及基于加减乘除的运算。

分类数据是定类型变量的取值。它是只能归于某一类别的非数字型数据，它是对事物进行分类的结果，数据表现为类别，是用文字来表述的。

顺序数据是定序型变量的取值。它是只能归于某一有序类别的非数字型数据。顺序数据虽然也是类别，但这些类别是有序的。例如，考试成绩可以分为优、良、中、及格、不及格。

数值型数据是数值型变量的取值。它是按数字尺度测量的观察值，其结果表现为具体的数值。

分类数据和顺序数据说明的是事物的品质特征，通常是用文字来表述的，其结果均表现为类别，因而也可统称为**定性数据**；数值型数据说明的是现象的数量特征，通常是用数值来表现的，因此也可被称为**定量数据**。

2. 观测数据和实验数据

按照统计数据的收集方法，可以将其分为观测数据和实验数据。**观测数据**是通过调查或观测而收集到的数据，这类数据是在没有对事物人为控制的条件下得到的，有关社会经济现象的统计数据几乎都是观测数据。**实验数据**则是在实验中控制实验对象而收集到的数据。比如，对一种新药疗效的实验数据，对一种新的农作物品种的实验数据。自然科学领域的大多数数据都是实验数据。

3. 截面数据和时间序列数据

按照被描述的现象与时间的关系，可以将统计数据分为截面数据和时间序列数据。**截面数据**是在相同或近似相同的同一时点上搜集的数据，这类数据通常是在不同的空间上获得的，用于描述现象在某一时刻的变化情况。例如：同一年份各地区的国内生产总值；第七次人口普查中我国各地区的人口数量；等等。**时间序列数据**是在不同时间收集到的数据，这类数据是按时间顺序收集到的，用于描述现象随时间变化的情况。例如，我国1978—2022年每年的粮食产量、发电量等。研究宏观经济问题，相关时间序列数据来自国家统计局或一些专业部委的统计年鉴。如果研究微观经济现象，如研究某企业的产值与能耗，那么数据就要在这个企业的相关部门获取。

在分析不同类型的数据时，一定要结合数据特征采用合适的方法。比如：对分类数据，通常计算出各组的频数或频率，进行列联表分析和 χ^2 检验等；对顺序数据，可以计算其中位数和四分位差，计算等级相关系数等；对数值型数据，可以用更多的统计方法进行分析，如计算各种统计量，进行参数估计和假设检验等。

1.1.3 数据的获取

1. 间接获取

对于大多数使用者来说，亲自去做调查往往是不可能也是不必要的。我们大多会使用有关统计部门和机构发布的统计资料，或者其他机构调查、试验得到的数据，然后将所获取的数据按照自己的需要进行加工、整理，使之成为进行统计分析可以使用的数据。这些数据被称为间接数据或第二手数据。相对来说，这些第二手数据的收集比较容易，收集数据的成本低、花费的时间短。第二手数据的作用也非常广泛，除了可以用于分析所要研究的问题之外，这些资料还可以提供研究问题的背景信息，研究者首先进行探索性分析，回答和检验某些疑问和假设，寻找研究问题的思路和途径，从而可以更好地定义问题。因此，收集第二手数据是研究者首先要考虑并采用的。分析问题也应该首先从对第二手数据的分析开始。

但是，第二手数据也有很大的局限性，研究者在使用第二手数据时要保持谨慎的态度。因为第二手数据并不是为研究者研究特定的问题而量身定做的，它在解决所研究的问题方面可能有欠缺，如数据的相关性不强、口径不一致、数据时效性不强等。因此，在使用第二手数据前，对第二手数据进行评估是必要的。

对第二手数据进行评估需要考虑下面一些内容。

（1）数据是谁收集的？这主要是考虑数据收集者的实力和社会信誉度。例如，对于全国性的宏观经济数据，与某个专业性的调查机构相比，政府有关部门公布的数据可信度更高。

（2）数据是为什么目的而收集的？一般来说，为了某个群体的得利而收集的数据是值得怀疑的，这样的数据带有某种倾向性。在问题分析中，研究人员一般需要使用权威机构发布的数据。

（3）数据是怎样收集的？收集数据的方法有多种，采用不同方法收集到的数据，其解释力和说服力都是不同的。有些数据是任意抽选的，这样的数据解释力就差，而通过概率手段进行抽样得到的数据解释力就强。如果不了解收集数据所采用的方法，就很难对数据质量做出客观的评价。

（4）数据是何时收集的？数据具有时效性。过时的数据，其说服力和解释力自然会打折扣，因为时代变化很大，过去的数据往往不能准确地描述现在的情况。

使用第二手数据，要注意数据的定义、统计口径和计算方法，避免数据的错用、误用和滥用。在引用第二手数据时，应注明数据的来源，以示对他人劳动成果的尊重并方便对数据的质量进行评估。

有关间接获取的宏观数据和微观数据，本书第十章进行了专门的介绍。

2. 直接获取

虽然第二手数据具有收集方便、耗时少、成本低等优点，但对一个特定的问题而言，第二手资料的主要缺陷可能在于数据的相关性太低。若仅仅依靠第二手资料还不能回答研究所提出的问题，就需要获得第一手数据。

数据的直接来源主要有两种渠道：一是调查或观察；二是试验。

调查是获得社会经济数据的最主要手段，也是很多领域的专家分析研究社会问题的重要基础。调查数据包括国家机关统计部门完成统计调查所获得的数据，也包括企业、机构、个人为特定的需要所完成的调查所获得的数据。数据通常取自有限总体，即总体所包含的个体单位有限。如果调查针对总体中的所有个体单位进行，就把这种调查称为**普查**。普查数据具有信息全面、完整的特点，但是，当总体较大时，进行普查将是一项很大的工程，耗时、费力、成本高，因此普查不可能经常进行。此时，需要把数据收集限制在总体的一个样本上，样本是总体中的一个被选中的部分。选择样本最科学的方法是按照随机原则进行**抽样调查**，产生一个随机样本。调查中常用的概率抽样方法有：简单随机抽样、分层抽样、整群抽样、系统抽样。

试验大多是对自然现象而言。试验数据是在试验中控制试验对象而搜集到的数据。试验是检验变量间因果关系的一种方法。在试验中，研究人员要控制某一情形的所有相关方面，操纵少数感兴趣的变量，然后观察试验结果。心理学、教育学、社会学、经济学、管理学中有许多使用试验方法获得研究数据的案例。

1.2　SPSS 的使用基础

1.2.1　SPSS 的基本窗口

SPSS 软件运行时有多个窗口，各窗口有各自的作用。使用者要快速入门，只需要熟悉两个基本窗口即可，它们是数据编辑窗口和结果输出窗口。

1. SPSS 数据编辑窗口

打开 SPSS 以后，你会看到如图 1-1 所示的界面，这就是数据编辑窗口。

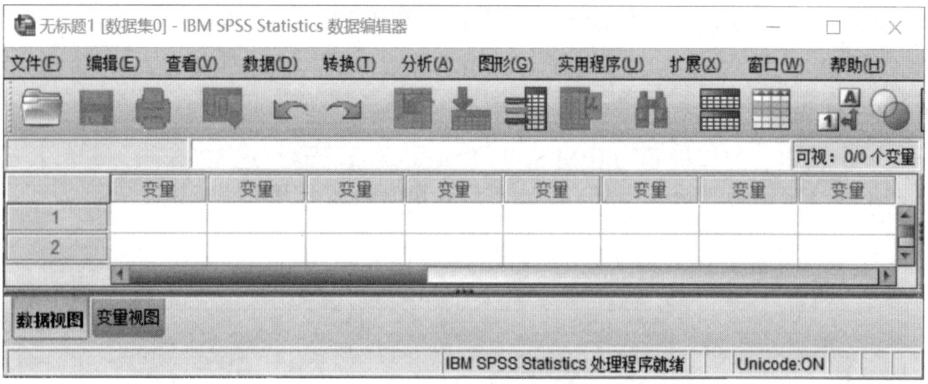

图 1-1　SPSS 数据编辑窗口

这个界面显示的是一个空数据表，其中列代表变量，行代表观测值。界面的上方是 SPSS 的主菜单栏，将数据录入数据表中后，便可以通过选择主菜单中相应的选项（表 1-1），进行数据分析。

表 1-1　SPSS 窗口主菜单及其功能

菜单名	功　能	解　释
文件（F）	文件操作	对 SPSS 相关文件进行基本管理（如新建、打开、保存、打印）
编辑（E）	数据编辑	对数据编辑器窗口中的数据进行基本编辑（如撤销/恢复、剪切、复制、粘贴），并实现数据查找、软件参数设置等功能
查看（V）	窗口外观状态管理	对 SPSS 窗口外观等进行设置（如状态栏、表格线、变量值标签等是否显示、字体设置等）
数据（D）	数据的操作和管理	对数据编辑器窗口中的数据进行加工整理（如数据的排序、转置、抽样、分类汇总、加权等）
转换（T）	数据基本处理	对数据编辑器窗口中的数据进行基本处理（如生成新变量、计数、分组等）

续表

菜单名	功 能	解 释
分析（A）	统计分析	对数据编辑器窗口中的数据进行统计分析和建模（如基本统计分析、均值比较、相关分析、回归分析、非参数检验等）
图形（G）	制作统计图形	对数据编辑器窗口中的数据生成各种统计图形（如条形图、直方图、饼图、折线图、散点图等）
实用程序（U）	实用程序	SPSS其他辅助管理（如显示变量信息、定义变量集等）
窗口（W）	窗口管理	对SPSS的多个窗口进行管理（如窗口切换、最小化窗口等）
帮助（H）	帮助	实现SPSS的联机帮助（如语句检索、统计辅导等）

SPSS数据编辑窗口（窗口标题为IBM SPSS Statistics数据编辑器）是SPSS的主程序窗口，该窗口的主要功能是定义SPSS数据的结构、录入编辑和管理待分析的数据。其中，窗口左下角的【数据视图】用于显示SPSS数据的内容，【变量视图】用于显示SPSS数据的结构，即对变量进行定义。SPSS的所有统计分析功能都是针对该窗口中的数据。这些数据通常以SPSS数据文件的形式保存在计算机磁盘上，其文件扩展名为.sav。.sav文件格式是SPSS独有的，一般无法通过Word、Excel等其他软件打开。

2. SPSS结果输出窗口

结果输出窗口（窗口标题为IBM SPSS Statistics查看器）是SPSS的另一个主窗口，该窗口的主要功能是显示管理SPSS统计分析结果、报表及图形，如图1-2所示。

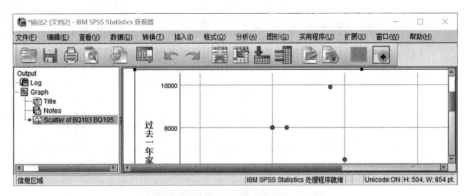

图1-2　SPSS结果输出窗口

注：本图是做了一个散点图的输出窗口。

SPSS统计分析的所有输出结果都显示在该窗口中。输出结果通常以SPSS输出文件的形式保存在计算机磁盘上，其文件扩展名为.spv。.spv文件格式是SPSS独有的，也无法通过Word、Excel等其他软件打开。

1.2.2　SPSS的基本运行方式

SPSS为用户提供了三种基本运行方式，它们是完全窗口菜单方式、程序运行方式、混合运行方式。这三种运行方式分别适合于不同的用户和不同的统计分析要求。

1. 完全窗口菜单方式

完全窗口菜单方式是在使用SPSS的过程中，所有的分析操作都通过菜单、按钮、输入对话框等方式来完成。它是一种最常见和普遍的使用方式，其最大的优点是简洁和直观。用户不需要了解任何计算机编程的概念，只要熟悉 Windows 的基本操作并懂得相应的统计知识，就可以非常方便地完成统计分析工作。在操作中，数据编辑器窗口中所有待分析的变量通常显示在窗口左边的列表框中，用户通过鼠标和窗口中间的按钮将本次需要分析的变量选到右边的列表框中。图 1-3 是使用完全窗口菜单方式编辑直方图的对话框。

图 1-3　SPSS 变量选择操作方式

完全窗口菜单方式适合一般的统计分析人员和 SPSS 的初学者。对于一般的数据分析来说，完全窗口菜单方式基本可以满足操作要求。本书在后续软件操作过程中均以该方式为主。

2. 程序运行方式

程序运行方式是在使用 SPSS 的过程中，统计分析人员首先根据自己的分析需要，将数据分析的步骤手工编写成 SPSS 命令程序，然后将编写好的程序一次性提交给计算机执行。SPSS 会按照程序命令语句的前后顺序自动逐句执行相应的命令，并最终给出统计分析结果。

程序运行方式适用于大规模的统计分析工作。它能够依照程序自动进行多步骤的复杂数据分析，分析过程中无须人工干预。这样，即使分析计算的时间较长、分析步骤较多，也能够自动完成，无须人工等待。这种方式需要做两项工作：一是编写 SPSS 程序，二是提交并运行 SPSS 程序。

3. 混合运行方式

混合运行方式是在使用菜单的同时编辑 SPSS 程序，是完全窗口菜单方式和程序运行方式的综合。为实现混合运行方式，用户应首先按照菜单运行方式选择统计分析的菜单和选项，但并不马上单击【确定】按钮提交执行，而是单击【粘贴（P）】按钮。于是，SPSS 将自动把用户所选择的菜单和选项转换成 SPSS 的命令程序，并粘贴到当前语法窗口中。然后，用户可以按照程序运行的方式，对在语法窗口中生成的 SPSS 命令进行必要的编辑修改，然后再一次性提交给计算机执行。

可见，混合运行方式弥补了完全窗口菜单方式中每步分析操作都要人工干预的不足，同时摆脱了程序运行方式中必须熟记 SPSS 命令和参数的制约，因此是一种较为灵活且实用的操作方式。另外，对于熟练的 SPSS 程序员，可以借助该方式在程序中添加窗口菜单和选项中没有提供的参数。

以上三种使用方式各有千秋，实际使用中应根据应用分析的需要和使用者掌握 SPSS 的程度进行合理的选择。

1.3 SPSS 数据文件的建立和管理

建立 SPSS 数据文件是利用 SPSS 软件进行数据分析的首要工作。没有完整且高质量的数据，也就没有值得依赖的数据分析结论。因此，学会 SPSS 数据文件的建立对于初学者来说也是一件非常重要的事情。

SPSS 数据文件由数据的结构和内容两部分组成。其中，数据的结构记录了数据类型、取值说明、数据缺失情况等必要信息，数据的内容是那些待分析的具体数据。基于此，建立 SPSS 数据文件时应完成两项任务：第一，描述 SPSS 数据的结构；第二，录入编辑 SPSS 的数据内容。这两部分工作分别在 SPSS 数据编辑窗口的【变量视图】和【数据视图】中完成。

1.3.1 SPSS 数据的结构

在输入数据前，通常要先描述数据结构，选择【变量视图】标签，出现的 SPSS 界面如图 1-4 所示。其中，各项内容依次为名称、类型、宽度、小数位数、标签、值、缺失、列、对齐、测量、角色。

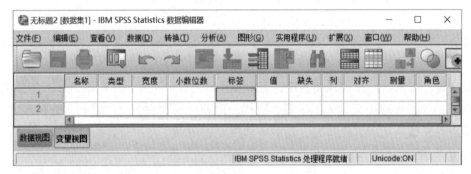

图 1-4 【变量视图】窗口

1. 名称

【名称】是变量访问和分析的唯一标识。在定义 SPSS 数据结构时应首先给出每个变量的名称。在数据编辑窗口中，变量名会显示在数据视图中列标题的位置上。为了方便记忆，变量名最好与其代表的数据含义相对应，变量名可以用英文也可以用汉字，但是它不能与 SPSS 内部特有的具有特定含义的保留字相同，如 ALL、BY、AND、NOT、OR 等，

SPSS 默认的变量名以"变量"命名。

2. 类型、宽度、小数位数

数据类型【类型】指每个变量的取值类型，相应类型会有默认的列宽【宽度】和小数位宽【小数位数】（图 1-5）。SPSS 中有三种基本数据类型，分别为数值型、字符型和日期型。

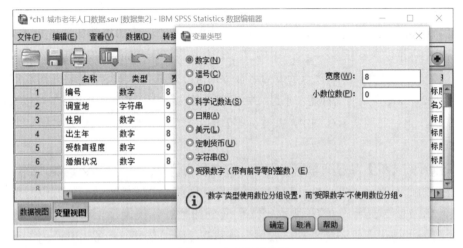

图 1-5　定义数据类型

数值型是 SPSS 最常用的数据类型，SPSS 中数值型有五种不同的表示方法。

（1）标准型：【数字（N）】。这是 SPSS 默认的数值类型，默认的列宽为 8，包括正负符号位、小数点和小数位，小数位宽默认为 2。如果数据的实际宽度大于 8，SPSS 将自动按科学计数法显示。

（2）逗号型：【逗号（C）】。逗号型数据其整数部分从个位开始每 3 位以一个逗号分隔，默认的列宽为 8，小数位宽为 2，逗号所占的位数包括在内，如"1,234.5"。用户在输入逗号型数据时可以不输入逗号，SPSS 将自动在相应位置上添加逗号。

（3）圆点型：【点（D）】。圆点型数据其整数部分从个位开始每 3 位以一个圆点分隔，以逗号作为整数和小数部分的分隔符。它默认的列宽为 8，小数位宽为 2，如"1.234,56"。用户在输入圆点型数据时可以不输入圆点，SPSS 将自动在相应位置上添加圆点。

（4）科学计数法型：【科学记数法（S）】。这也是一种常见的数值型数据的表示方式。科学计数法的默认列宽为 8，包括正负符号位、字母 E 和跟在其后的正负符号及两位幂次数字。科学计数法一般用来表示很大或很小的数据。用户在输入科学计数法数据时可以按数值方式输入数据，SPSS 会自动进行转换。

（5）美元符号型：【美元（L）】。美元符号型主要用来表示货币数据，它在数据前附加美元符号。美元型数据的显示格式有很多，SPSS 会以菜单方式将其显示出来供用户选择。用户在输入美元型数据时可以不输入美元符号，SPSS 将自动在相应位置上添加美元符号。

字符型：【字符串（R）】。字符型也是 SPSS 较常用的数据类型，它由一串字符组成。如职工号码、姓名、地址等变量都可定义为字符型数据。字符型数据的默认列宽为 8 个字符位，它不能够进行算术运算，并区分大小写字母。字符型数据在 SPSS 命令处理过程中应用一对双引号引起来，但在输入数据时不用双引号，否则，双引号将会作为字符型数据的一部分。

日期型:【日期(A)】。日期型用来表示日期或时间数据,如生日、成立日期等变量可以定义为日期型。日期型数据的显示格式有很多,如,"dd-mm-yyyy""mm/dd/yyyy"等。

定义变量时,在 SPSS 数据编辑器窗口的变量视图中的【类型】列下相应的位置单击鼠标,并根据实际数据在弹出对话框中选择相应的数据类型(图1-5)。

3. 标签

变量名标签【标签】是对变量名含义的进一步解释说明,它可增强变量名的可视性和统计分析结果的可读性。变量名标签可用中文表示,总长度可达 120 个字符,但在统计分析结果的显示中,一般不可能显示如此长的变量名标签信息。变量名标签这个属性是可以省略定义的,但建议最好给出变量名的标签。不过,如果变量名已经是中文,变量名标签可以省略。在 SPSS 数据编辑器窗口的变量视图中,在【标签】列下相应行的位置输入变量名标签即可。

4. 值

变量值标签【值】是对变量取值含义的解释说明信息,对于**定类型**(如性别、民族)和**定序型**(如收入的高、中、低)变量尤其重要。例如,对于性别变量,假设用数值 1 表示"男",用数值 2 表示"女"。那么,人们看到的数据就仅仅是 1 和 2 这样的符号,通常很难弄清楚 1 是代表男还是女。但如果为性别变量附加变量值标签,并给出 1 和 2 的实际指代,就会使数据含义非常清楚,它增强了最后统计分析结果的可读性。变量值标签这个属性是可以省略定义的,但建议最好给出定序或定类变量的变量值标签。

在 SPSS 数据编辑窗口的变量视图中,在【值】列下相应行的位置单击鼠标,可以在弹出对话框中指定变量值标签,如图1-6 所示。

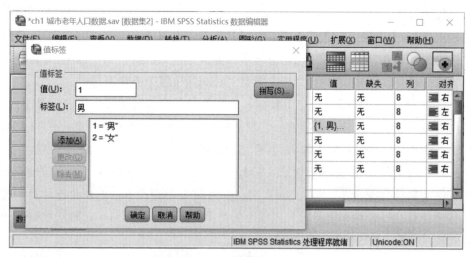

图1-6 定义变量值标签

5. 缺失

缺失数据【缺失】的处理是数据分析准备过程中的一个非常重要的环节。

数据中明显错误或明显不合理的数据,以及漏填的数据都可看作缺失数据。例如,在某项客户满意度的问卷调查数据中,某个被调查者的年龄是 213 岁。这个数据显然是一个不符合实际情况的失真数据。又如,在某项客户满意度的问卷调查数据中,某个被调查者的年收入没有填，是空缺的。

在利用 SPSS 进行分析时，如果不进行特别说明，SPSS 将会把上述明显错误的数据或空缺数据当作正常且合理的数据进行分析，这必然会影响分析的结果。因此，如果数据中存在缺失数据，分析时通常不能直接采纳，要进行说明。

SPSS 中说明缺失数据的基本方法是指定用户缺失值。首先，在空缺数据处填入某个特定的标记数据。例如，将空缺的年收入数据用特定的标记数据（如 99 999 999）来替代；然后，再指明这个特定的标记数据，以及那些明显的失真数据等为用户缺乏值。这样，在分析时，SPSS 就能够将这些用户缺失值与正常的数据区分开来，并依据用户的处理策略对其进行处理或分析。

对于字符型或数值型变量，用户缺失值可以是 1~3 个特定的离散值【离散缺失值（D）】；对于数值型变量，用户缺失值还可以在一个连续的闭区间内并同时附加一个区间以外的离散值【范围加上一个可选的离散缺失值（R）】。

在 SPSS 数据编辑器窗口的变量视图中，在【缺失】列下相应行的位置单击鼠标，可以根据实际数据在弹出对话框中指定用户缺失值，如图 1-7 所示。

图 1-7　定义用户缺失值

除用户缺失值外，SPSS 还有一类默认的缺失值，被称为系统缺失值。系统缺失值用一个圆点表示，它不等于 0 或 0.00，其通常出现在数值型变量数据中。但是，字符型变量中的空格不是系统缺失值。

如果数据中存在大量缺失值，会对分析产生重大影响。例如，大量的缺失数据会使分析结果出现系统性偏差，会因缺少充分可利用的数据而造成统计计算精度大幅下降，会由于某些模型无法处理缺失数据而限制该模型的应用等。因此，在数据分析前通常需要对缺失数据进行必要的处理。统计学对缺失数据的处理方法有许多，如利用 EM 法（Expectation Maximization）或回归法进行插值估计等，SPSS 也提供了分析缺失数据的专门模块。

6. 测量

统计学依据数据的计量尺度【测量】将数据划分为三大类：定距型数据、定序型数据和定类型数据。

定距型数据【标度】通常指如身高、体重、收入等连续数值型数据，也包括人数、商品件数等离散型数据。**定序型数据【有序】**具有内在固有大小或高低顺序，一般可以用数值或字符表示。例如：文化程度变量可以有"未受教育""小学""初中""高中""大学""研究生"六种情况，可分别用 1、2、3、4、5、6 表示；年龄段变量可以有"老""中""青"三个取值，分别用 A、B、C 表示等。这里，无论是数值的 1、2、3，还是字符的 A、B、C，都有固有大小或高低顺序，但数据之间却是不等距的，因为老年与中年、中年与青年之间的差距是不相等的。**定类型数据【名义】**指没有内在固有大小或高低顺序，一般以数值或字符表示的分类数据。例如：性别中的"男"和"女"，可以分别用 1 和 2 表示；民族变量中的各个民族，可以分别用"汉""回""彝"等字符表示。这些数值或字符都不存在内在固有的大小或高低顺序，而只是一种分类名义上的指代。在 SPSS 中可根据变量的具体含义指定其计量尺度属于上述哪种类型。

在 SPSS 数据编辑窗口的变量视图中，在【测量】下相应行的位置单击鼠标，可以在弹出的对话框中根据实际数据指定变量的计量尺度，如图 1-8 所示。

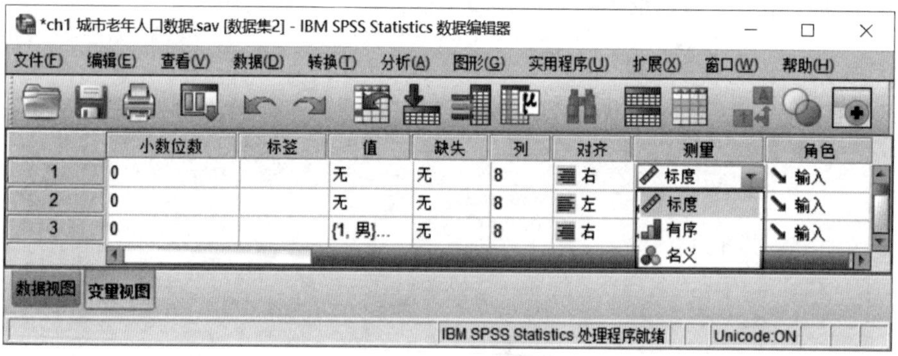

图 1-8 定义测量

图 1-9 是根据一份调查问卷定义好的 SPSS 数据结构。可以看出，各变量用代码表示，在对应的变量名标签【标签】中进行了说明，对应的变量值标签【值】也对性别、民族、受教育程度等定类型数据和定序型数据进行了说明。

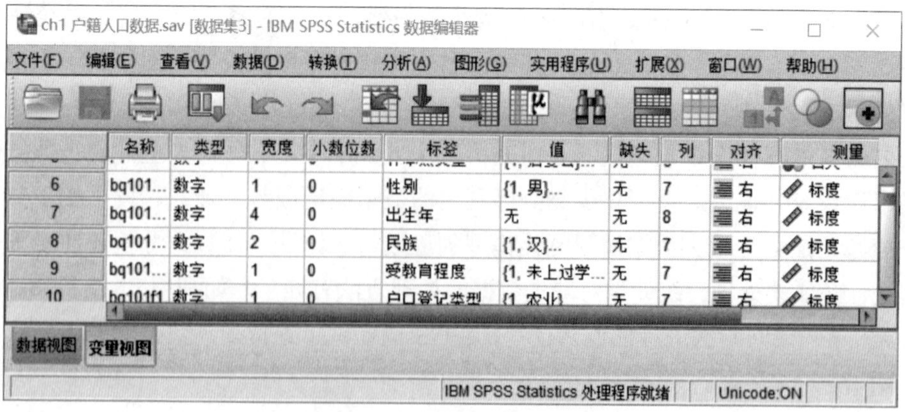

图 1-9 SPSS 数据结构示例

1.3.2　SPSS 数据的录入

在定义好 SPSS 数据结构之后，就可以录入数据了。SPSS 数据的录入操作在数据编辑窗口中的【数据视图】（图 1-1）中实现。其操作方法与 Excel 基本类似，可以通过直接向数据表中录入数据来生成 SPSS 格式的数据集。在实际应用中，可能还会对数据结构进行修改，边录入、边分析、边修改数据结构的情况也是较为常见的。

1. SPSS 数据的基本组织方式

如果待分析的数据是一些原始的调查问卷数据，或是一些基本的统计指标，这些数据就可按原始数据的方式组织。在原始数据的组织方式中，数据编辑器窗口中的一行称为一个"个案"（case）或"观测"，所有个案组成完整的 SPSS 数据。数据编辑器窗口中的一列称为一个"变量"。每个变量都有一个名字，称为变量名，是访问和分析 SPSS 变量的唯一标识。为了有一个更为直观的印象，下面以一份调查问卷数据的录入为例进行说明。

【例 1-1】为了解统计学课程的学习情况，我们进行了为期 8 年（2014.9—2021.7）的问卷调查，调查于每学期结束时进行，对象为修完统计学课程的本科生，问卷主要涉及学生基本信息、学生对统计学课程的认知情况、学生的课程学习情况、学生对课程学习的期待等方面，具体数据见文件"ch1 统计学课程问卷调查"。

例 1-1 的数据就是一份原始数据。在 SPSS 数据编辑器窗口中，一行存储一份问卷数据，是一个个案。对于本例，共有 1 001 人参与了问卷调查，在 SPSS 文件中就有 1 001 行数据，1 001 个个案。SPSS 中的一列通常对应一个问卷问题，是一个变量，每个变量都有变量名，变量名可以与问卷题目相对应。

图 1-10 是该份调查数据在 SPSS 数据编辑器窗口中数据视图的组织方式。

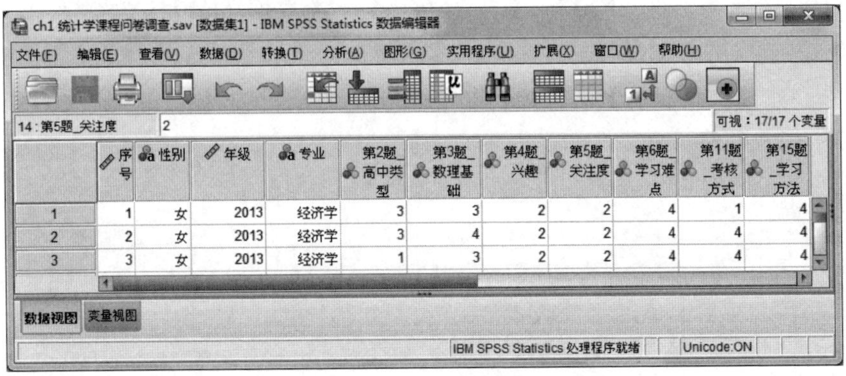

图 1-10　例 1-1 的数据组织方式

在数据录入中，也存在将经过分组汇总后的计数数据录入的情况（图 1-11），此时，数据编辑窗口中的一行是变量的一个分组，所有行包括了该变量的所有分组情况，数据编辑器窗口中的一列仍为一个变量，代表某个问题（或某个方面的特征）及相应的计数结果。

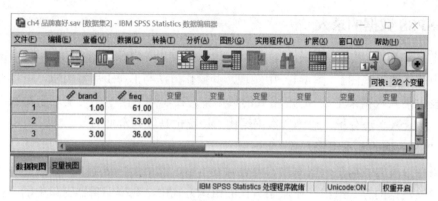

图 1-11　计数数据组织方式示例

选择什么样的数据组织方式主要取决于收集到的数据及所要进行的分析。

2. 从其他文件中导入数据

在现实应用中，可能会将一批待分析的数据保存在其他软件中，如果希望用 SPSS 对这些数据进行统计分析，就需要将这些数据转换到 SPSS 中。SPSS 能够直接将它们读入数据编辑窗口，用户可再将其保存为 SPSS 格式文件。因此，读取其他格式的文件并将其转换为 SPSS 格式数据，是另外一种建立 SPSS 数据文件的方法。

SPSS 能够直接打开各种类型的数据文件，常见的格式有：

- Excel 格式文件，扩展名为 .xls；
- dBase 系列数据文件，扩展名为 .dbf；
- SAS 格式文件，扩展名为 .sas7bdat。

相应基本操作步骤如下。

第 1 步：选择【文件（F）】→【打开（O）】→【数据（D）】选项，在【查找位置】下拉列表框内查找需要文件所在的文件夹。

第 2 步：在【文件类型】下拉列表框中选择数据文件的类型，这处选 .xls 类型，之后会出现如图 1-12 的对话框。

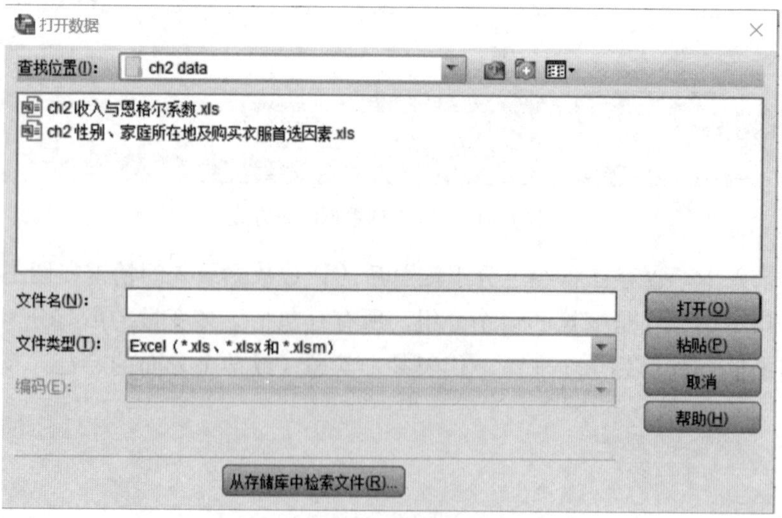

图 1-12　将 Excel 数据导入 SPSS 文件

第 3 步：选择所需要的数据文件，然后单击【打开（O）】按钮，在【工作表（K）】中选择已准备好的数据表格，单击【确定】按钮。

注意：在使用 SPSS 打开 Excel 文件之前，需要先将所有的 Excel 文件关闭，否则，在打开过程中会出现错误；此外，因为每个 Excel 文件一般都包括多张表格，在选择时要注意打开所需要的文件，最好的方式是在 Excel 文件中对每个表格进行命名，这样，可读性会很强。

1.3.3　SPSS 数据文件的合并

当数据量较少时，一般可以按照上述方式建立 SPSS 数据文件。如果数据量较大，通常会把一份大的数据分成几个小的部分，由几个录入员分别录入，以加快数据录入速度，缩短录入时间。但会出现问题：一份完整的数据分别存储在了几个小的 SPSS 文件中，因此，如果要分析这些数据，就需要首先将若干个小的数据文件合并。SPSS 提供了两种合并数据文件的方式，分别是纵向合并和横向合并。

1. 纵向合并数据文件

纵向合并数据文件就是将当前数据编辑器窗口中的数据与另一个 SPSS 数据文件中的数据进行首尾对接，即将一个 SPSS 数据文件的内容追加到当前数据编辑器窗口中数据的后面，依据两份数据文件中的变量名进行数据对接。

【例 1-2】有两份关于城市老年人口情况的抽样调查数据，分别如表 1-2 和表 1-3 所示。数据文件名分别为"ch1 城市老年人口数据"和"ch1 追加数据"，两份数据文件中的数据不同，且同一数据的变量名也不完全一致。现需要将这两份数据合并到一起。

表 1-2　城市老年人口数据

编　号	调 查 地	性　　别	出 生 年 份	受教育程度	婚姻状况
1	辽宁省	1	1952	3	1
2	江苏省	2	1946	3	5
3	辽宁省	2	1952	2	5
4	安徽省	2	1954	1	2
5	浙江省	1	1951	2	1
6	安徽省	2	1953	2	2
7	安徽省	2	1954	1	5
8	安徽省	2	1954	2	2
…	…	…	…	…	…
15	浙江省	1	1952	3	2

表 1-3 追加数据

编 号	调查地	性 别	出生年份	受教育程度	家庭月支出/元
16	安徽省	2	1953	2	500
17	安徽省	2	1954	3	1 000
18	江苏省	2	1955	3	600
19	安徽省	1	1955	2	500
20	辽宁省	2	1947	2	500
14	辽宁省	2	1951	2	1 000

本例的合并实质是一个纵向合并，基本操作步骤如下。

第1步：在数据编辑器窗口中打开需要合并的 SPSS 数据文件："城市老年人口数据"，选择菜单【数据（D）】→【合并文件（G）】→【添加个案（C）...】选项，会出现如图 1-13 所示的对话框。

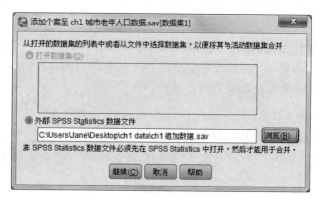

图 1-13 选择合并文件对话框

第2步：选择需要合并的另一个数据文件"追加数据"，单击【继续（C）】按钮，出现如图 1-14 所示的对话框。对话框中有两个文本框【非成对变量（U）】和【新的活动数据集中的变量（V）】。

图 1-14 纵向合并数据文件对话框

【新的活动数据集中的变量（V)】文本框中显示的是两个数据文件中具有同名的变量，SPSS 默认它们有相同的数据含义，并将它们作为合并后数据文件中的变量。如果不接受这种默认，可以单击按钮将它们剔出到【非成对变量（U)】文本框中。

【非成对变量（U)】文本框中显示的两个变量“婚姻状况（*)”和“家庭月支出(+)”是两个文件中的不同变量名，带“(*)”的表示该变量是当前数据编辑器窗口中的变量，带“(+)”的表示该变量是“追加数据”文件中的变量。SPSS 默认这些变量的含义不同，且不放入合并后的新文件中。如果不接受这种默认，可选择这两个变量并将它们放入右边的【新的活动数据集中的变量（V)】文本框中。本例中，将这两个变量都放入右侧文本框中。

第 3 步： 如果希望在合并后的数据文件中看出个案来自合并前的哪个 SPSS 数据文件，可以在图 1-14 所示的文本框中选中【指示个案源变量（I)】复选框。于是合并后的数据文件中将自动生成一个名为“source01”、取值为 0 或 1 的变量。0 表示个案来自当前数据编辑器窗口中的数据文件，1 表示来自其他数据文件。

第 4 步： 单击【确定】按钮，部分结果如图 1-15 所示。

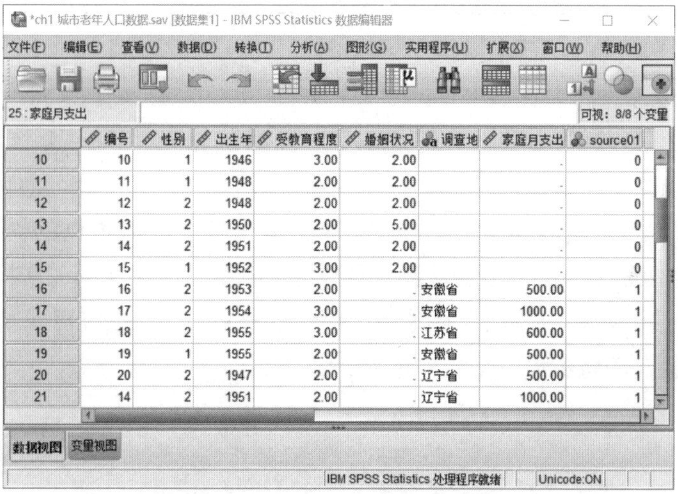

	编号	性别	出生年	受教育程度	婚姻状况	调查地	家庭月支出	source01
10	10	1	1946	3.00	2.00		.	0
11	11	1	1948	2.00	2.00		.	0
12	12	2	1948	2.00	2.00		.	0
13	13	2	1950	2.00	5.00		.	0
14	14	2	1951	2.00	2.00		.	0
15	15	1	1952	3.00	2.00		.	0
16	16	2	1953	2.00	.	安徽省	500.00	1
17	17	2	1954	3.00	.	安徽省	1000.00	1
18	18	2	1955	3.00	.	江苏省	600.00	1
19	19	1	1955	2.00	.	安徽省	500.00	1
20	20	2	1947	2.00	.	辽宁省	500.00	1
21	14	2	1951	2.00	.	辽宁省	1000.00	1

图 1-15　纵向合并后的数据文件

从合并后的数据文件中可以看到，两个数据文件中的重复个案会重复显示，如例中编号为 14 的样本。

通过上述操作，可以看出，为了方便 SPSS 数据文件的纵向合并，在不同数据文件中数据含义相同的数据项最好取相同的变量名，且数据类型也最好相同，这样将大大简化操作过程，有利于 SPSS 对变量的自动匹配。含义不同的数据项其变量名最好不要相同，否则会给数据合并过程带来许多麻烦。

2. 横向合并数据文件

横向合并数据文件就是将数据编辑器窗口中的数据与另一个 SPSS 数据文件中的数据进行左右对接，即将一个 SPSS 数据文件的内容拼到数据编辑器窗口中当前数据的右边，依据两个数据文件中的个案进行数据对接。

【例 1-3】有两份关于城市老年人口情况的抽样调查数据，分别如表 1-2、表 1-4 所示。文件名分别为"ch1 城市老年人口数据"和"ch1 追加数据-食品支出"，两份数据文件中的编号相同，第二份数据中只有部分样本的食品支出金额，现需要将这两份数据文件合并。

表 1-4 追加数据-食品支出

编　　号	家庭平均每月食品支出/元
1	80
2	100
3	150
4	150
5	200
6	200
7	200
8	200
9	300
10	300
70	500

本例是一个横向合并，基本操作步骤如下。

第 1 步：在数据编辑器窗口中打开需要合并的 SPSS 数据文件："城市老年人口数据"，选择菜单【数据（D）】→【合并文件（G）】→【添加变量（V）...】选项，会出现与图 1-13 类似的对话框。

第 2 步：指定需要进行合并处理的 SPSS 数据文件名，如本例的"追加数据-食品支出"文件。单击【打开（O）】→【继续（C）】按钮，随后将显示如图 1-16 所示的对话框。在【合并方法】标签中默认选择【基于键值的一对一合并（N）】单选按钮，【键变量（K）】文本框中会自动将变量"编号"选入。

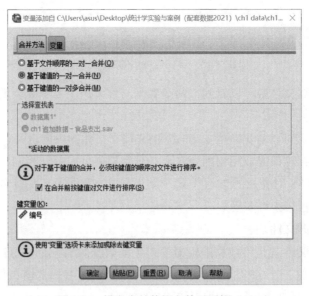

图 1-16　横向合并数据文件对话框（1）

第 3 步：选择【变量】标签，将显示如图 1-17 所示的选项卡。选项卡中有两个文本框：【排除的变量（E）】和【包含的变量（I）】。在图 1-17 中，两个待合并数据文件中除"编号"之外的所有变量名均显示在【包含的变量（I）】文本框中，SPSS 默认这些变量均以原有变量名进入合并后的数据文件中。其中，变量名后的"（*）"表示该变量是当前数据编辑器窗口中的变量，"（+）"表示该变量是被合并文件中的变量。用户如果不接受这种默认，可以选中该变量并按 按钮将它们剔出到【排除的变量（E）】文本框中；或者剔出后单击【重命名（A）...】按钮将变量改名，然后再按 按钮将它们从【排除的变量（E）】文本框中重新以新变量名选回到【包含的变量（I）】文本框中。

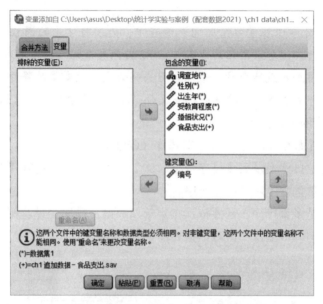

图 1-17　横向合并数据文件对话框（2）

第 4 步：单击【确定】按钮，数据编辑器窗口中会自动显示合并后的数据，用户可根据实际需要将它保存下来。

横向合并数据文件时，通常要注意以下三个问题：

第一，两个数据文件必须至少有一个名称相同的变量，该变量是两个数据文件横向拼接的依据，称为关键变量，如例 1-3 中的"编号"；

第二，两个数据文件都必须事先按关键变量值的升序排序；

第三，为方便 SPSS 数据文件的横向合并，不同数据文件中数据含义不同的数据项，变量名不应相同。

1.4　SPSS 数据的预处理

在数据文件建立好后，通常还需要对待分析的数据进行必要的预加工处理，这是数据分析过程中不可缺少的一个关键环节。而且随着数据分析的不断深入，对数据的加工处理还会多次反复，实现数据加工和数据分析的螺旋上升。

数据的预加工处理是服务于数据分析和建模的，需要解决的问题有很多。例如，缺失值和异常数据的处理、数据的转换、数据排序等。

SPSS 提供了一些专门的功能辅助用户实现数据的预加工处理工作，通过预处理还可以使用户对数据的总体分布有所了解。

1.4.1 数据的基本处理

1. 排序

排序是数据预处理中的常用方法之一，通过关键变量的排序，研究者可以对数据的特征有一个大致的了解。

【例 1-4】在统计学课程学习情况问卷调查中，为了将学生的课程学习情况及考试成绩结合起来进行分析，问卷采用记名方式（后 82 份问卷未记名，未加入成绩变量），在学生考试结束之后，再加入成绩变量。试以学习兴趣为主排序变量的降序，考试成绩为第二排序变量的升序进行多重排序。具体数据见文件"ch1 统计学课程问卷调查"。

SPSS 数据排序的基本操作步骤如下。

第 1 步： 选择【数据（D）】→【个案排序（O）】选项。

第 2 步： 指定主排序变量到【排序依据（S）】文本框中，并选择【排列顺序】文本框中的选项指出该变量按升序还是降序排序。

第 3 步： 如果是多重排序，还要依次指定第二、第三排序变量及相应的排序规则。否则，本步可略。本例为多重排序，对话框如图 1-18 所示。

图 1-18 数据排序对话框

第 4 步： 单击【确定】按钮，数据编辑窗口中的数据便自动按用户指定的顺序重新排列并显示。

注意：

第一，数据排序是整行数据排序，而不是只对某列变量排序。

第二，多重排序中指定排序变量的次序很关键。排序时先指定的变量优于后指定变量。多重排序可以在按某个变量升序（或降序）排序的同时再按其他变量值升序（或降序）排序。

第三，数据排序以后，原有数据的排列次序必然被打乱。因此，在时间序列数据中如果没有标示时间的变量（如年份、月份、季度等），则应注意保留数据的原始排列顺序，以免发生混乱。

2. 查找重复个案

通常分析数据中不应出现与关键变量相同的个案。例如，在 1.2.3 节数据纵向合并后，14 号的数据出现了两次（关键变量是"编号"），这显然是不合理的。导致出现重复个案的主要原因可能是数据录入时的疏忽或缺乏必要的数据编码等。当数据量较大时，自动查找其中的重复个案是必要的。

SPSS 自动查找重复个案的主要方法是排序。它首先按照用户指定的关键变量对所有个案排序，之后，关键变量值相同的个案会被排在一起，便于识别。

【例 1-5】使用 1.2.3 节纵向合并后的数据进行重复个案查找。

第 1 步：选择【数据（D）】→【标识重复个案（U）】选项。

第 2 步：指定关键变量到【定义匹配个案的依据（D）】文本框中，这里指定为"编号"。指定对重复个案的排序变量到【匹配组内的排序依据（O）】文本框中，这里指定为"出生年（A）"，且默认对重复个案按升序排序，如图 1-19 所示。

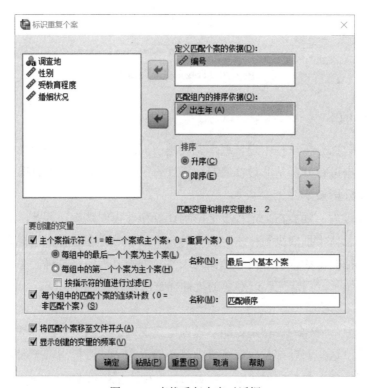

图 1-19　查找重复个案对话框

图中的【将匹配个案移至文件开头（A）】是 SPSS 的默认选项，表示将数据中的重复个案放置在文件开头。

SPSS 默认生成标识重复个案的变量。该变量名默认为"最后一个基本个案"。若选中【主个案指示符（1= 唯一个案或主个案，0= 重复个案）(I)】复选框，表示用 0 标识的个案为重复个案，1 为不重复个案（SPSS 称其为主个案）；单击【每组中的最后一个个案为主个案（L）】单选按钮表示对于具有相同关键变量值的重复个案指定变量的升序或降序排序后，排在最后的个案为主个案。若希望排在最前的个案为主个案，应单击【每组中的第一个个案为主个案（H）】单选按钮。

第 3 步： 选中【每个组中的匹配个案的连续计数（0= 非匹配个案）(S)】复选框表示生成一个名为"匹配顺序"的变量，变量取 0 表示该个案为非重复个案，取 1，2，3…表示为第 1 个，第 2 个，第 3 个…重复个案。

第 4 步： 单击【确定】按钮，查找重复个案的结果，如图 1-20 所示。

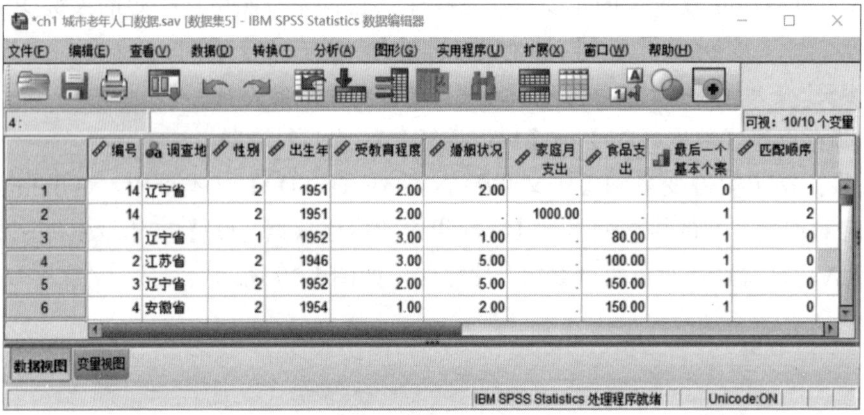

图 1-20　查找重复个案结果

1.4.2　数据选取

数据选取在数据分析过程中很普遍，尤其是在大规模调查数据的分析中，根据研究目的选择合适的数据进行分析是非常普遍的，其目的在于服务于以后的数据分析。

1. 提高数据分析效率

如果数据量较大，则会在一定程度上影响计算和建模的效率，因此，通常可以依据一定的抽样方法从总体中抽取少量样本，后面的分析只针对样本进行，这样会大大提高分析的效率。当然，抽取出的样本应具有总体代表性，否则分析的结论可能会有偏差。对于这个问题，统计学做了专门研究，一般可通过抽样方法来解决。

2. 检验模型

在数据分析中，所建的模型是否能够较为完整准确地反映数据的特征，是否能够用于以后的数据预测，这些问题都是研究者极为关心的。为了验证模型，一般可依据一定的抽样方法只选择部分样本参与数据建模，剩余的数据用于模型检验。

SPSS 提供了几种数据选取方法，在此，仅介绍按指定条件选取和随机选取两种常用方法。

【例 1-6】按指定条件选取。文件"ch1 户籍人口数据"为来自北京、上海、大连、无锡、杭州、合肥、广州、贵阳 8 个城市的调查数据，要求选出来自上海的全部样本，并选出年龄在 60 岁以上（含 60 岁）的老年人口。

第 1 步： 选择【数据（D）】→【选择个案（S）】选项，如图 1-21 所示。

图 1-21　数据选取对话框

第 2 步： 在【选择】选项区域中指定选取方法。【所有个案（A）】表示全部选中，本例单击【如果条件满足（C）】单选按钮，单击【如果（I）...】按钮，选择【样本点省份代码 [pro]】选项，在弹出的文本框中输入"pro=31"，如图 1-22 所示。

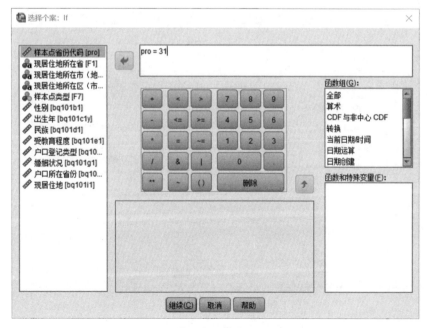

图 1-22　数据选取条件对话框（1）

第 3 步：在图 1-21 的【输出】选项区域指定输出方式。其中，【过滤掉未选定的个案（F）】表示在未被选中的个案号码上打一个"／"标记，表示暂时筛掉；【将选定个案复制到新数据集（O）】表示将选出的个案复制到一个新的数据编辑器窗口中，此时，应该在下面的【数据集名称（S）】文本框中输入数据集名称，本例选择此种处理方式（图 1-21）；【删除未选定的个案（L）】表示将未被选中的个案从数据编辑器窗口中删除。

第 4 步：单击【确定】按钮，系统会自动生成一个新的 SPSS 数据文件，部分样本数据如图 1-23 所示。

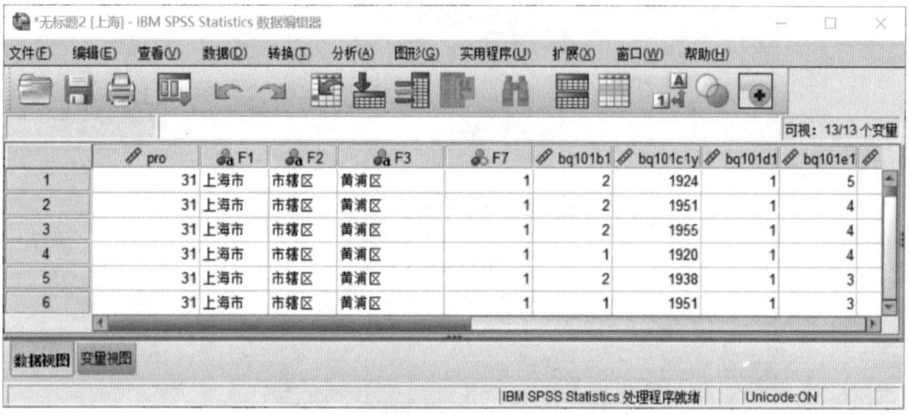

图 1-23 数据选取产生的新数据文件

第 5 步：由于本次调查于 2015 年进行，要选出年龄在 60 岁以上（含 60 岁）的老年人口，则在新生成的文件中采用相同的方法，单击【如果（I）...】按钮，选择【出生年 [bq101c1y]】选项，在文本框中将变量出生年设定条件＜ =1955，如图 1-24 所示。

图 1-24 数据选取条件对话框（2）

第6步：单击【确定】按钮，系统会自动生成另一个新的 SPSS 数据文件。

【**例 1-7**】随机选取。在"ch1 统计学课程问卷调查"数据文件中，先随机抽取 10% 的样本，再随机抽取 50 个样本。

在本例中，随机抽取 10% 的样本是近似选取。SPSS 将按照这个比例自动从数据编辑器窗口中随机抽取出相应百分比数目的个案。由于 SPSS 在样本选取方面的技术特点，抽取出的个案总数不一定恰好精确等于用户指定的百分比数目，会有小的偏差，因而称为近似选取。这种样本量上的偏差通常不会对数据分析产生重大影响。SPSS 的基本操作步骤如下。

第 1 步：选择【数据（D）】→【选择个案（S）】选项，同上例中图 1-21 所示。

第 2 步：在【选择】选项区域中单击【随机个案样本（D）】单选按钮，再单击【样本（S）...】按钮，出现如图 1-25 所示对话框。

（a） （b）

图 1-25 随机选取数据对话框

第 3 步：若随机抽取 10% 的样本，则在对应【大约（A）】后文本框中输入 10，若要随机抽取 50 个样本，则在对应【正好为（E）】后文本框中输入 50，1001（样本容量），如图 1-25 所示。

第 4 步：单击【继续（C）】按钮回到图 1-21 所示窗口，在【输出】选项区域中单击【过滤掉未选定的个案（F）】单选按钮，SPSS 会在数据编辑窗口自动生成一个名为 "filter_$" 的新变量，取值为 1 或 0，1 表示本条个案被选中，0 表示未被选中。

第 5 步：单击【确定】按钮。随机抽取 10% 样本的输出结果如图 1-26 所示，随机抽取 50 个样本的输出结果如图 1-27 所示。

图 1-26 数据选取输出窗口（10% 样本）

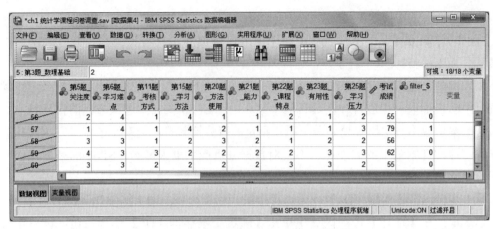

图 1-27　数据选取输出窗口（50 个样本）

1.4.3　变量计算

变量计算是数据分析过程中应用最广泛也是最重要的一环，通过变量计算可以处理许多问题。SPSS 变量计算是在原有数据基础上，根据用户给出的 SPSS 算术表达式及函数对所有个案或满足条件的部分个案计算，产生一系列新变量。

需要**注意**的是：

第一，SPSS 变量计算是针对所有个案（或指定的部分个案），每条个案（或指定的部分个案）都有自己的计算结果；

第二，变量计算的结果应保存到一个指定的变量中，该变量的数据类型应与计算结果的数据类型相一致。

【例 1-8】根据"ch1 城市老年人口数据"中的出生年，计算男性的年龄。

SPSS 的基本操作步骤如下。

第 1 步：选择【转换（T）】→【计算变量（C）】选项。

第 2 步：在【目标变量（T）】文本框中定义新计算的变量名，该变量可以是一个新变量，也可以是已经存在的变量。新变量的变量类型默认为数值型，用户可以根据需要单击【类型和标签（L）...】按钮进行修改，还可以给新变量加变量名标签。这里，输入新变量"年龄"。

第 3 步：在【数字表达式（E）】文本框中给出 SPSS 算术表达式和函数。可以手工输入，也可以单击文本框下的按钮完成算术表达式和函数的输入工作。SPSS 将所有函数划分成若干类别，显示在对话框右侧中间，各类别所包含的函数名列在右侧下方。鼠标选中一个函数后，该函数的说明信息会在对话框中间下方的位置显示。这里，直接输入函数表达式（图 1-28）。

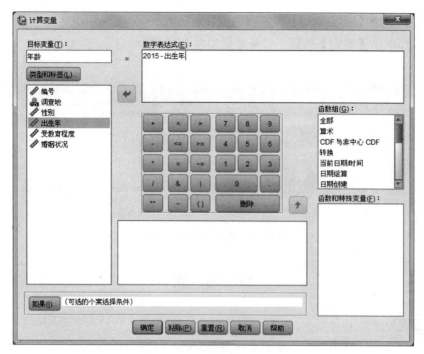

图 1-28 【计算变量】对话框

第 4 步：如果仅希望对符合一定条件的个案计算产生变量，则单击【如果（I）...】按钮，出现如图 1-29 所示对话框。单击【在个案满足条件时包括（F）】单选按钮，然后在文本框中输入条件表达式。否则，本步略去。本例需要计算的是男性的年龄，因此，在文本框中输入"性别 =1"。

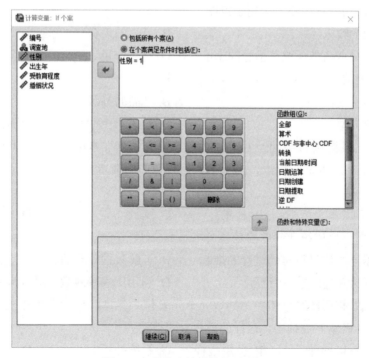

图 1-29 条件表达式输入对话框

第 5 步：单击【继续（C）】按钮回到主对话框。

第 6 步：单击【确定】按钮，计算结果如图 1-30 所示。

图 1-30　数据计算输出窗口

练　习　题

- **概念辨析**

1. 指出下面的变量中哪一个属于无序类别变量。（　　）
   A. 年龄　　　　　　　　　　　　B. 工资
   C. 汽车产量　　　　　　　　　　D. 购买商品时的支付方式

2. 对高中生的一项抽样调查表明，85% 的高中生愿意接受大学教育。这一叙述是（　　）的结果。
   A. 定性变量　　　B. 试验　　　C. 描述统计　　　D. 推断统计

3. 指出下面的变量中哪一个属于定序型变量。（　　）
   A. 企业的收入　　　　　　　　　B. 员工的工资
   C. 员工对企业某项改革措施的态度　D. 汽车产量

4. 指出下面的变量中哪一个属于数值型变量。（　　）
   A. 生活费支出　　　　　　　　　B. 产品的等级
   C. 企业类型　　　　　　　　　　D. 员工对企业某项改革措施的态度

5. 一家研究机构从 IT 从业者中随机抽取 500 人作为样本进行调查，其中 60% 的人回答他们的月收入在 5 000 元以上，50% 的人回答他们的消费支付方式是用信用卡。这里的 500 人是（　　）。
   A. 总体　　　　　B. 样本　　　C. 变量　　　　　D. 统计量

6. 下列不属于描述统计问题的是（　　）。
   A. 根据样本信息对总体进行的推断　B. 了解数据分布的特征
   C. 分析感兴趣的总体特征　　　　　D. 利用图表等对数据进行汇总和分析

7. 从含有 N 个元素的总体中，抽取 n 个元素作为样本，使得总体中的每一个元素都有相同的机会（概率）被抽中，这样的抽样方式被称为（　　）。
   A. 简单随机抽样　　B. 分层抽样　　C. 系统抽样　　D. 整群抽样

8. 为了解某学校学生的购书费用支出,从男生中抽取 60 名学生调查,从女生中抽取 40 名学生调查,这种调查方法是(   )。

  A. 简单随机抽样 B. 系统抽样 C. 分层抽样 D. 整群抽样

9. 指出下面的变量中哪一个属于定类型变量。(   )

  A. 考试成绩   B. 民族

  C. 受教育程度   D. 身高

10. 为了解某学院学生的生活费用支出,从全院 30 个班级中抽取 6 个班级学生调查,这种调查方法是(   )。

  A. 简单随机抽样   B. 系统抽样

  C. 分层抽样   D. 整群抽样

● 上机练习

1. 数据录入

根据自己的个人信息,按照例 1-1 中问卷的部分内容录入数据,要求定义变量名、变量类型、小数位宽、变量名标签(如有必要)、变量值标签和计量尺度。其中:性别按 0/1 变量定义,6~10 题按选项定义变量值标签,注意第 10 题多项选择题的数据录入方法。

问卷内容如下。

第一部分:个人基本信息

(1)年级:_____

(2)专业:_____

(3)性别:_____

(4)你在哪个省(自治区、直辖市)参加高考:_____

(5)你高中学的是:_____ ①文科 ②理科

第二部分:课程认识及学习情况

(6)你认为你的数理基础:_____

①很好   ②好   ③一般   ④较差

(7)你对统计学的兴趣:_____

①很有兴趣 ②有兴趣 ③一般   ④没兴趣

(8)你认为学习统计学的难点在于:_____

①概念   ②原理   ③公式和计算 ④统计思想

(9)你认为想要学习这门课程,关键靠什么:_____

①逻辑思维能力 ②综合能力 ③计算能力 ④记忆能力

(10)通过统计学课程的学习,你认为自己掌握了哪些能力(可多选):_____

①统计调查能力 ②搜集数据能力 ③数据整理能力 ④数据分析能力

(注意:多选题中有几个选项就要设置几个 0/1 变量)

2. 定义变量

试录入表 1-5 中的数据文件,并按要求进行变量定义。具体要求如下。

表1-5 学生信息

学 号	姓 名	性别	生 日	身高/cm	体重/kg	英语成绩	数学成绩	生活费/元
200201	刘一迪	男	1982.01.12	156.42	47.54	75	79	345.00
200202	许兆辉	男	1982.06.05	155.73	37.83	78	76	435.00
200203	王鸿屿	男	1982.05.17	144.6	38.66	65	88	643.50
200204	江飞	男	1982.08.31	161.5	41.68	11	82	235.50
200205	袁翼鹏	男	1982.09.17	161.3	43.36	82	77	867.00
200206	段燕	女	1982.12.21	158	47.35	81	74	
200207	安剑萍	女	1982.10.18	161.5	47.44	77	69	1233.00

（1）变量名同表格名，以"/"后的内容作为变量标签。对性别设值标签"男=0；女=1"。

（2）正确设定变量类型。将学号设为数值型；日期型统一用"mm/dd/yyyy"型；生活费用货币型。

（3）变量值宽统一为10，身高与体重、生活费的小数位为2，其余为0。

3. 数据处理

设计一个研究问题，选择相应变量，再采用合适的方法，对"上机作业1.3-合肥市调查数据"中的数据进行处理。

第二章 描述统计

> **学习目标：**
> 1. 理解描述统计在社会经济现象分析中的重要作用。
> 2. 熟练掌握使用 SPSS 展示定性数据、分析定量数据的基本操作。
> 3. 会对所做的图表进行简单分析。
> 4. 能够根据研究目的及数据特征使用合适的描述统计方法对某一现象进行分析。

描述统计是对数据的基本分析，通过基本统计分析，能够使分析者掌握数据的基本统计特征，把握数据的整体分布形态，其结论在后续数据建模中将起到重要的参考作用。

对数据的基本统计分析通常包括以下几个方面：一是编制单个变量的频数分布表，观察变量的分布特征；二是编制多个变量的交叉频数分布表，并以此分析变量之间的关系；三是计算每个变量的描述统计量及不同分组下的描述统计量，以找出数据的集中趋势、分布特征等。为实现上述分析，往往采用以下方式：图表绘制，即绘制常见的基本统计图表，通过图表直观展现数据的分布特点；数值计算，即计算常见的基本统计量，通过数值准确反映数据的基本统计特征，反映变量统计特征上的差异。通常，图表绘制和数值计算是结合使用的，它们将起到相辅相成的作用。

从技术上看，描述统计较为简单，不需要用到高深的数学和统计理论，但是要用好描述统计也并不是一件简单的事情，它需要使用者对所分析的现象有一个深刻的认识和理解。统计分析方法只是一种工具，它分析的是各行各业的数据。在实际应用中，一定要结合所分析的社会经济现象特点和所要研究的具体问题选择恰当的变量，再对变量的特征进行描述统计分析。

2.1 用 SPSS 展示定性数据

对定性数据的常用描述统计分析方法是进行频数分析和作出相应统计图。在作出图表后，根据图表所表达的内容来判断现象的特征及变量之间的关系。

2.1.1 频数分析

最基本的统计分析往往从频数分析开始。通过频数分析能了解变量取值的状况，对把握数据的分布特征有很大帮助。

【例 2-1】人们在购买衣服时往往会考虑许多因素，但不同购买者首选因素可能不同。为了分析大学生购买衣服时主要受哪些因素的影响，一个学习小组在校园内抽取了 300 名学生作为样本，调查了学生的性别、家庭所在地区及购买衣服时考虑的首选因素。其中，性别设定为男性和女性，家庭所在地区设定为乡镇地区、中小城市、大型城市三个选项，购买衣服的首选因素设定为价格、品牌、款式三个选项。共收回有效调查问卷 270 份，所得部分数据如表 2-1 所示。要求根据上述数据，用 SPSS 生成频数分布表。具体数据见文件"ch2性别、家庭所在地区及购买衣服首选因素"。

表2-1 学生性别、家庭所在地区及购买衣服的首选因素

性别	家庭所在地区	首选因素	性别	家庭所在地区	首选因素
男	大型城市	价格	女	大型城市	款式
男	大型城市	价格	女	大型城市	款式
男	大型城市	品牌	女	大型城市	款式
男	中小城市	价格	女	大型城市	款式
男	中小城市	品牌	女	大型城市	款式
男	中小城市	款式	女	大型城市	款式
男	中小城市	价格	女	大型城市	款式
…	…	…	…	…	…
男	中小城市	价格	女	大型城市	款式

第1步：选择【分析（A）】→【描述统计（E）】→【频率（F）】选项进入【频率】对话框。

第2步：将变量"性别"或"家庭所在地区"或"购买衣服的首先因素"选入【变量（V）】（也可以全部同时选入）文本框中；选中【显示频率表（D）】复选框，如图2-1所示。

图2-1 频数分析对话框

第3步：若需要描述统计量或图形，单击【统计（S）…】或【图表（C）…】按钮，并选择相应的选项。本例选择图表类型中的条形图，如图2-2所示。

图2-2 【频率：图表】对话框

第4步：在【图表值】选项区域中可以选择条形图的纵坐标的含义，【频率（F）】表

示频数、【百分比（C）】表示频数所占比重（用百分比表示）。单击相应单选按钮，SPSS 会分别绘制不同变量的条形图。

第 5 步：单击【继续（C）】按钮回到主对话框。

第 6 步：单击【格式（F）...】按钮，调整频数分布表中数据输出顺序。分别为：【按值的升序排序（A）】【按值的降序排序（D）】【按计数的升序排序（E）】【按计数的降序排序（N）】。这里，单击【按值的升序排序（A）】单选按钮，SPSS 按拼音字母升序输出（图 2-3）。

图 2-3 【频率：格式】对话框

第 7 步：单击【确定】按钮。SPSS 将自动编制频数分布表，并根据要求画出按不同变量绘制的条形图。生成的部分频数分布表见表 2-2 和表 2-3。

表 2-2 不同性别的频数分布表

		频 率	百 分 比	有效百分比	累积百分比
有效	男	124	45.9	45.9	45.9
	女	146	54.1	54.1	100.0
	总计	270	100.0	100.0	

表 2-3 不同购买衣服首选因素的频数分布表

		频 率	百 分 比	有效百分比	累积百分比
有效	价格	89	33.0	33.0	33.0
	款式	147	54.4	54.4	87.4
	品牌	34	12.6	12.6	100.0
	总计	270	100.0	100.0	

表 2-2 和表 2-3 除了给出频数之外，还给出了相应的百分比、有效百分比、累积百分比等。由于不存在缺失值，表中的百分比和有效百分比完全相同。

注意：上述频数分布表是 SPSS 的直接输出结果，在论文写作过程中，表 2-2 和表 2-3 这样的表格一般是不需要汇报的，因为这些表的信息量过少，且有些信息没有价值。比如，表 2-2 和表 2-3 中有价值的分析结果是"频率"和"百分比"两列，而"有效百分比"和"累积百分比"在这里并没有分析价值。在有些情况下，"累积百分比"可以帮助使用者更好地分析数据的分布特征。例如，将劳动力按年龄分为青年、中年、老年，学生按考试成绩分为优、良、中、差等。

因此，在使用统计软件进行描述统计分析时，需要学会综合分析，把有价值的信息综合起来揭示现象的特征或规律，这个需要读者在练习和思考中逐渐领会和提高。

2.1.2 交叉分组下的频数分析

【例 2-2】根据例 2-1 的数据，用 SPSS 生成列联表。具体数据见文件"ch2 性别、家庭所在地区及购买衣服首选因素"。

首先绘出购买衣服的首选因素与性别的频数分布表（列联表，也称交叉分组表），计算出相应的百分比，进行描述性分析。

第 1 步：选择【分析（A）】→【描述统计（E）】→【交叉表（C）】选项进入【交叉表】对话框。

第 2 步：将变量"性别"选入【行（O）】文本框，将变量"购买衣服的首选因素"选入【列（C）】文本框（行列可以互换）。如果【行（O）】和【列（C）】文本框中有多个变量名，SPSS 会将行列变量一一配对后产生多张二维列联表。如果进行三维或多维列联表分析，则应将其他变量作为控制变量选到【层】文本框中。多控制变量间可以是同层次的，也可以是逐层叠加的，可通过单击【上一个（V）】或【下一个（N）】按钮确定控制变量间的层次关系，如图 2-4 所示。

图 2-4 【交叉表】对话框

第 3 步：若需要图形，选中【显示簇状条形图（B）】复选框，指定绘制各变量交叉分组下的频数分布条形图。【禁止显示表（T）】表示不输出列联表，在仅分析行列变量间关系时可选择该选项。此处，选中【显示簇状条形图（B）】复选框。

第 4 步：若需要对列联表进行描述性分析，单击【单元格（E）...】按钮，弹出的对话框如图 2-5（a）所示。SPSS 默认列联表单元格中只输出观测频数【实测（O）】。如果需要，可在【计数（T）】区域下选择期望频数【期望（E）】，在【百分比】区域下选择行百分比【行（R）】、列百分比【列（C）】、总百分比【总计（T）】。【残差】区域的各个选项是在各个单元格中输出观测频数与期望频数的差,其中【未标准化(U)】为非标准化剩余,定义为"观测频数－期望频数";【标准化(S)】为标准化剩余,又称 Pearson 剩余,数学定义为 Std. Residuals= $(f_o - f_e)/\sqrt{f_e}$。本例采用系统默认选项,只选择【实测(O)】。单击【继续(C)】按钮,回到【交叉表】对话框。

第5步: 单击【统计(S)...】按钮指定用不同种方法分析行变量和列变量间的关系,对话框如图2-5(b)所示。选中【卡方(H)】复选框可进行卡方独立性检验(该方法详见本书4.2节),单击【继续(C)】按钮,回到【交叉表】对话框。

第6步: 单击【格式(F)...】按钮指定列联表各单元格的输出排列顺序。【升序(A)】表示以行变量取值的升序排列,是 SPSS 的默认项;【降序(D)】表示以行变量取值的降序排列。本例使用 SPSS 默认选项。

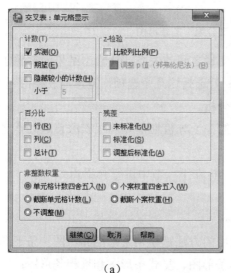

(a)　　　　　　　　　　　(b)

图2-5　列联表分析中的【单元格】和【统计】对话框

第7步: 单击【确认】按钮。分析结果如表2-4、表2-5和图2-6所示。

表2-4　性别和购买衣服首选因素的列联表

		购买衣服的首选因素			总计
		价　格	款　式	品　牌	
性别	男	54	51	19	124
	女	35	96	15	146
总计		89	147	34	270

表2-5　性别和购买衣服首选因素的卡方检验

	值	自由度	渐进显著性(双侧)
皮尔逊卡方	16.620[a]	2	0.000
似然比	16.764	2	0.000
有效个案数	270		

a:0个单元格(0.0%)的期望计数小于5。最小期望计数为15.61。

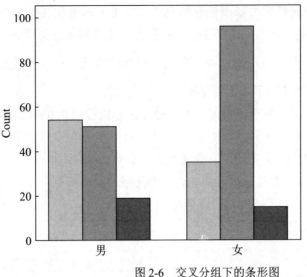

图 2-6 交叉分组下的条形图

表 2-4 是列联表，为了更直观地反映变量之间的关系，让输出结果简单明了，此处未选择图 2-5（a）中的期望、百分比、残差。若选择这几个选项，输出的表格内容将非常多。读者可以自己尝试操作并对输出结果进行分析。

表 2-5 是卡方独立性检验结果，其目的在于分析性别和购买衣服首选因素之间是否有关系，相应内容见本书 4.2 节。

图 2-6 是输出的复式条形图，相应的分析在下一节中进行介绍。

2.1.3 定性数据的图示

使用统计图对定性数据进行分析，常用的方法是绘制条形图和饼图。条形图可用于对不同类别变量频数的**比较分析**，包括简单条形图、复式条形图和堆积条形图；饼图主要用于类别变量的**结构分析**。

1. 条形图

【例 2-3】根据例 2-1 的数据，用 SPSS 绘制条形图，对学生"性别"和"购买衣服首选因素"两个变量进行分析。具体数据见文件"ch2 性别、家庭所在地区及购买衣服首选因素"。

第 1 步：选择【图形（G）】→【旧对话框（L）】→【条形图（B）...】选项，弹出【条形图】对话框。

第 2 步：选择需要绘制的条形图种类。SPSS 给出了 3 种条形图选项，分别是：简单条形图、簇状条形图和堆积条形图。在此，分别绘制这 3 种条形图。

第 3 步：在【图表中的数据为】区域中选择图需要分析的数据，分别为【个案组摘要（G）】【单独变量的摘要（V）】和【单个个案的值（I）】。由于本例分析的均为定性变量，在此，选择【个案组摘要（G）】，如图 2-7 所示。

图 2-7 【条形图】对话框

第 4 步：如果绘制简单条形图，选择【简单】选项后单击【定义】按钮，出现如图 2-8 所示对话框，在【条形表示】区域中选择需要的选项，本例选频数【个案数（N）】。将需要分析的变量"性别"或"购买衣服的首选因素"选入【类别轴（X）】后单击【确定】按钮。输出图形如图 2-9 所示。

图 2-8 【定义简单条形图：个案组摘要】对话框

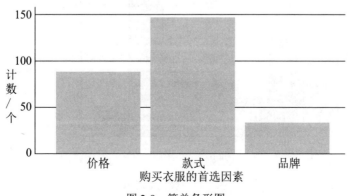

图 2-9 简单条形图

如果绘制簇状条形图，在【条形图】对话框选择【簇状】选项后单击【定义】按钮，出现如图2-10所示的对话框，将变量"性别"选入【类别轴（X）】，作为条形图的横轴，将变量"购买衣服的首选因素"选入【聚类定义依据（B）】，单击【确定】按钮。输出图形如图2-11所示。

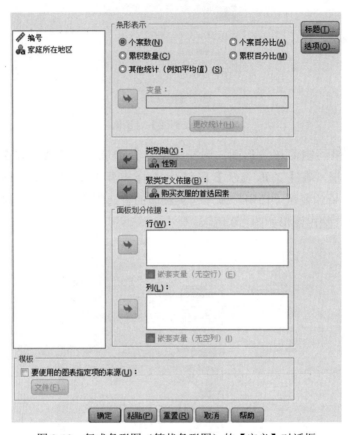

图2-10　复式条形图（簇状条形图）的【定义】对话框

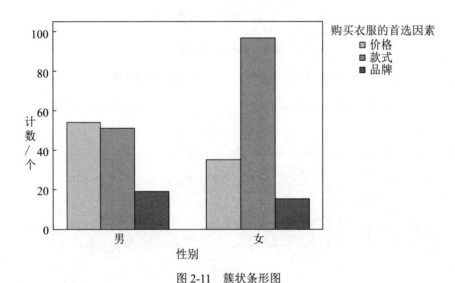

图2-11　簇状条形图

如果要绘制堆积条形图，选择【堆积】选项后单击【定义】按钮，后续操作与簇状条形图类似。输出结果如图 2-12 所示。

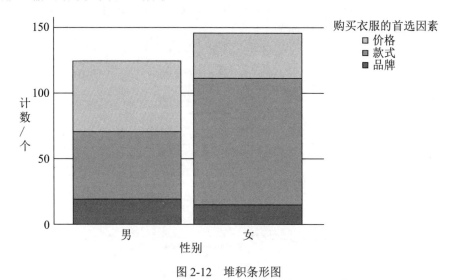

图 2-12　堆积条形图

第 5 步：若要对图进行编辑，在绘好的图形上右击即可进行相应编辑。

2. 饼图

【例 2-4】根据例 2-1 的数据，用 SPSS 绘制饼图，对学生家庭所在地区进行分析。具体数据见文件"ch2 性别、家庭所在地区及购买衣服首选因素"。

用 SPSS 绘制饼图的操作步骤如下。

第 1 步：选择【图形（G）】→【旧对话框（L）】→【饼图（E）...】选项，弹出饼图对话框。

第 2 步：在【图表中的数据为】区域中单击【个案组摘要（G）】单选按钮，如图 2-13 所示。

图 2-13　【饼图】对话框

第 3 步：单击【定义】按钮，打开相应对话框（图 2-14）。在【分区表示】区域中选择需要的选项，本例选百分比【个案百分比（A）】，将"家庭所在地区"选入【分区定义依据（B）】文本框，如图 2-14 所示。

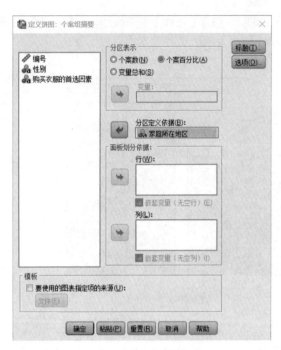

图 2-14 【定义饼图：个案组摘要】对话框

第 4 步：单击【确定】按钮，SPSS 会自动绘制饼图。为了在图中能更多地反映数据信息，可以在图上标出每组比例，此时，需要对图进行处理。在输出的图形上右击，出现如图 2-15 所示的选项栏，选择【编辑内容（O）】→【在单独窗口中（W）】选项，进入【图表编辑器】窗口。

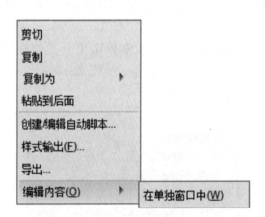

图 2-15　饼图的图形编辑选项（1）

第 5 步：在【图表编辑器】中右击，出现如图 2-16 所示的选项栏，选择【显示数据标签（D）】选项，出现【属性】对话框（图 2-17），同时，各组百分比会在左侧图中显示（相应图省略）。

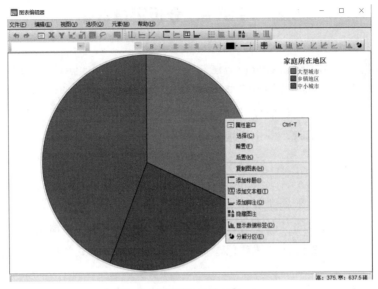

图 2-16　饼图的图形编辑选项（2）

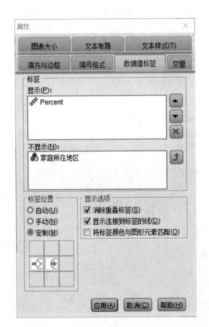

图 2-17　饼图的图形编辑选项（3）

【属性】对话框中的选项卡为：【图表大小】【文本布局】【文本样式（T）】【填充与边框】【编号格式】【数据值标签】和【变量】。本例之前选择的是【显示数据标签（D）】选项，因而出现的是【数据值标签】选项卡。其他的，如图表大小、文本样式、变量等也可以在相应选项卡进行调节。

在【数据值标签】选项卡，系统会根据前面的操作自动选择相应变量。选项卡左下方的【标签位置】区域指显示标签位置，其选项包括：【自动（U）】【手动（N）】和【定制（M）】；选项卡右下方的【显示选项】区域主要包括：【消除重叠标签（S）】【显示连接到标签的线（D）】和【将标签颜色与图形元素匹配（O）】。图 2-17 中所选是系统默认选项。

2.2 用SPSS分析定量数据

对定量数据的常用描述统计分析方法与定性数据类似。不过由于定量数据与定性数据的差异，在进行频数分析时常使用组距数列的形式展示。例如，将学生按考试成绩分组，将劳动力按年龄分组。而在绘制统计图时，定量数据使用的图也与定性数据存在差异。因此，在统计图的具体应用时，一定要根据数据类型选择正确的统计图。

2.2.1 数据分组

数据分组是对定距型数据进行整理和粗略把握数据分布的重要工具，在实际数据分析中经常使用。在数据分组的基础上进行的频数分析，更能够概括和体现数据的分布特征。

【例2-5】根据"ch2 统计学课程问卷调查"中的学生考试成绩进行分组，分析考试成绩的分布特征。

一般而言，在对数据进行分组之前，首先要找到变量的最大值和最小值，确定所有变量值的全距，再根据组数来确定组距。本例要对考试成绩进行分组，根据考试成绩的数据特征，一般将数据分为5组：60分以下为第1组，60~70分为第2组，70~80分为第3组，80~90分为第4组，90分以上为第5组。

SPSS组距分组的基本操作步骤如下。

第1步： 选择【转换（T）】→【重新编码为不同变量（R）】选项。

第2步： 选择分组变量"考试成绩"到【数字变量->输出变量：】文本框中，如图2-18所示。

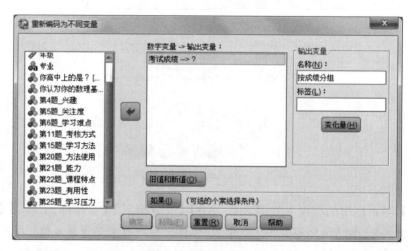

图2-18 组距分组（1）

第3步： 在【输出变量】→【名称（N）】文本框中输入存放分组结果的变量名，这里的变量名定义为"按成绩分组"，也可在【标签（L）】文本框中输入相应的变量名标签（本例的变量名很明确，不需要再加变量名标签）。单击【变化量（H）】按钮确认，如图2-18所示。

第4步： 单击【旧值和新值（O）...】按钮进行分组区间定义。本例应根据分析要求逐个定义各分组区间，由于考试成绩都是整数，按照"上限不在内"原则，在向 SPSS 录入信息时，可将每组上限定为 59、69、79、89，如图 2-19 所示。

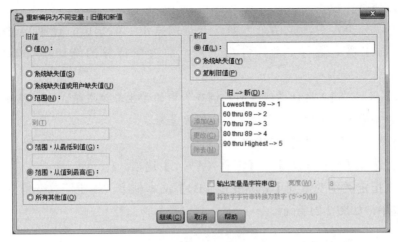

图 2-19 组距分组（2）

第 5 步：单击【继续（C）】按钮，回到图 2-18 所示对话框，单击图中的【变化量（H）】按钮，再单击【确定】按钮，SPSS 便自动进行组距分组，并在数据编辑窗口中创建名为"按成绩分组"的新变量。如图 2-20 所示。此时，"考试成绩"这个定量变量转换成"按成绩分组"的定性变量，之后再按定性变量的频数分析法将各组人数进行汇总。

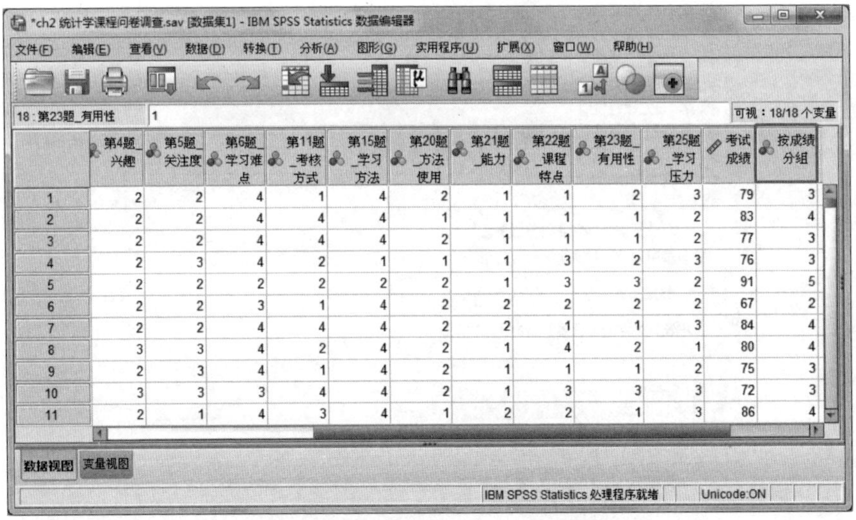

图 2-20 组距分组结果

第 6 步：使用例 2-1 中频数分析的方法，对变量"按成绩分组"进行频数分析，做出相应频数分布表。

2.2.2　分类汇总

分类汇总是按照某类别变量进行分类计算。这种数据处理在实际数据分析中极为常见。例如,某单位希望了解本单位不同学历职工的基本工资是否存在较大差距。最简单的做法是分类汇总,即将职工按学历进行分类,然后分别计算不同学历职工的平均工资,就可对工资差距进行比较。

SPSS实现分类汇总涉及两个方面:一是按变量(如学历、行业)进行分类;二是对变量(如工资)进行汇总,并指定对汇总变量计算的统计量(如平均值、标准差)。

【例2-6】根据"ch2 统计学课程问卷调查"中的学生考试成绩,分析经济学、会计学和工业工程专业学生的平均考试成绩是否有较大差距。

SPSS分类汇总的基本操作步骤如下。

第1步:选择【数据(D)】→【汇总(A)...】选项。

第2步:指定类别变量到【分界变量(B)】文本框中,指定汇总变量到【变量摘要(S)】文本框中,如图2-21所示。

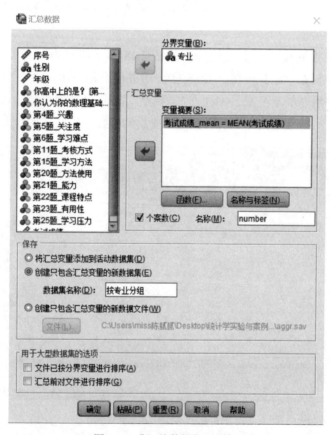

图2-21 【汇总数据】对话框

第3步:单击【函数(F)...】按钮,指定对汇总变量计算的统计量。SPSS默认计算均值。

第4步:单击【名称与标签(N)...】按钮,重新指定汇总结果中的变量名或加变量名标签。SPSS默认的变量名为原变量名后加"_函数名"。

第 5 步：如果希望在结果文件中保存各分类组的个案数，则可选中【个案数（C）】复选框。之后，SPSS 会在结果文件中自动生成一个默认名为"N ＿ BREAK"的变量。可以修改该变量名，此处，将变量名修改为 number。

第 6 步：指定将分类汇总结果保存到何处。有三种选择：【将汇总变量添加到活动数据集（D）】表示将汇总结果加到当前数据编辑窗口中；【创建只包含汇总变量的新数据集（E）】表示将汇总结果保存到一个数据编辑窗口中；【创建只包含汇总变量的新数据文件（W）】表示将汇总结果保存到一个 SPSS 数据文件中。在此选择第二种方式，并在【数据集名称（D）】文本框中对数据命名（图 2-21）。

至此，SPSS 将自动进行分类汇总工作。所产生的分类汇总的结果自动保存到另一个名为"按专业分组"的新文件中，结果如图 2-22 所示。

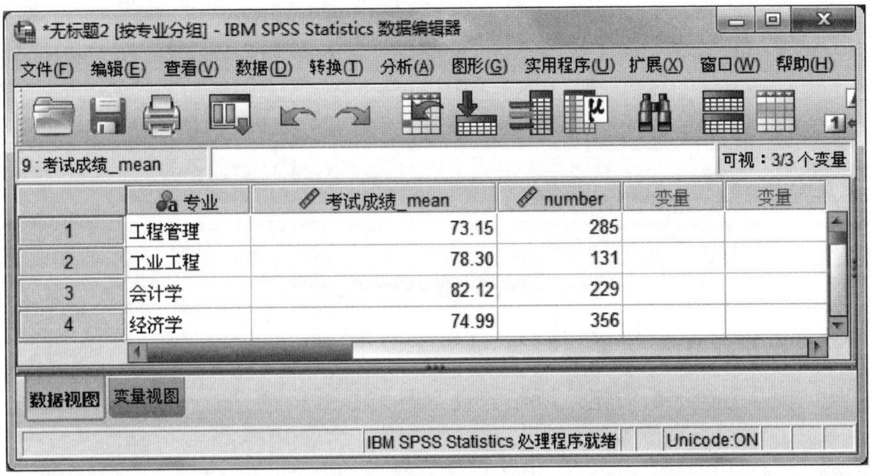

图 2-22 分类汇总结果

注意：分类汇总中的类别变量可以是多个，此时的分类汇总称为多重分类汇总。如不同职业和不同年龄段顾客消费的例子即是多重分类汇总的应用。在多重分类汇总中，指定多个类别变量的前后次序是非常关键的。第一个指定的类别变量为主类别变量，其他的依次为第二、第三类别变量等，它们决定了分类汇总的先后次序。

2.2.3 定量数据的图示

定量数据的图示有很多，包括：用以分析数据分布的直方图、茎叶图，用于描述数据结构的饼图，用以分析数据是否呈现正态分布的正态概率图，用于描述两个变量之间关系的散点图，还有柱形图、线型图、雷达图，等等。好的统计图往往比文字更能描述出事物发展的特征，在实际应用中，需要结合数据特征及数据分析的需要采用不同的统计图对现象进行描述，这需要大量的实践和训练。SPSS 提供的统计图有多种，各种图的作法也是大同小异。下面分别以直方图和正态概率图为例说明具体作图方法。

1. 直方图

【例 2-7】使用文件"ch2 电脑销售额"中的数据，用 SPSS 作直方图。

第1步：选择【图形（G）】→【旧对话框（L）】→【直方图（I）...】选项打开【直方图】对话框。

第2步：在【直方图】对话框中将变量"电脑销售额"选入【变量】文本框，如果需要配合曲线，则可选中【显示正态曲线（D）】复选框，如图2-23所示。

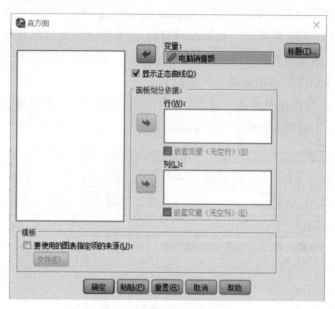

图 2-23 【直方图】对话框

第3步：单击【确定】按钮，所作的直方图如图2-24所示。

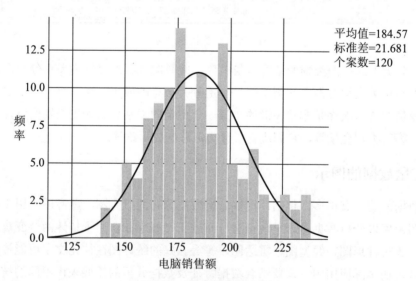

图 2-24 电脑销售额直方图

直方图最大的优点是能清晰地看出数据的分布情况，对于样本量较大的数据分析尤其方便。

2. 正态概率图

【例2-8】使用文件"ch2 电脑销售额"中的数据，用SPSS作正态概率图（P-P图），判断计算机销售额是否服从正态分布。

第1步：选择【分析（A）】→【描述统计（E）】→【P-P 图...】选项进入【P-P 图】对话框。

第2步：在【P-P 图】对话框中将变量选入【变量（V）】文本框，如图 2-25 所示。

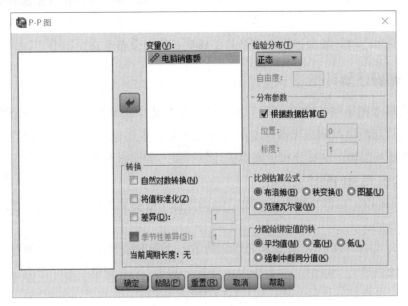

图 2-25 【P-P 图】对话框

第3步：单击【确定】按钮。SPSS 作出的 P-P 图如图 2-26 所示。

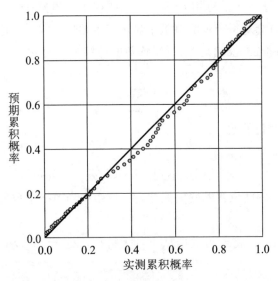

图 2-26 电脑销售额的 P-P 图

图中的直线表示理论正态分布线，各观测点越靠近直线，且呈随机分布，表示数据越接近正态分布。由图 2-26 中可以看出，各观测点大体上围绕在一条直线周围，可以说计算机销售额数据基本上服从正态分布。

2.3 用 SPSS 计算描述统计量

通过频数分析把握了数据的总体分布状况后，通常还需要对数值型数据的分布特征有更为精确的认识，这就需要通过计算基本描述统计量等途径实现。在数据的预处理中，描述统计量的计算可以帮助研究者对数据的水平、差异、分布状态等特征有一个更为清晰的了解，以进一步准确把握数据的集中趋势、离散趋势和分布形态。

2.3.1 常见描述统计量

常见的基本描述统计量可以分为三大类：刻画集中趋势的描述统计量，主要包括均值、中位数、众数等；刻画离散程度的描述统计量，主要包括极差、四分位差、标准差、方差、标准差系数等；刻画分布形态的描述统计量，如偏态系数、峰态系数等。

1. 刻画集中趋势的描述统计量

均值（mean）：是将一组数据相加后除以数据个数得到的数值，分简单算术平均数和加权算术平均数。

在统计公式中习惯用 x_1 来表示变量 x 的第一个观测值，用 x_2 来表示变量 x 的第二个观测值，依此类推。一般地，用 x_i 来表示变量 x 的第 i 个观测值。对一个有 n 个观测值的样本，其样本平均数的计算公式如式（2-1）所示。

$$\bar{x} = \frac{x_1 + x_2 + \cdots + x_n}{n} = \frac{\sum x_i}{n} \tag{2-1}$$

在式（2-1）中，每个 x_i 都有相同的重要性或权重，虽然在实践中这种情况最常见，但有时，计算平均数时会对每个观测值赋予显示其重要性的权重，这种方式计算的平均数称为**加权平均数**（weighted mean）。加权平均数的计算公式如下

$$\bar{x} = \frac{\sum x_i f_i}{\sum f_i} \tag{2-2}$$

式中：x_i——第 i 个观测值的数值；

f_i——第 i 个观测值的权重。

中位数（median）：将一组数据从小到大排列，处于中间位置的那个数值就是中位数。当数据个数为奇数时，中间位置的变量值即为中位数；当数据个数为偶数时，中位数是中间两个数值的平均值。

四分位数（quartile）：将一组数据从小到大排列，处于 25% 和 75% 位置上的数值即为四分位数。

众数（mode）：一组数据中出现次数最多的数值就是众数。需要说明的是，有的数据有多个众数，有的数据没有众数。

2. 刻画离散程度的描述统计量

极差：极差是一组数据的最大值减最小值。

四分位差：一组数据的四分位数的差。

标准差：标准差是常用的反映数据离散程度的统计量。当多组数据的均值相等时，标准差越大，说明数据的离散程度越大，平均值的代表性程度越低。总体标准差的计算公式为

$$\sigma = \sqrt{\frac{\sum(x_i - \mu)^2}{N}} \qquad (2\text{-}3)$$

样本标准差的计算公式为

$$S = \sqrt{\frac{\sum(x_i - \bar{x})^2}{n-1}} \qquad (2\text{-}4)$$

方差：是标准差的平方。总体方差的计算公式为

$$\sigma^2 = \frac{\sum(x_i - \mu)^2}{N} \qquad (2\text{-}5)$$

样本方差的计算公式为

$$s^2 = \frac{\sum(x_i - \bar{x})^2}{n-1} \qquad (2\text{-}6)$$

标准差系数：是标准差和均值的比值。标准差系数用于比较均值不相等的几组数据的离散程度。当几组数据的标准差不相等时，不能用标准差直接反映数据的离散程度。此时，需要用标准差系数进行衡量，其计算公式为

$$标准差系数 = \frac{标准差}{平均值} \times 100\% \qquad (2\text{-}7)$$

标准差系数越大，说明数据的离散程度越大，平均值的代表性程度就越低。

3. 刻画分布形态的描述统计量

偏态系数：偏态指数据分布的不对称性。如果数据分布是对称的，则偏态系数等于0；如果数据是左偏的（在分布的左侧有长尾），则偏态系数小于0；如果数据是右偏的（在数据的右侧有长尾），则偏态系数大于0。

峰态系数：峰态指数据分布峰值的高低，它通常是与标准正态分布相比较而言。标准正态分布的峰态系数为0。如果数据分布相对分散，则分布曲线比较平缓，峰态系数小于0；如果数据分布相对集中，则分布曲线比较陡峭，峰态系数大于0。

2.3.2 基本分析

通常，综合上述三类描述统计量就能够极为准确和清晰地把握数据的分布特点。接下来介绍如何使用SPSS软件来对上述基本描述统计量进行分析。

【例2-9】某班45位同学各科考试成绩见数据文件"ch2 考试成绩"，要求使用SPSS软件对全班宏观经济学、计量经济学、统计软件、经济预测4门课程的考试成绩进行分析。

第1步：选择【分析（A）】→【描述统计（E）】→【描述（D）...】选项，将4门课

程选入【变量（V）】文本框中，如图 2-27 所示。

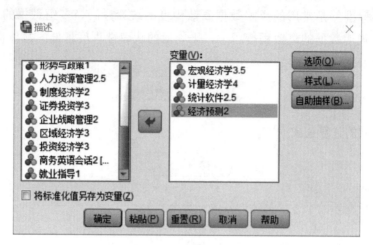

图 2-27 【描述】对话框

第 2 步：单击【选项（O）】按钮，选择需要的描述统计量，如图 2-28 所示。图中各变量分别为【平均值（M）】【总和（S）】【标准差（T）】【方差（V）】【范围（R）】【最小值（N）】【最大值（X）】【标准误差平均值（E）】【峰度（K）】【偏度（W）】。在此选中【偏度（W）】，其余为系统默认选项。

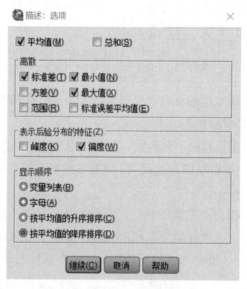

图 2-28 【描述：选项】对话框

第 3 步：在【显示顺序】区域中选择输出变量的排列方式。分别为【变量列表（B）】【字母（A）】【按平均值的升序排序（C）】【按平均值的降序排序（D）】。本例选中【按平均值的降序排序（D）】单选按钮。

第 4 步：单击【继续（C）】按钮回到【描述】对话框，再单击【确定】按钮，输出结果如表 2-6 所示。

表2-6 四门课程考试成绩的描述统计量

	N	最小值	最大值	均值	标准偏差	偏	度
	统计	统计	统计	统计	统计	统计	标准错误（Std. Error）
经济预测 2	45	78	95	86.60	3.701	0.217	0.354
统计软件 2.5	45	67	96	86.40	5.944	−1.131	0.354
宏观经济学 3.5	45	67	96	85.89	7.670	−0.860	0.354
计量经济学 4	45	61	93	80.00	6.862	0.070	0.354
有效个案数（成列）	45						

根据表 2-6 可知，经济预测、统计软件、宏观经济学和计量经济学的平均考试成绩分别为 86.60、86.40、85.89、80.00，还可以根据上述数据计算各门课程的标准差系数（标准差/均值），通过这个系数可以对每门课程考试成绩的离散程度进行分析。

如果要了解考试成绩的分布，还可以通过直方图、P-P 图等统计图来对数据进行分析。

2.3.3 探索分析

【例 2-10】为了解大学生日常生活费用支出及生活费来源状况，研究小组对在校本科生的月生活费支出情况进行了调查。调查采取分层抽样，对在校本科生各年级男生、女生各发放问卷 30 份，共发放问卷 300 份，收回问卷 291 份，其中有效问卷 272 份（男生 127 份、女生 145 份）。具体数据见文件"ch2 大学生月生活费调查"。

要求以 95% 的置信水平估计：①全校本科生平均月生活费支出的置信区间；②男、女生平均月生活费的置信区间。

使用 SPSS 进行分析的基本操作步骤如下。

第 1 步：选择【分析（A）】下拉菜单，并选择【描述统计（E）- 探索（E）...】选项进入【探索】对话框。在【探索】对话框中将变量"平均月生活费"选入【因变量列表（D）】文本框，如果要分性别进行分析，则将变量"性别"选入【因子列表（F）】文本框，如图 2-29 所示。

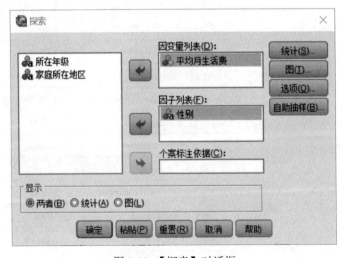

图 2-29 【探索】对话框

第2步：单击【统计（S）...】按钮，在【描述（D）】文本框确定所需的置信水平（系统默认值为95%）。

第3步：单击【图（T）...】按钮，在【描述图】区域中可设置需要输出的图形。选中【茎叶图（S）】复选框会输出茎叶图；选中【直方图（H）】复选框会输出直方图，如图2-30所示。

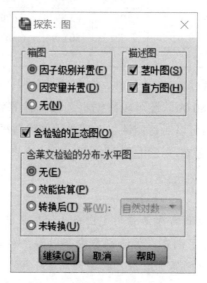

图2-30 【探索：图】对话框

第4步：单击【继续（C）】按钮回到【探索】对话框。

第5步：单击【确定】按钮，输出的主要结果如表2-7所示。

表2-7 【描述统计-探索】输出结果（分性别）

性别	统计量		统计	标准误差
平均月生活费（元）	男	平均值	1 424.21	50.967
		平均值的95%置信区间 下限	1 323.35	
		平均值的95%置信区间 上限	1 525.07	
		5%剪除后平均值	1 407.37	
		中位数（Median）	1 250.00	
		方差（Variance）	329 900.169	
		标准偏差（Std. Deviation）	574.369	
		最小值（Minimum）	250	
		最大值（Maximum）	3 000	
		范围（Range）	2 750	
		四分位距（Interquartile Range）	750	
		偏度（Skewness）	0.647	0.215
		峰度（Kurtosis）	-0.310	0.427

续表

性别	统计量		统计	标准误差
平均月生活费（元） 女	平均值		1 543.10	52.639
	平均值的95%置信区间	下限	1 439.06	
		上限	1 647.15	
	5% 剪除后平均值		1 499.52	
	中位数（Median）		1 500.00	
	方差（Variance）		401 775.024	
	标准偏差（Std. Deviation）		633.857	
	最小值（Minimum）		500	
	最大值（Maximum）		6 250	
	范围（Range）		5 750	
	四分位距（Interquartile Range）		500	
	偏度（Skewness）		3.189	0.201
	峰度（Kurtosis）		20.173	0.400

表 2-7 是不同性别学生平均月生活费支出的描述统计，输出结果给出了包含均值、置信区间、中位数、方差、标准差、偏态系数、峰态系数等描述统计量。其中："5% 剪除后平均值" 是 5% 的修正均值，指的是去掉数据中最大和最小的 5% 的数据，求得的均值；"四分位距（Interquartile Range）" 指的是两个四分位数之间的差值；最后一列是均值的标准误差，这是样本均值抽样分布的标准差，为了和总体标准差有区分，通常称其为标准误差（standard error），计算公式为 $\sigma/\sqrt{n}$，由于总体标准差（σ）未知，通常用样本标准差（s）代替，故此处标准误差的计算公式为 std. error= $s/\sqrt{n}$。由表中数据可知，男生平均月生活费支出略低于女生。男生的平均月生活费支出为 1 424.21 元，均值标准误差（std. error= $s/\sqrt{n}$）为 50.967，标准差 574.369 元，平均月生活费支出 95% 的置信区间为 1 323.35~1 525.07 元。其中，置信区间的计算公式如下

$$\bar{x} \pm Z_{\alpha/2} \times \frac{s}{\sqrt{n}}（大样本，n \geq 30）或 \bar{x} \pm t_{\alpha/2} \times \frac{s}{\sqrt{n}}（小样本，n < 30）$$

与上述结果一起输出的还有按性别分组的频数分布表，不同性别同学平均月生活费的直方图、茎叶图和箱线图，这里不再赘述。

2.4 描述统计的具体应用

通过前面 3 节介绍了如何用图表展示定性数据和定量数据。在具体应用中，要根据研究问题，结合研究目的和研究对象的特征进行设计。

1. 统计图的具体应用

第一，时间序列数据的变化。时间序列数据可使用折线图表示研究对象的变化情况（图 2-31），如有多条折线，需要标出图例。也可以将规模和结构置于一张图中，如果变量单位差异较大，可使用两轴线 - 柱图，在作图时要注意标注坐标轴的单位（图 2-32）。

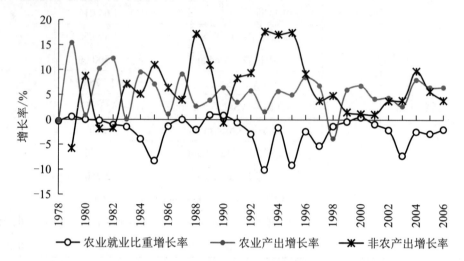

图 2-31　江西省农业就业比重与两部门产出增长的变化（1978—2006 年）

注：产出按可比价格计算。

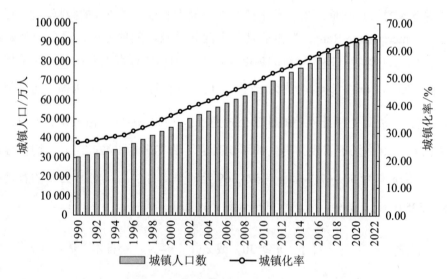

图 2-32　我国城镇人口及城镇化率的变化（1990—2022 年）

数据来源：中国统计年鉴 2022，中华人民共和国 2022 年国民经济和社会发展统计公报。

第二，截面数据的对比。对于总体中各部分的对比，可用柱状图，包括簇状柱形图、堆积柱形图（图 2-33）。在分析时应根据研究目的进行选择，注意图标题要体现 3W 原则（When 时间、Where 地点、What 事件）。

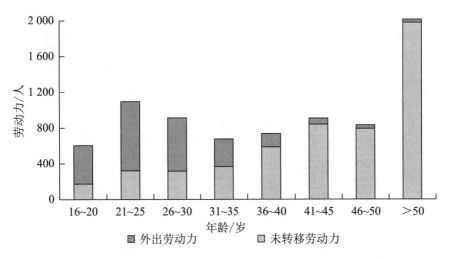

图 2-33 江西省不同年龄组农村未转移劳动力与外出劳动力的比较（2007 年）

第三，结构分析。主要用于反映现象的构成，是描述统计分析的常用方法。当对一个总体进行分析时，最直观的方法是用饼图。但是如果要反映多个总体的构成，并进行比较，那百分比堆积柱形图就非常合适（图 2-34）。可以把图 2-34 看作是 12 个饼图的集成，但是在此只使用了一张图，这也体现了在一张图中尽量包含足够多信息的原则。

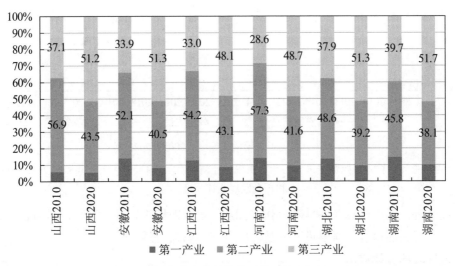

图 2-34 中部六省产业结构的对比（2010—2020 年）

第四，比较分析。为了进行对比，可以将多个数据放入一张图中进行比较，不同类型指标的比较，需要用两个坐标轴（图 2-35）；相同类型指标的比较，可使用条形图或折线图。若对不同总体规模进行比较，可以使用加工数据。若对事物的发展状况进行比较，可使用速度指标，如图 2-36 所示使用增长速度反映农民工规模的变化。

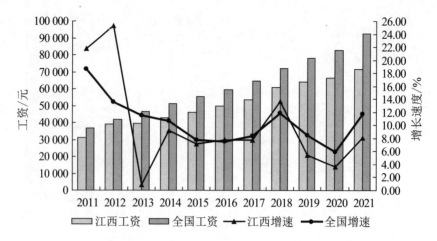

图 2-35　江西与全国制造业职工平均工资水平与速度的比较（2011—2021年）

注：水平指标来自历年《中国统计年鉴》，速度指标为作者的计算。

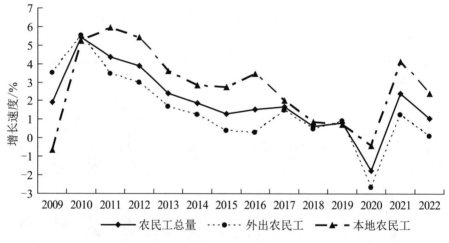

图 2-36　农民工规模增长速度（2009—2022年）

注：指标为作者的计算，原始数据来自历年《农民工监测调查报告》《中华人民共和国2022年国民经济和社会发展统计公报》。

除此之外，还应注意作图技巧。作好图后，需要对图进行适当编辑，尽量让统计图清晰地表达所反映的内容。需要说明的是，Excel 也具有较强的作图功能。

2. 统计表的具体应用

第一，尽量使用复合分组表（表2-8使用了性别、文化程度、年龄三个变量进行分组），并且，在一张表中尽量反映足够多的信息（表2-9）。

表 2-8　不同年龄、性别劳动力受教育情况　　　　　　　　　　　　　　　　　单位：%

文化程度	性别	按年龄分组					
		15~20	21~30	31~40	41~50	51~60	合计
未读过书	男	0.00	0.10	0.10	0.00	0.42	0.63
	女	0.05	0.05	0.16	0.84	1.21	2.31

续表

文化程度	性别	按年龄分组					
		15~20	21~30	31~40	41~50	51~60	合计
小学	男	0.21	0.89	2.05	3.41	4.30	10.85
	女	0.37	1.78	5.45	6.45	5.24	19.30
初中	男	2.99	8.13	8.44	7.08	2.20	28.84
	女	2.62	7.66	5.77	4.14	0.58	20.77
高中	男	2.52	2.20	1.21	1.36	1.00	8.29
	女	2.20	1.73	0.26	0.26	0.31	4.77
大学专科	男	0.47	1.52	0.21	0.21	0.05	2.46
	女	0.37	0.63	0.00	0.00	0.00	1.00
大学本科	男	0.16	0.47	0.05	0.00	0.00	0.68
	女	0.05	0.05	0.00	0.00	0.00	0.10
合计		12.01	25.22	23.70	23.75	15.31	100.00

表2-9 问卷调查基本数据汇总

个体特征		人数/人	比重/%
性别	男性	173	68.11
	女性	81	31.89
婚姻状况	已婚	149	58.66
	未婚	105	41.34
年龄	18岁以下	4	1.57
	18~35岁	176	69.29
	35~50岁	61	24.02
	50岁以上	13	5.12

第二,注意表格规范,使用三线表。

第三,注意表中各指标单位的表达。

第四,表格中的数据不一定是原始数据,可以根据自己计算的数据编制表格。

3. 其他应注意的问题

第一,所有图表均需要有标题,图标题写在图的下方,表标题写在表的上方。

第二,一般而言,图表下方应标明数据来源。如果所有数据都来自相同出处,可在正文进行说明,图表则不需要再标明数据来源。

第三,如果有需要对图表中的数据进行说明,则要把说明放在数据来源的上方。

第四,在使用交叉分组表进行分析时,常常合并或综合两个或两个以上的交叉分组表中的数据,生成一个汇总的交叉分组表,以显示两个变量的相关性。在这种情形下,通过汇总的交叉分组表得出两个变量相关性的结论必须非常小心,这是因为依据综合数据得到的结论与依据未综合数据得到的结论可能截然相反，这一现象称为**辛普森悖论**（Simpson's paradox）[①]。因此，在分析过程中，有时需要用分组数据进行补充说明。

有关描述统计方法的具体应用，可参见本书第十一章的两个案例。

练 习 题

- **概念辨析**

  1. 一个样本中各个部分的数据与全部数据之比称为（　　）。
     A. 频数　　　　B. 频率　　　　C. 比例　　　　D. 比率
  2. 下面的图形中最适合于描述结构性问题的是（　　）。
     A. 条形图　　　B. 饼图　　　　C. 雷达图　　　D. 直方图
  3. 下面有关众数的表述错误的是（　　）。
     A. 一组数据可以有多个众数　　B. 众数是一组数据中出现次数最多的变量值
     C. 众数容易受极端值的影响　　D. 一组数据可以没有众数
  4. 一组数据排序后处于 25% 和 75% 位置上的值称为（　　）。
     A. 众数　　　　B. 中位数　　　C. 四分位数　　D. 平均数
  5. 如果一个数据的标准分数是 -2，表明该数据（　　）。
     A. 比平均数高出 2 个标准差　　B. 比平均数低 2 个标准差
     C. 等于 2 倍的平均数　　　　　D. 等于 2 倍的标准差
  6. 经验法则表明，当一组数据对称分布时，在平均数加减 1 个标准差范围之内大约有（　　）。
     A. 68% 的数据　　　　　　　　B. 95% 的数据
     C. 99% 的数据　　　　　　　　D. 100% 的数据
  7. 离散系数的主要用途是（　　）。
     A. 反映一组数据的离散程度　　B. 反映一组数据的平均水平
     C. 比较多组数据的离散程度　　D. 比较多组数据的平均水平
  8. 比较几组数据的离散程度，最适合的统计量是（　　）。
     A. 极差　　　　B. 平均差　　　C. 标准差　　　D. 离散系数
  9. 偏态系数测度了数据分布的非对称性程度。如果一组数据的分布是对称的，则偏态系数（　　）。
     A. 等于 0　　　B. 等于 1　　　C. 大于 0　　　D. 大于 1
  10. 峰态通常是与标准正态分布相比较而言的。如果一组数据服从标准正态分布，则峰态系数的值（　　）。
      A. 等于 0　　　B. 大于 0　　　C. 小于 0　　　D. 等于 1

---

① 该现象在 20 世纪初就有人讨论，但直到 1951 年才正式在英国统计学家辛普森发表的论文中被描述解释，后来，该悖论便以他的名字命名。

● **计算练习**

1. 在某班随机抽取 10 名学生，期末统计学课程的考试分数分别为 68、73、66、76、86、74、63、90、65、89，该班考试分数的中位数是（   ）。
   A. 72.5　　　　B. 73.0　　　　C. 73.5　　　　D. 74.5

2. 某班学生的平均成绩是 80 分，标准差是 10 分。如果已知该班学生考试分数为对称分布，可以判断成绩在 60~100 分之间的学生大约占（   ）。
   A. 95%　　　　B. 89%　　　　C. 68%　　　　D. 99%

3. 对某个高速路段行驶过的 120 辆汽车的车速进行测量后发现，平均车速是 85 公里/小时，标准差是 4 公里/小时，下列车速可以看作离群点的是（   ）。
   A. 78 公里/小时　　　　　　　B. 82 公里/小时
   C. 91 公里/小时　　　　　　　D. 98 公里/小时

4. 在某班随机抽取 5 名学生，期末高等数学课程的考试分数分别为 68、72、76、80、84，这组样本的方差是（   ）。
   A. 76　　　　B. 64　　　　C. 40　　　　D. 16

5. 某企业共有职工 196 人，2022 年职工平均月工资为 3 525 元，标准差是 212 元，则标准差系数为（   ）。
   A. 16.627　　　　B. 0.060　　　　C. 1.5　　　　D. 17.985

● **数据分析**

数说中国：2022 年国民经济和社会发展统计公报

初步核算，2022 年我国国内生产总值 1 210 207 亿元，比上年增长 3.0%。其中，第一产业增加值 88 345 亿元，比上年增长 4.1%；第二产业增加值 483 164 亿元，增长 3.8%；第三产业增加值 638 698 亿元，增长 2.3%。第一产业增加值占国内生产总值比重为 7.3%，第二产业增加值比重为 39.9%，第三产业增加值比重为 52.8%。全年最终消费支出拉动国内生产总值增长 1.0 个百分点，资本形成总额拉动国内生产总值增长 1.5 个百分点，货物和服务净出口拉动国内生产总值增长 0.5 个百分点。全年人均国内生产总值 85 698 元，比上年增长 3.0%。国民总收入 1 197 215 亿元，比上年增长 2.8%。全员劳动生产率为 152 977 元/人，比上年提高 4.2%。

年末全国人口 141 175 万人，比上年末减少 85 万人，其中城镇常住人口 92 071 万人。全年出生人口 956 万人，出生率为 6.77‰；死亡人口 10 41 万人，死亡率为 7.37‰；自然增长率为 -0.60‰。

年末全国就业人员 73 351 万人，其中城镇就业人员 45 931 万人，占全国就业人员比重为 62.6%。全年城镇新增就业 12 06 万人，比上年少增 63 万人。全年全国城镇调查失业率平均值为 5.6%。年末全国城镇调查失业率为 5.5%。全国农民工总量 29 562 万人，比上年增长 1.1%。其中，外出农民工 17 190 万人，增长 0.1%；本地农民工 12 372 万人，增长 2.4%。

全年居民消费价格比上年上涨 2.0%。工业生产者出厂价格上涨 4.1%。工业生产者购进价格上涨 6.1%。农产品生产者价格上涨 0.4%。12 月份，70 个大中城市中，新建商品住宅销售价格同比上涨的城市个数为 16 个，持平的为 1 个，下降的为 53 个；二手住宅销售价格同比上涨的城市个数为 6 个，下降的为 64 个。

年末国家外汇储备 31 277 亿美元，比上年末减少 1 225 亿美元。全年人民币平均汇率为 1 美元兑 6.7261 元人民币，比上年贬值 4.1%。

新产业新业态新模式较快成长。全年规模以上工业中，高技术制造业增加值比上年增长 7.4%，占规模以上工业增加值的比重为 15.5%；装备制造业增加值增长 5.6%，占规模以上工业增加值的比重为 31.8%。全年规模以上服务业中，战略性新兴服务业企业营业收入比上年增长 4.8%。全年高技术产业投资比上年增长 18.9%。全年新能源汽车产量 700.3 万辆，比上年增长 90.5%；太阳能电池（光伏电池）产量 3.4 亿千瓦，增长 46.8%。全年电子商务交易额 438 299 亿元，按可比口径计算，比上年增长 3.5%。全年网上零售额 137 853 亿元，按可比口径计算，比上年增长 4.0%。全年新登记市场主体 2908 万户，日均新登记企业 2.4 万户，年末市场主体总数近 1.7 亿户。

城乡区域协调发展稳步推进。年末全国常住人口城镇化率为 65.22%，比上年末提高 0.50 个百分点。分区域看，全年东部地区生产总值 622 018 亿元，比上年增长 2.5%；中部地区生产总值 266 513 亿元，增长 4.0%；西部地区生产总值 256 985 亿元，增长 3.2%；东北地区生产总值 57 946 亿元，增长 1.3%。全年京津冀地区生产总值 100293 亿元，比上年增长 2.0%；长江经济带地区生产总值 559 766 亿元，增长 3.0%；长江三角洲地区生产总值 290 289 亿元，增长 2.5%。粤港澳大湾区建设、黄河流域生态保护和高质量发展等区域重大战略扎实推进。

绿色转型发展迈出新步伐。全年全国万元国内生产总值能耗比上年下降 0.1%。全年水电、核电、风电、太阳能发电等清洁能源发电量 29 599 亿千瓦时，比上年增长 8.5%。在监测的 339 个地级及以上城市中，全年空气质量达标的城市占 62.8%，未达标的城市占 37.2%；细颗粒物（PM2.5）年平均浓度 29 微克/立方米，比上年下降 3.3%。3 641 个国家地表水考核断面中，全年水质优良（Ⅰ～Ⅲ类）断面比例为 87.9%，Ⅳ类断面比例为 9.7%，Ⅴ类断面比例为 1.7%，劣Ⅴ类断面比例为 0.7%。

资料来源：国家统计局网站。

思考： 上述数据哪些是定性数据，哪些是定量数据？结合你现有的知识，你会采用什么统计图或统计表对上述定性数据进行描述？

要求： 试搜集历年同类统计数据，并使用描述统计方法进行分析。

● 上机练习

1. 某电信公司所得到的消费者对其服务态度的评价等级如表 2-10 所示。

表 2-10 服务态度评价等级表

B	A	B	B	C	D	B
D	D	A	C	E	A	C
A	C	E	C	D	A	D
B	B	A	B	C	B	D

续表

C	E	D	C	A	C	C
D	E	B	D	E	E	C
B	B	C	E	C	E	B
B	C	C	B	D	B	D
A	C	B	C	D	C	D
C	B	C	D	D	E	C
E	E	C	C	A	C	A
A	C	C	E	A	B	E
D	B	C	A	B	E	C
A	C	C	C	D	C	D

要求：①针对上述数据作频数分布表；②作条形图、饼图，并进行分析。数据文件见"上机作业 2.1 - 服务态度评价"。

2. 已知某企业 72 天的销售额数据如表 2-11 所示。

表 2-11 销售额数据　　　　　　　　　　　　　　　　　　　单位：万元

234	153	159	163	187	218	155	180	172	175	183	144
143	166	198	196	141	179	167	171	194	233	225	179
187	154	160	164	214	215	168	233	173	175	178	188
161	174	152	226	149	180	211	172	196	190	234	172
150	156	161	165	178	175	168	210	174	207	153	181
228	203	162	165	223	196	170	172	165	176	179	182

（1）用 SPSS 软件实现对这些原始数据进行分组；产生的新变量名为"fzbl"；变量名标签：计算机销售额分组变量；

（2）对新产生的变量进行频数分析，产生频数分布表；

（3）对所产生的频数分布作一直方图，说明其分布特征；

（4）计算适当的描述统计量对该百货公司这 72 天的销售情况进行描述说明。

数据文件见"上机作业 2.2 - 销售额"。

3. 某企业部分职工的信息如表 2-12 所示。

表 2-12　某企业部分职工信息

序　号	性　别	职　称	在公司工作的时间/年	年　龄	工资/元
1	男	2	5	30	2 000
2	女	2	4	25	1 900
3	女	2	5	28	2 000
4	男	1	1	25	1 500
5	男	3	8	35	3 000

续表

序 号	性 别	职 称	在公司工作的时间/年	年 龄	工资/元
6	男	2	3	29	1 850
7	男	3	16	46	3 300
8	男	4	30	51	5 000
9	男	4	10	33	4 500
10	女	2	5	29	2 000
11	女	1	5	33	1 500
12	女	4	18	48	4 700

要求用 SPSS 软件进行如下分析：

（1）求出性别的众数，工资的均值、中位数、最大值、最小值、标准差、四分位数；

（2）用工资作带正态曲线的直方图；

（3）求工资的峰度、偏度，对照带正态曲线的直方图理解结果；

（4）分性别求工资的标准差，并比较男女职工平均工资的离散程度。

数据文件见"上机作业 2.3 - 职工信息"。

第三章 参数检验

> **学习目标：**
> 1. 领会参数检验的基本思想，掌握假设检验的基本步骤。
> 2. 理解用 SPSS 进行单样本 t 检验的基本思想，能够利用概率 p 值及置信区间进行统计决策，并熟练掌握数据的组织方式和具体操作。
> 3. 理解用 SPSS 进行两独立样本 t 检验的基本思想，理解 F 检验和 t 检验的关系，能够利用 p 值进行统计决策，熟练掌握数据的组织方式和具体操作。
> 4. 理解用 SPSS 进行两配对样本 t 检验的基本思想，明确独立样本和配对样本的区别，掌握数据组织方式和具体操作。
> 5. 能够根据研究的问题选择相应的统计分析方法，并对结果进行解释。

当总体数据无法全部收集到，或者总体数据的收集需要耗费大量人力、物力、财力时，可以通过对样本数据的研究来推断总体特征。

3.1 基本思想

参数检验是推断统计的重要组成部分。推断统计方法是根据样本数据推断总体特征的方法，它在对样本数据描述的基础上，以概率的形式对统计总体和未知数量特征（如均值、方差等）进行表述。

3.1.1 参数检验与非参数检验

利用样本数据对总体特征的推断通常在以下两种情况下进行。

第一，总体分布已知（如总体为正态分布）的情况下，根据样本数据对总体分布的统计参数（如均值、方差等）进行推断。此时，总体的分布形式是给定的或是假定的，只是一些参数的取值或范围未知，分析的主要目的是估计参数的取值范围，或对其进行某种统计检验。例如，正态总体的均值是否与某个值存在显著差异，两个总体的均值是否有显著差异等。这类统计推断问题通常采用**参数检验**的方法来实现。它不仅能够对总体参数进行推断，而且能够对两个或多个总体的参数进行比较。

第二，总体分布未知的情况下，根据样本数据对总体的分布形式或特征进行推断。在大多数情况下，人们事前很难对总体的分布做出较为准确的假设，或无法保证样本数据来自所假设的总体，或由于数据类型所限使其不符合假定分布的要求。尽管如此，人们仍然希望探索出数据中隐含的规律，此时通常采用的统计推断方法是**非参数检验**。

在此，本章讨论的是参数检验的方法。

3.1.2 检验步骤

对总体特征的推断一般采用参数估计（点估计和区间估计）和假设检验两类方式实现。本章所讨论的参数检验主要采用假设检验的思路进行。进行假设检验主要有以下四个基本步骤。

第一，提出原假设和备择假设。即推断检验的目标，对待推断的总体参数提出一个基本假设。通常，我们总是将想要证实的观点作为备择假设。

第二，选择检验统计量。在假设检验中，样本值发生的概率并不直接由样本数据得到，而是通过计算检验统计量观测值发生的概率而间接得到。这些检验统计量服从或近似服从某种已知的理论分布。对于不同的假设检验问题及不同的总体条件，会有不同的选择检验统计量的理论、方法和策略，这是统计学家研究的问题。在应用中只需要依据实际，明确问题，遵循理论直接套用即可。在后面的分析中使用到的检验统计量有 t 统计量、F 统计量、χ^2 统计量等。

第三，计算检验统计量观测值发生的概率 p。选定检验统计量之后，在认为原假设成立的条件下，利用样本数据便可计算出检验统计量观测值发生的概率 p 值，该概率值间接地给出了样本值在原假设成立条件下发生的概率。对此可以依据一定的标准来判定其发生的概率是否为小概率，是否是一个小概率事件。

第四，给定显著性水平 α，并作出统计决策。显著性水平 α 是原假设正确但却被错误地拒绝了的概率或风险，一般人为确定为 0.05 或 0.01，意味着拒绝原假设不犯错误的把握程度为 95% 或 99%。事实上，虽然小概率原理告诉我们，小概率事件在一次实验中是几乎不会发生的，但这并不意味着小概率事件就一定不发生。由于抽样的随机性，在一次实验中观察到小概率事件的可能性是存在的，如果遵循小概率原理而拒绝了原本正确的原假设，该错误发生的概率便是 α。因此，当 $p < \alpha$ 时，拒绝原假设。

注意：为什么 p 值越小越好？

当想要证实的观点是备择假设，就希望能够拒绝原假设。而拒绝原假设犯错误的概率是 p，当 p 很小时，当然会更有信心拒绝原假设，因为此时犯错误的概率非常小。

3.2 单样本 t 检验

单样本 t 检验的目的是利用来自某总体的样本数据，推断该总体的均值是否与指定的检验值之间存在显著差异。它是**对总体均值的假设检验**，其**原假设**是：总体均值与检验值之间不存在显著差异。

单样本 t 检验的**前提**是样本来自的总体应服从或近似服从正态分布（可用 P-P 图检验）。

【例 3-1】使用"ch3 大学生月生活费调查"数据，在 5% 的显著性水平下检验：全校学生平均月生活费支出是否等于 1 500 元。

分析： 推断大学生月生活费的平均值是否为 1 500 元，该问题涉及的是单个总体，要进行总体均值检验，生活费总体可近似认为服从正态分布，因此，可采用单样本 t 检验来进行分析。

原假设：平均月生活费支出与 1 500 元无显著差异，即 H_0: μ=1 500；

备择假设：平均月生活费支出与 1 500 元存在显著差异，即 H_1: μ≠1 500。

3.2.1 SPSS 操作步骤

使用 SPSS 进行分析的操作步骤如下。

第 1 步：选择【分析（A）】下拉菜单，选择【比较平均值（M）- 单样本 T 检验（S）...】选项进入【单样本 T 检验】对话框。

第 2 步：选择待检验变量"平均月生活费"进入【检验变量（T）】文本框中，在【检验值（V）】文本框中输入检验值 1 500，如图 3-1 所示。

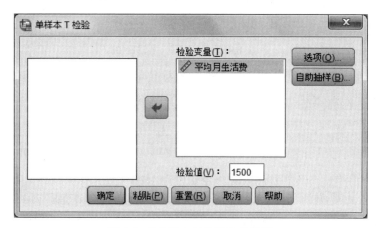

图 3-1 【单样本 T 检验】对话框

第 3 步：单击【选项（O）...】按钮定义其他选项，出现图 3-2 所示对话框。选择所需的置信水平（系统默认值为 95%），再指定缺失值的处理方法。其中，【按具体分析排除个案（A）】表示当计算时涉及的变量上有缺失值，则剔除在该变量上为缺失值的个案；【成列排除个案（L）】表示剔除所有在任意变量上含有缺失值的个案后再进行分析。显然，较第二种方式，第一种处理方式较充分地利用了样本数据。在后面的分析方法中，SPSS 对缺失值的处理办法与此相同。

图 3-2 【单样本 T 检验：选项】对话框

第 4 步：单击【继续（C）】按钮回到【单样本 T 检验】对话框，单击【确定】按钮，完成操作。

3.2.2 结果解释

SPSS 单样本 t 检验的主要结果见表 3-1 和表 3-2。

表 3-1 平均月生活费的基本描述统计量

单样本统计				
	个案数	平均值	标准偏差	标准误差平均值
平均月生活费	272	1 487.59	608.610	36.902

表 3-2 平均月生活费的单样本 t 检验结果

单样本检验						
	检验值 = 1 500					
	t	自由度	Sig.（双尾）	平均值差值	差值95% 置信区间	
					下限	上限
平均月生活费	−0.336	271	0.737	−12.408	−85.06	60.24

由表 3-1 可知，272 位同学的月生活费均值为 1 487.59 元，标准差（std. deviation）为 608.610 元，均值标准误差（std. error mean= $s/\sqrt{n}$ ）为 36.902。

在表 3-2 中，第二列是 t 统计量的观测值，为 −0.336；第三列是自由度，为 271（即 n-1=271）；第四列是统计量观测值的概率 p 值（即显著性水平），为 0.737；第五列是样本均值与检验值的差，即 t 统计量分子部分，它除以表 3-1 中的标准误差平均值（36.902）后得到 t 统计量的观测值（−0.336）；第六列和第七列是总体均值与原假设值 1 500 之差的 95% 的置信区间，为（−85.06，60.24），由此计算出总体均值 95% 的置信区间为（1 414.94，1 560.24）。

由于第四列显著性水平 Sig. 为 0.737，远远大于给定的显著性水平 α（0.05），因此不能拒绝原假设，说明没有证据表明大学生平均月生活费的平均值与 1 500 元有显著差异。95% 的置信区间可得出 95% 的把握认为平均月生活费的均值在 1 414.94~1 560.24 元之间，1 500 元包含在置信区间内，也证实了上述推断。

3.3 两独立样本 t 检验

两独立样本 t 检验的目的是利用来自两个总体的独立样本，推断两个总体的均值是否存在显著差异。两独立样本 t 检验的**前提**是：

第一，样本来自的总体应服从或近似服从正态分布；

第二，两样本相互独立，即从一总体中抽取一组样本对从另一总体中抽取一组样本没有任何影响，两组样本的样本量可以不等。

【**例** 3-2】根据例 3-1 的数据，在 5% 的显著性水平下检验：男生和女生的平均月生活费是否有显著差异。具体数据见文件"ch3 大学生月生活费调查"。

分析：本例题要推断男生与女生月生活费的平均值是否存在显著差异，在此问题中，由于男生和女生可以看成两个总体，且月生活费可近似认为服从正态分布，样本数据的获取是独立抽样，因此，可以用两独立样本 t 检验的方法进行。

原假设：男女生月生活费的平均值无显著差异，即 $H_0: \mu_1 - \mu_2 = 0$；

备择假设：男女生月生活费的平均值存在显著差异，即 $H_1: \mu_1 - \mu_2 \neq 0$。

3.3.1 两独立样本 t 检验 SPSS 操作步骤

第 1 步：选择【分析（A）】下拉菜单，选择【比较平均值（M）-独立样本 T 检验（S）...】选项进入【独立样本 T 检验】对话框，如图 3-3 所示。

图 3-3 【独立样本 T 检验】对话框

第 2 步：选择待检验变量"平均月生活费"进入【检验变量（T）】文本框中，选择总体标识变量"性别"进入【分组变量（G）】文本框中（图 3-3）。

第 3 步：单击【定义组（D）...】按钮定义两总体的标识值，显示如图 3-4 所示的对话框。此处，在【组 1】文本框中输入"男"，在【组 2】文本框中输入"女"。如果在录入数据时用 1 表示"男"、2 表示"女"，则在【组 1】和【组 2】中分别输入 1 和 2。

第 4 步：单击【继续（C）】按钮回到【独立样本 T 检验】对话框。

图 3-4 【定义组】对话框

第 5 步：单击【选项（O）...】按钮，其选项含义与单样本 t 检验的相同。

第 6 步：单击【确定】按钮完成操作。

3.3.2 结果解释

操作完毕后，SPSS 会首先自动计算 F 统计量，并计算在两总体方差相等和不等条件

下 t 统计量的观测值以及各自对应的概率 p 值。输出结果见表 3-3 和表 3-4。

表 3-3 男生和女生月生活费的基本描述统计量

	组 统 计				
	性 别	个 案 数	平均值	标准偏差	标准误差平均值
平均月生活费	男	127	1 424.21	574.369	50.967
	女	145	1 543.10	633.857	52.639

表 3-4 男生和女生月生活费的两独立样本 t 检验结果

独立样本检验				
			平均月生活费	
			假定等方差	不假定等方差
莱文方差等同性检验		F	0.484	
		显著性	0.487	
平均值等同性 t 检验		t	−1.612	−1.623
		自由度	270	269.679
		Sig.（双尾）	0.108	0.106
		平均值差值	−118.891	−118.891
		标准误差差值	73.750	73.270
	差值 95% 置信区间	下限	−264.088	−263.145
		上限	26.307	25.363

表 3-3 是男生和女生月生活费的基本描述统计量，表中内容同表 3-1。由表 3-3 可以看出，男生和女生月生活费的平均值有一定差距。

表 3-4 是男生和女生月生活费均值的检验结果。分析结论应通过两步完成。

第一步，两总体方差是否相等的 F 检验。这里，该检验的 F 统计量的观察值为 0.484，对应的概率 p 值为 0.487。如果显著性水平 α 为 0.05，由于概率 p 值大于 0.05，不能拒绝原假设（原假设 H_0：方差无显著差异），可以认为两总体的方差无显著差异，满足方差齐性。

第二步，两总体均值的检验。在第一步中，由于两总体方差无显著差异，因此应看第二列（假定等方差）t 检验的结果。其中，t 统计量观测值为 −1.612，对应的双尾概率 p 值为 0.108。如果显著性水平 α 为 0.05，由于概率 p 值大于 0.05，则不能拒绝原假设，没有证据表明两总体的均值有显著差异，即没有证据说明男生和女生月生活费的均值存在显著差异。

表 3-4 中的第 6 行（平均值差值）和第 7 行（标准误差差值）分别为 t 统计量的分子和分母；第 8 行和第 9 行为两总体均值差的 95% 置信区间的下限和上限。可以看出该置信区间包含零，因此也从另一个角度证实了上述推断。

3.4 两配对样本 t 检验

两配对样本 t 检验的目的是利用来自两个总体的配对样本，推断两个总体的均值是否存在显著差异。

两配对样本 t 检验与两独立样本 t 检验的差别之一是要求样本是配对的。所谓配对样本可以是个案在"前""后"两种状态下某属性的两种不同特征,也可以是对某事物两个不同侧面的描述。其差别在于抽样不是相互独立,而是相互关联的。例如:分析某种药物的疗效,将病人的某项指标在使用前和使用后进行对比;分析某项改革措施的效果,将某项指标在改革前和改革后进行对比。

配对样本通常具有两个特征:第一,两组样本的样本量相同;第二,两组样本观察值的先后顺序是一一对应的,不能随意更改。例如,要研究某种减肥茶是否有显著的减肥效果,喝茶前与喝茶后的样本是配对抽取的,体现在收集到的两组数据都是针对同一批肥胖人群的,喝茶前后两样本的样本量相同,且每对观察值数据都唯一对应一个肥胖者,不能随意改变观察值的先后次序。

【例 3-3】为研究某种减肥茶是否具有明显的减肥效果,某机构对 35 名肥胖志愿者进行了减肥跟踪调查。首先将其喝减肥茶以前的体重记录下来,三个月后再依次将这 35 名志愿者喝茶后的体重记录下来。通过这两组样本数据的对比分析,推断减肥茶是否具有明显的减肥作用。具体数据见文件"ch3 减肥茶"。

分析:体重变化可以近似认为服从正态分布。从实验设计和样本数据的获取过程可以看出,这两组样本是配对的。因此,可以借助两配对样本 t 检验的方法,通过检验喝茶前与喝茶后体重的均值是否发生显著变化来确定减肥茶的减肥效果。

原假设:喝茶前与喝茶后体重的均值没有发生显著差异,$H_0: \mu_1 - \mu_2 = 0$。

备择假设:喝茶前与喝茶后体重的均值发生显著差异,$H_1: \mu_1 - \mu_2 \neq 0$。

3.4.1 两配对样本 t 检验 SPSS 操作步骤

SPSS 两配对样本 t 检验的基本操作步骤如下。

第 1 步:选择【分析(A)】下拉菜单,选择【比较平均值(M)- 成对样本 T 检验(P)...】选项。

第 2 步:选择一对或若干对检验变量到【配对变量(V)】文本框中(图 3-5)。

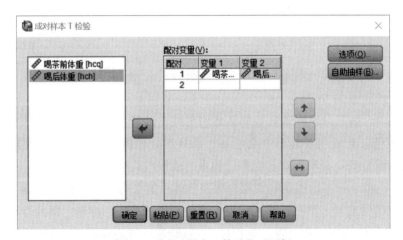

图 3-5 【成对样本 T 检验】对话框

第3步：单击【选项（O）...】按钮，其选项含义与单样本 t 检验的相同，本例不作修改。

第4步：单击【确定】按钮完成操作。

3.4.2 结果解释

至此，SPSS 将自动计算 t 统计量和对应的概率 p 值。分析结果见表 3-5~表 3-7。

表 3-5 喝茶前与喝茶后体重的基本描述统计量

		配对样本统计			
		平均值	个案数	标准偏差	标准误差平均值
配对 1	喝茶前体重	89.257 1	35	5.337 67	0.902 23
	喝后体重	70.028 6	35	5.664 57	0.957 49

表 3-6 喝茶前与喝茶后体重的简单相关系数及检验

		配对样本相关性		
		个案数	相关性	显著性（Sig.）
配对 1	喝茶前体重 & 喝后体重	35	−0.052	0.768

表 3-7 喝茶前与喝茶后体重的两配对样本 t 检验结果

	配对样本检验		
			配对 1
			喝茶前体重 − 喝后体重
配对差值	平均值 Mean		19.228 57
	标准偏差 Std. Deviation		7.981 91
	标准误差平均值 Std. Error Mean		1.349 19
	差值 95% 置信区间	下限	16.486 69
		上限	21.970 45
t			14.252
自由度			34
Sig.（双尾）			0.000

表 3-5 表明，喝茶前与喝茶后样本的平均值有较大差异。喝茶后的平均体重为 70.03，而喝茶前的平均体重为 89.26。

在表 3-6 中，第三列是喝茶前与喝茶后两组样本的简单相关系数，第四列是相关系数检验的概率 p 值。它表明在显著性水平 α 为 0.05 时，肥胖志愿者服用减肥茶前后的体重并没有明显的线性变化，喝茶前与喝茶后体重的线性相关程度较弱。

表 3-7 中，第一行平均值是喝茶前与喝茶后体重的平均差异，相差了 19.2 公斤；第二行是差值样本的标准差；第三行是差值样本均值抽样分布的标准差；第四行、第五行是差值 95% 的置信区间的下限和上限；第六行是 t 检验统计量的观测值；第七行是 t 分布的自

由度；第八行是 t 检验统计量观测值对应的双尾概率 p 值，接近于 0。如果显著性水平 α 为 0.05，由于概率 p 值小于显著性水平 α，应拒绝原假设，即认为总体上喝茶前后体重之差的平均值与 0 有显著不同，意味着喝茶前与喝茶后的体重平均值存在显著差异，可以认为该减肥茶具有显著的减肥效果。

练 习 题

● **概念辨析**

1. 95% 的置信水平指（　　）。
   A. 总体参数落在一个特定的样本所构造的区间内的概率为 95%
   B. 在用同样方法构造的总体参数的多个区间中，包含总体参数的区间比例为 95%
   C. 总体参数落在一个特定的样本所构造的区间内的概率为 5%
   D. 在用同样方法构造的总体参数的多个区间中，包含总体参数的区间比例为 5%

2. 用样本估计量的值直接作为总体参数的估计值，这一估计方法被称为（　　）。
   A. 点估计　　　　B. 区间估计　　　　C. 无偏估计　　　　D. 有效估计

3. 在总体均值和总体比例的区间估计中，估计误差由（　　）。
   A. 置信水平确定
   B. 统计量的抽样标准差确定
   C. 置信水平和统计量的抽样标准差确定
   D. 统计量的抽样方差确定

4. 使用 t 分布估计一个总体均值时，要求（　　）。
   A. 总体为正态分布且方差已知　　　B. 总体为非正态分布
   C. 总体为非正态分布但方差已知　　D. 正态总体方差未知，且为小样本

5. 大样本条件下，总体均值在 $(1-\alpha)$ 置信水平下的置信区间可以写为（　　）。
   A. $\bar{x} \pm t_{\alpha/2} \dfrac{\sigma}{\sqrt{n}}$ 　　　　　　　　B. $\bar{x} \pm t_{\alpha/2} \dfrac{s}{\sqrt{n}}$
   C. $\bar{x} \pm z_{\alpha/2} \dfrac{s}{\sqrt{n}}$ 　　　　　　　　D. $\bar{x} \pm z_{\alpha/2} \dfrac{s^2}{\sqrt{n}}$

6. 某贫困地区估计营养不良人数高达 20%，然而有人认为实际比例比这个比例还要高，要检验该说法是否正确，则假设形式为（　　）。
   A. $H_0: \pi \leqslant 0.2$；$H_1: \pi > 0.2$　　　B. $H_0: \pi = 0.2$；$H_1: \pi \neq 0.2$
   C. $H_0: \pi \geqslant 0.2$；$H_1: \pi < 0.2$　　　D. $H_0: \pi < 0.2$；$H_1: \pi \geqslant 0.2$

7. 在假设检验中，不拒绝原假设意味着（　　）。
   A. 假设肯定是正确的　　　　　　　B. 原假设肯定是错误的
   C. 没有证据证明原假设是正确的　　D. 没有证据证明原假设是错误的

8. 下列假设检验形式的写法中错误的是（　　）。
   A. $H_0: \mu = \mu_0$；$H_1: \mu \neq \mu_0$　　　B. $H_0: \mu \geqslant \mu_0$；$H_1: \mu < \mu_0$

C. $H_0: \mu \leqslant \mu_0$; $H_1: \mu > \mu_0$ D. $H_0: \mu > \mu_0$; $H_1: \mu \leqslant \mu_0$

9. 在假设检验中，得到的 p 值越大（　　）。
   A. 拒绝原假设的可能性越小   B. 拒绝原假设的可能性越大
   C. 原假设正确的可能性越大   D. 原假设正确的可能性越小

10. 当正态总体方差未知，在小样本条件下，估计总体均值使用的分布是（　　）。
    A. 正态分布   B. t 分布   C. 卡方分布   D. F 分布

11. 将构造置信区间的步骤重复多次，其中包括总体参数真值的次数所占的比例称为（　　）。
    A. 置信区间   B. 显著性水平   C. 置信水平   D. 临界值

12. 在置信水平不变的条件下，要缩小置信区间，则（　　）。
    A. 需要增加样本量   B. 需要减少样本量
    C. 需要保持样本量不变   D. 需要改变统计量的抽样标准差

13. 正态总体方差已知时，在小样本条件下，总体均值在（$1-\alpha$）置信水平下的置信区间可以写为（　　）。

    A. $\bar{x} \pm z_{\alpha/2} \dfrac{\sigma^2}{\sqrt{n}}$ B. $\bar{x} \pm t_{\alpha/2} \dfrac{s}{\sqrt{n}}$

    C. $\bar{x} \pm z_{\alpha/2} \dfrac{\sigma}{\sqrt{n}}$ D. $\bar{x} \pm t_{\alpha/2} \dfrac{\sigma}{\sqrt{n}}$

14. 一项新的减肥计划声称：在计划实施的第一个月内，参加者的体重平均至少可以减轻 8 公斤。随机抽取 40 位参加该项计划者组成样本，结果显示：样本的体重平均减少 7 公斤，标准差为 3.2 公斤，该检验的原假设和备择假设是（　　）。
    A. $H_0: \mu \leqslant 8$; $H_1: \mu > 8$ B. $H_0: \mu \geqslant 8$; $H_1: \mu < 8$
    C. $H_0: \mu \leqslant 7$; $H_1: \mu > 7$ D. $H_0: \mu \geqslant 7$; $H_1: \mu < 7$

15. 在假设检验中，第一类错误指（　　）。
    A. 当原假设正确时拒绝原假设   B. 当原假设错误时拒绝原假设
    C. 当备择假设正确时没有拒绝原假设   D. 当备择假设不正确时未拒绝备择假设

16. 当备择假设为 $H_1: \mu < \mu_0$，此时的假设检验被称为（　　）。
    A. 双侧检验   B. 右侧检验
    C. 左侧检验   D. 显著性检验

17. 在假设检验中，如果所计算出的 p 值越小，说明检验的结果（　　）。
    A. 越显著   B. 越不显著   C. 越真实   D. 越不真实

18. 一所中学的教务管理人员认为，中学生中吸烟的比例超过 30%。一家研究机构认为比例没有这么高，为检验他们的观点，这家研究机构在该地区所有中学生中抽取一个随机样本进行检验。建立的原假设和备择假设应为（　　）。
    A. $H_0: \pi = 30\%$; $H_1: \pi \neq 30\%$ B. $H_0: \pi = 30\%$; $H_1: \pi \neq 30\%$
    C. $H_0: \pi \geqslant 30\%$; $H_1: \pi < 30\%$ D. $H_0: \pi \leqslant 30\%$; $H_1: \pi > 30\%$

19. 当总体方差未知时，在大样本条件下，估计总体均值使用的分布是（　　）。

    A. 正态分布　　B. t 分布　　C. 卡方分布　　D. F 分布

20. 下列陈述中错误的是（　　）。

    A. p 值与原假设的对或错无关

    B. p 值是样本数据出现的经常程度

    C. 不拒绝原假设意味着原假设就是正确的

    D. 样本越大就越有可能拒绝原假设

● 计算练习

1. 抽取一个样本量为 100 的随机样本，其均值 $\bar{x}$ 为 81，标准差 $s=12$。总体均值 μ 的 95% 的置信区间为（　　）。

    A. 81±1.97　　B. 81±2.35　　C. 81±3.10　　D. 81±3.52

2. 随机抽取一个 $n=100$ 的样本，计算得到 $\bar{x}=60$，$s=15$，要检验假设 $H_0: \mu=65$；$H_1: \mu \neq 65$，检验的统计量为（　　）。

    A. -3.33　　B. 3.33　　C. -2.36　　D. 2.36

3. 在对 $n=2\,000$ 的消费者构成的随机样本的调查中，有 64% 的人说他们购买商品时主要是考虑价格因素。该消费者群体中根据价格作出购买决策的比例 99% 的置信区间为（　　）。

    A. 0.64±0.078　　B. 0.64±0.028　　C. 0.64±0.035　　D. 0.64±0.045

4. 税务管理官员认为，大多数企业都有偷漏税行为。在对由 800 个企业构成的随机样本的检查中，发现有 144 个企业有偷漏税行为。根据 99% 的置信水平估计偷税漏税企业比例的置信区间为（　　）。

    A. 0.18±0.015　　B. 0.18±0.025　　C. 0.18±0.035　　D. 0.18±0.045

5. 一家汽车生产企业在广告中宣称，"该公司的汽车可以保证在 2 年或 24 000 公里内无事故"，但该汽车的一个经销商认为保证"2 年"这一项是不必要的，因为该企业生产的汽车车主在 2 年内行驶的平均里程超过 24 000 公里。假定这位经销商要检验假设 $H_0: \mu \leq 24\,000$；$H_1: \mu > 24\,000$，抽取容量 $n=32$ 个车主的一个随机样本，计算出 2 年行驶里程的平均值 $\bar{x}=24\,517$ 公里，标准差为 $s=1\,866$ 公里，计算出的检验统计量为（　　）。

    A. $z=1.57$　　B. $z=-1.57$　　C. $z=2.33$　　D. $z=-2.33$

● 上机练习

1. 一种汽车配件的平均长度要求为 12cm，高于或低于该标准均被认为是不合格的。汽车生产企业在购进配件时，通常是经过招标，然后对中标的配件供货商提供的样品进行检验，以决定是否购进。现对一个配件供货商提供的 10 个样本进行了检验，数据如表 3-8 所示。假定该供货商生产的配件长度服从正态分布，在 0.05 的显著性水平下，检验该供货商提供的配件是否符合要求？

表 3-8　汽车配件样本数据　　　　　　　　　　　　　　　　　　　　　单位：cm

12.2	10.8	12.0	11.8	11.9
12.4	11.3	12.2	12.0	12.3

数据文件见"上机作业 3.1 - 零件长度"。

2. 甲、乙两台机床同时加工某种同类型的零件，已知两台机床加工的零件直径分别服从正态分布。为比较两台机床的加工精度有无显著差异，分别独立抽取了甲机床加工的 8 个零件和乙机床加工的 7 个零件，通过测量得到如表 3-9 所示数据，Excel 数据见文件"上机作业 3.2 - 加工精度"。

表 3-9　甲、乙机床加工零件数据　　　　　　　　　　　　　　　　　　单位：cm

甲	20.5	19.8	19.7	20.4	20.1	20.0	19.0	19.9
乙	20.7	19.8	19.5	20.8	20.4	19.6	20.2	

要求：

（1）将上述数据转换成 SPSS 文件；

（2）在 $\alpha=0.05$ 的显著性水平下，样本数据是否提供证据支持"两台机床加工的零件直径不一致"的看法？

3. 表 3-10 是对促销人员进行培训前后某种商品的促销数据，Excel 数据见文件"上机作业 3.3 - 培训效果"。

表 3-10　人员培训前后数据

培训前	440	500	580	460	490	480	600	590	430	510	320	470
培训后	620	520	550	500	440	540	500	640	580	620	590	620

要求：

（1）将上表数据转换成 SPSS 文件；

（2）试分析该培训是否产生了显著效果（$\alpha=0.05$）。

第四章 卡方检验

学习目标：
1. 理解卡方拟合优度检验和卡方独立性检验的思想。
2. 熟练掌握卡方检验数据的组织方式和具体操作。
3. 能读懂SPSS的输出结果，能够利用概率p值进行统计决策。
4. 能够解释分析结果的含义，针对所分析的问题得出合理的结论。
5. 能够根据研究问题的数据特征选择相应的分析方法。

4.1 用SPSS进行χ^2拟合优度检验

当只研究一个类别变量时，可利用χ^2检验来判断各类别的观察频数与某一期望频数是否一致。根据期望频数是否相等，可以分为两种情况。

4.1.1 期望频数相等

【例4-1】某超市为了研究顾客对三种品牌矿泉水的喜好比例，以便为下一次进货提供决策，随机观察了150名购买者，并记录下他们所买的品牌，统计出购买三种品牌的人数，如表4-1所示。这些数据是否说明顾客对这三种矿泉水的喜好确实存在差异？具体数据见文件"ch4 品牌喜好"。

表4-1 顾客购买喜好调查

矿泉水品牌	人数/人
品牌1	61
品牌2	53
品牌3	36

分析： 表中的品牌是类别变量，共有3个类别。检验消费者对矿泉水品牌的偏好是否有显著差异，提出的假设是：

H_0：观察频数与期望频数无显著差异（无明显偏好）。
H_1：观察频数与期望频数有显著差异（有明显偏好）。
用SPSS进行一个类别变量拟合优度检验的基本操作步骤如下。

第1步： 选择【数据（D）】下拉菜单，选择【个案加权（W）...】选项打开【个案加权】对话框。把人数freq放入【频率变量（F）】文本框中（图4-1），单击【确定】按钮。

第2步： 选择【分析（A）】下拉菜单，选择【非参数检验（N）】→【卡方（C）...】选项，打开【卡方检验】对话框，如图4-2所示。

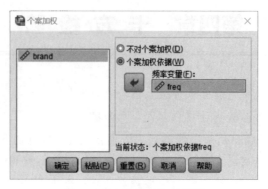

图 4-1 【个案加权】对话框

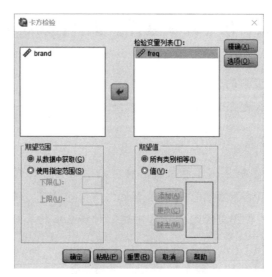

图 4-2 【卡方检验】对话框

第 3 步：把人数 freq 选入【检验变量列表（T）】文本框中，单击【确定】按钮，得出的分析结果见表 4-2。

表 4-2　χ^2 拟合优度检验结果

检 验 统 计	
	人　　数
卡方（Chi-Square）	6.520[a]
自由度（df）	2
渐近显著性（Asymp. sig.）	0.038

a：0 个单元格（0.0%）的期望频率低于 5。期望的最低单元格频率为 50.0。

从输出结果中可以看出，χ^2=6.520，且 p 值（sig.）为 0.038，小于 α=0.05，故有充分理由拒绝原假设，即认为顾客对三种品牌矿泉水的喜好存在显著差异。

在没有软件的情况下，可以使用以下公式计算 χ^2 统计量

$$\chi^2 = \sum_{i=1}^{k} \frac{(f_i - e_i)^2}{e_i} \tag{4-1}$$

式中：f_i——第 i 类的观察频数（observed frequency）；

e_i——第 i 类的期望频数（expected frequency）；

k——类别个数。

当所有类别的期望频数都大于或等于 5 时，检验统计量服从自由度为 $k-1$ 的 χ^2 分布。利用 Excel 的 CHIDIST() 函数可将 χ^2 统计量的 p 值计算出来。

4.1.2 期望频数不等

【例 4-2】一项针对全国住房价格的调查表明，城镇居民对房价表示非常不满意的占 15%，不满意的占 45%，一般的占 25%，满意的占 9%，非常满意的占 6%。为研究一线大城市的居民对住房价格的满意程度，一家研究机构在某一线城市抽样调查了 300 人，其中的一个问题是："您对目前的住房价格是否满意？"调查共设"非常不满意""不满意""一般""满意""非常满意"5 个选项。检验该城市居民对住房价格满意度评价的频数与全国的调查频数是否一致。具体数据见文件"ch4 住房价格调查"。

分析：首先提出以下假设。

H_0：该城市居民对住房价格的评价频数与全国的评价频数没有显著差异。

H_1：该城市居民对住房价格的评价频数与全国的评价频数有显著差异。

用 SPSS 进行 χ^2 拟合优度检验的基本操作步骤如下。

第 1 步：对各类别的观察频数按从小到大顺序排列（本例已排列好）。

第 2 步：选择【数据（D）】下拉菜单，选择【个案加权（W）…】选项打开【个案加权】对话框。把"人数"放入【频率变量（F）】文本框，单击【确定】按钮。其余设置与例 4-1 相同。

第 3 步：选择【分析（A）】下拉菜单，选择【非参数检验（N）】→【卡方（C）…】选项，打开【卡方检验】对话框，把"人数"选入【检验变量列表（T）】文本框（图 4-3）。

图 4-3 期望频数不等的【卡方检验】对话框

第 4 步：在【期望值】区域单击【值（V）】单选按钮，并将相应的期望比例依次输入到文本框内并单击【添加（A）】按钮（每次只能输入 1 个，输入后单击【添加（A）】按钮，然后再输入另一个，再单击【添加（A）】按钮，依此类推）。注意，按排序输入相应的期望比例。

第 5 步：单击【确定】按钮。操作完毕。分析结果见表 4-3 和表 4-4。

表 4-3 某城市居民对住房价格满意度评价的拟合优度检验（1）

	人　　数		
	实测个案数	期望个案数	残　　差
27	27	18.0	9.0
30	30	27.0	3.0
36	36	45.0	-9.0
81	81	75.0	6.0
126	126	135.0	-9.0
Total	300		

表 4-4 某城市居民对住房价格满意度评价的拟合优度检验（2）

检 验 统 计	
	人　　数
卡方	7.713[a]
自由度	4
渐近显著性	0.103

a：0 个单元格（0.0%）的期望频率低于 5。期望的最低单元格频率为 18.0。

表 4-3 是软件计算的观察频数和期望频数，其中，期望频数为样本容量乘以相应的百分比得到，如非常满意的占 6%，其对应的期望频数为 300×6%=18。

表 4-4 是卡方统计量及其 p 值。从输出结果中可以看出，χ^2=7.713，p 值（sig.）为 0.103，大于 α=0.05，故不拒绝原假设，没有证据表明该城市居民对住房价格满意度的评价与全国有显著差异。读者可使用计算公式自己计算 χ^2 统计量，看是否与软件输出结果相同。

4.2 用 SPSS 进行 χ^2 独立性检验

在具体问题的分析中，经常会遇到对列联表中的两个变量进行分析，通常是判断两个变量是否独立。该检验的原假设是：两个变量独立（无关），如果原假设被拒绝，则表明两个变量不独立，或者说两个变量相关。

【例 4-3】 有人认为在大学里，女生更认真。为了分析这个问题，某同学进行了一次问卷调查，其中有一个关于逃课的问题，选项是"逃过课"和"未逃过课"，试根据所给数据分析性别与是否逃课之间有没有关系（α=0.05）。具体数据见文件"ch4 逃课与性别"

分析：本例是对两个类别变量的关系进行分析，可以用 χ^2 独立性检验方法。H_0：性别与是否逃课无关；H_1：性别与是否逃课有关。使用 SPSS 进行分析时，在列联分析的选项中选择 χ^2 统计量即可。

4.2.1 SPSS χ^2 独立性检验的操作步骤

第1步：选择【分析（A）】→【描述统计（E）-交叉表（C）...】选项，进入【交叉表】对话框。将行变量选入【行（O）】文本框，将列变量选入【列（C）】文本框（行列可互换），如图4-4所示。

第2步：单击【统计（S）...】按钮，在弹出的对话框中选中【卡方（H）】（卡方检验）和【Phi和克莱姆V】复选框（衡量交互分析中两个变量关系强度的指标），如图4-5（a）所示。

图4-4 χ^2 独立性检验【交叉表】对话框

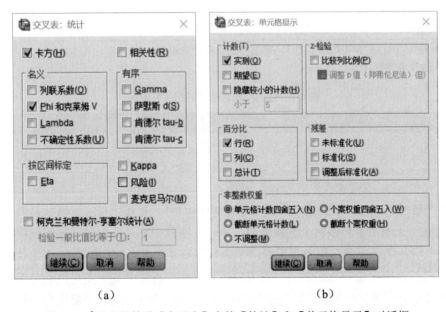

(a)　　　　　　　　　　(b)

图4-5 χ^2 独立性检验【交叉表】中的【统计】和【单元格显示】对话框

第3步：单击【继续（C）】按钮返回【交叉表】对话框；单击【单元格（E）...】按钮，在【计数（T）】区域选中【实测（O）】复选框（各单元格的观测频数），在【百分比】区域选中【行（R）】复选框（行单元格的百分比），如图4-5（b）所示。单击【继续（C）】

按钮返回【交叉表】对话框。

第 4 步：单击【确定】按钮，完成操作。

4.2.2 结果解释

输出结果见表 4-5~ 表 4-7。表 4-5 是两个类别变量的列联分析表。在进行分析时，还可以选择期望频数、列单元格百分比等。

表 4-5　性别与是否逃课的列联表

			性别		总计
			男	女	
是否逃课	逃过课	计数	34	38	72
		占是否逃课的百分比	47.2%	52.8%	100.0%
	未逃过课	计数	28	50	78
		占是否逃课的百分比	35.9%	64.1%	100.0%
Total		计数	62	88	150
		占是否逃课的百分比	41.3%	58.7%	100%

表 4-6　性别与是否逃课的 χ^2 独立性检验结果

	值	自由度	渐进显著性（双侧）	精确显著性（双侧）	精确显著性（单侧）
皮尔逊卡方	1.980[a]	1	0.159		
连续性修正[b]	1.541	1	0.215		
似然比	1.983	1	0.159		
费希尔精确检验				0.186	0.107
有效个案数	150				

a：0 个单元格（0.0%）的期望频率低于 5。期望的最低单元格频率为 29.76。
b：仅针对 2×2 表进行计算。

表 4-7　性别与是否逃课的相关性度量

		值	渐进显著性
名义到名义	Phi	0.115	0.159
	克莱姆 V	0.115	0.159
有效个案数		150	

表 4-5 是列联表，也叫交叉分组表（crosstabulation），它是一种用表格汇总两个变量数据的方法，广泛地用于考察两个变量间的关系。在实践中，许多统计研究的最终报告包括大量的交叉分组表。交叉分组表可根据两个定性变量（如表 4-5 所示）、一个定性变量和一个定量变量、两个定量变量编制。当使用定量变量时，首先必须对变量值划分组别，这个需要研究者结合所研究的对象，以及变量特征进行划分（如表 2-8 将年龄进行分组）。

表 4-6 是两个类别变量的 χ^2 独立性检验结果，在这张表中，主要看皮尔逊卡方（Pearson chi-square）对应的 p 值。从输出结果中可以看出，$\chi^2=1.980$，p 值（sig.）为 0.159，大于 $\alpha=0.05$，故不拒绝原假设，可以认为性别与是否逃课无关。

表 4-7 输出的是 Phi 值和 V 值，这两个系数的取值范围均为 0~1，数据越接近 1 表明

两个变量之间的关系越强，越接近 0 表明它们的关系越弱。本例因为是 2×2 列联表，这两个系数的值相等，均为 0.115。

4.2.3 χ^2 独立性检验小结

我们对独立性检验步骤进行总结如下。

第一，建立原假设和备择假设：

H_0：列变量与行变量独立（无关）；

H_1：列变量与行变量不独立（有关）。

第二，选择一个随机样本，并记录列联表中每个单元格的观察频数。

第三，计算每个单元格的期望频数 e_{ij}，公式如下

$$e_{ij} = \frac{第 i 行之和 \times 第 j 列之和}{样本容量} \tag{4-2}$$

第四，计算检验统计量的数值。在 χ^2 独立性检验中，χ^2 统计量的计算公式与前文所述略有不同，计算公式如下

$$\chi^2 = \sum_i \sum_j \frac{(f_{ij} - e_{ij})^2}{e_{ij}} \tag{4-3}$$

式中：f_{ij}——列联表中位于第 i 行和第 j 列类别的观察频数；

e_{ij}——列联表中位于第 i 行和第 j 列类别的期望频数。

第五，拒绝法则如下。

p-值法：如果 p-值 $\leqslant \alpha$，则拒绝 H_0；

临界值法：如果 $\chi^2 \geqslant \chi^2 \alpha$，则拒绝 H_0。

式中：α 是显著性水平；对于 r 行和 c 列的列联表，$\chi^2 \alpha$ 是自由度为 $(r-1)(c-1)$ 时，χ^2 分布的上侧面积为 α 的 χ^2 值。

注意： 本章的 χ^2 检验的检验统计量要求每一个类别的期望频数至少为 5。当某一类别的期望频数小于 5 时，通常是将相邻的类合并起来，以使得每一个类别的期望频数都大于或等于 5。

练 习 题

● **概念辨析**

1. 要检验全国多个地区贫困人口的比例是否一样，适合采用的检验方法是（　　）。

  A. 正态分布检验　　　　B. t 分布检验

  C. χ^2 拟合优度检验　　D. χ^2 独立性检验

2. 一个社会学者随机抽取 3 000 个家庭，想研究文化程度的高低与离婚率的高低是否有关，适合采用的检验方法是（　　）。

  A. 正态分布检验　　　　B. t 分布检验

  C. χ^2 拟合优度检验　　D. χ^2 独立性检验

3. χ^2 拟合优度检验主要用于判断（　　）。

　　A. 各类别的观察频数是否相等　　B. 各类别的观察频数与期望频数是否一致

　　C. 各类别的期望频数是否相等　　D. 各类别的期望频数是否等于观察频数

4. χ^2 独立性检验主要用于判断（　　）。

　　A. 两个类别变量是否独立

　　B. 两个类别变量各类别的观察频数是否相等

　　C. 一个类别变量各类别的观察频数与期望频数是否相等

　　D. 一个类别变量是否独立

5. χ^2 拟合优度检验的原假设是（　　）。

　　A. 各类别的期望频数无显著差异

　　B. 各类别的观察频数无显著差异

　　C. 各类别的观察频数与期望频数无显著差异

　　D. 各类别的观察频数与期望频数有显著差异

6. χ^2 独立性检验的原假设是（　　）。

　　A. 两个变量的期望频数相等　　B. 两个变量的期望频数不相等

　　C. 两个变量独立　　D. 两个变量不独立

7. 在使用 χ^2 检验时，如果仅有两个单元格，单元格的最小期望频数不应小于（　　）。

　　A. 5　　　　B. 10　　　　C. 15　　　　D. 20

8. 在使用 χ^2 检验时，如果单元格在两个以上时，期望频数小于 5 的单元格不能超过总格数的（　　）。

　　A. 5%　　　　B. 10%　　　　C. 15%　　　　D. 20%

9. χ^2 拟合优度检验中，计算出的卡方统计量服从自由度为（　　）的卡方分布。

　　A. 类别个数 -1　　　　B. 类别个数

　　C. 类别个数 +1　　　　D. 样本量

10. χ^2 独立性检验中，自由度的计算方法为（　　）。

　　A. 类别个数 -1　　　　B. 类别个数

　　C. 类别个数 +1　　　　D.（一个变量类别数 -1）×（另一个变量类别数 -1）

● 计算练习

1. 对于两个类别变量的多个类别总共抽取 200 个样本。其中某个单元格所在行的合计频数为 80，所在列的合计频数为 60。该单元格的期望频数为（　　）。

　　A. 24　　　　B. 25　　　　C. 26　　　　D. 27

2. 对于两个类别变量的多个类别总共抽取 1 000 个样本。其中某个单元格所在行的合计频数为 200，所在列的合计频数为 100。该单元格的期望频数为（　　）。

　　A. 10　　　　B. 20　　　　C. 30　　　　D. 40

3. 一所大学准备采取一项学生在宿舍上网收费的措施，为了解男女学生对这一措施的看法，分别抽取了 150 名男学生和 120 名女学生进行调查，得到的结果见表 4-8。这个表格是（　　）。

表 4-8　学生对上网收费措施看法调查表

	男学生	女学生	合计
赞成	45	42	87
反对	105	78	183
合计	150	120	270

　　A. 4×4 列联表　　　　　　　　B. 2×2 列联表
　　C. 2×3 列联表　　　　　　　　D. 2×4 列联表

4. 根据表 4-8 计算的男女学生赞成上网收费的期望频数分别为（　　）。
　　A. 48 和 39　　B. 102 和 81　　C. 15 和 14　　D. 25 和 19

5. 根据表 4-8 数据计算的 χ^2 统计量为（　　）。
　　A. 0.617 6　　B. 1.617 6　　C. 0.308 8　　D. 1.308 8

● 上机练习

1. 某食品生产企业想了解过年一年中的销售量是否符合均匀分布，以便更好地安排生产。企业的市场销售部门调查了某地区过去一年中每个月的销售量，如表 4-9 所示。使用 SPSS 软件检验各月份的销售量是否符合均匀分布（$\alpha=0.05$）。

表 4-9　去年某企业商品销售量

月　份	销售量/箱	月　份	销售量/箱
1 月	1 660.0	7 月	1 580.0
2 月	1 600.0	8 月	1 680.0
3 月	1 560.0	9 月	1 550.0
4 月	1 490.0	10 月	1 370.0
5 月	1 380.0	11 月	1 410.0
6 月	1 620.0	12 月	1 610.0

数据见文件"上机作业 4.1－企业的月销售量"。

2. 某电视台为了解观众对某档娱乐节目的喜欢程度，对不同年龄段的男女观众进行了调查，得到喜欢该档娱乐节目的观众比例如表 4-10 所示。能否认为男性观众喜欢该档娱乐节目的比例和女性一致？试用 SPSS 软件进行分析（$\alpha=0.05$）。

表 4-10　观众对该节目喜爱程度　　　　　　　　　　　　单位：%

年龄（岁）	男　性	女　性
20 以下	5.0	6.0
20~30	6.0	8.0
30~40	12.0	12.0
40~50	16.0	15.0
50 以上	25.0	32.0

数据见文件"上机作业 4.2－娱乐节目调查"。

3. 为了研究上市公司对其股价波动的关注程度，一家研究机构对在主板、中小板和创业板上市的190家公司进行了调查，得到结果如表4-11所示。试用SPSS软件检验上市公司的类型与对股价波动的关注程度是否有关（$\alpha=0.05$）。

表4-11 对190家公司的调查结果

上市公司的类型	关 注	不 关 注
主板企业	50	70
中小板企业	30	15
创业板企业	20	5

数据见文件"上机作业4.3 - 企业类型与关注度"，注意数据文件中数据的排列形式。

4. 为了分析消费者的所在地区与所购买的汽车价格是否有关，一家汽车企业的销售部门对东部地区、中部地区和西部地区的400个消费者作了问卷调查，得到的结果如表4-12所示。试将表中数据转换成原始数据录入SPSS文件中，并使用SPSS软件检验地区与所购买的汽车价格是否有关（$\alpha=0.05$）。

表4-12 汽车价格调查问卷

汽车价格/万元	东部地区	中部地区	西部地区
10以下	20	40	40
10~20	50	60	50
20~30	30	20	20
30以上	40	20	10

Excel数据见文件"上机作业4.4 - 地区与汽车价格"。

第五章 方差分析

> **学习目标：**
> 1. 理解方差分析的思想和使用前提。
> 2. 熟练掌握单因素和双因素方差分析数据的组织方式和具体操作。
> 3. 能读懂 SPSS 的输出结果，能够利用概率 p 值进行统计决策。
> 4. 能够解释和分析结果的含义，针对所分析的问题得出合理的结论。
> 5. 能够根据研究问题的数据特征选择合适的分析方法。

方差分析（analysis of variance，ANOVA）是分析各**分类自变量**（控制变量）对**数值因变量**（观测变量）影响的一种统计方法。

5.1 基本思想

方差分析将总变异分解为由研究因素所造成的部分和由抽样误差所造成的部分，通过比较来自不同部分的变异，借助 F 分布做出统计推断。

5.1.1 为什么要进行方差分析

前面提到的有关统计推断的方法，如单样本 t 检验、两独立样本 t 检验，归根结底都可以视为两组间的比较，如果有一组的总体均值已知，则为单样本 t 检验；如果两组都只有样本信息，则为两独立样本 t 检验。但是如果遇到以下情形，该如何处理呢？

例如：对于大学生新生的入学成绩，可以通过 t 检验来考察男女学生间的入学成绩是否有差异。但是想要知道来自江西、安徽、山东、浙江等省份的学生，其入学成绩是否有差异，要用多次两独立样本 t 检验来分析吗？

再如：在田间试验中，科研人员往往将田地分成多个区块，分别在每一个区块中采用不同的培育手段，或者不同品质的种苗。那么，在统计分析时，要比较多个区块之间农作物的生长情况，应该采用何种方法？

在以上两例中，所涉及的问题其实就是在单一处理因素之下，多个不同水平（或简单地理解为多组）之间的连续性观察值的比较，目的是通过对多个样本的研究，来判断这些样本是否来自同一总体。如果假设检验拒绝了多个样本来自同一总体的原假设，研究者更会关心这几个样本到底可能来自几个不同的总体，对于以上情况，传统的 t 检验已经不再胜任。

那么，能否使用两两 t 检验（例如，作三组比较，则分别进行三次 t 检验）来解决此问题？这样做在统计上是不妥的。因为统计学的结论都是概率性的，存在犯错误的可能。例如，要用 6 次 t 检验来考察 4 个省份的大学新生入学成绩是否相同，对于某一次比较，其犯一类错误的概率是 α，那么连续 6 次比较，其犯第一类错误的概率是多少？答案不是

$α^6$,而是 $1-(1-α)^6$。如果 $α=0.05$,那犯第一类错误的概率将上升为 $1-(1-α)^6=0.265$,而置信水平则会降低到 0.735(即 0.95^6)。因此,多个均值比较时不宜采用 t 检验作两两比较。方差分析可以解决这个问题。

5.1.2 方法原理

方差分析之前,要先弄清楚两类变量:观测变量和控制变量。观测变量是我们所要研究的那个变量,控制变量是可能影响观测变量变化的变量。例如,想要研究文化程度对收入水平的影响,则观测变量是收入水平,控制变量是文化程度。

方差分析认为观测变量值的变化受两类因素的影响:第一类是控制因素(控制变量)不同水平所产生的影响;第二类是随机因素(随机变量)所产生的影响,它指那些人为很难控制的因素。如果控制变量的不同水平对观测变量产生了显著影响,那么,它和随机变量共同作用必然使得观测变量值有显著变动;反之,如果控制变量的不同水平没有对观测变量产生显著影响,那么,观测变量值的变动就不会明显地表现出来,其变动可以归结为由随机变量的影响造成。

那么,如何判断控制变量的不同水平下观测变量值是否产生了明显波动呢?判断的原则是:如果控制变量各水平下观测变量总体的分布出现了显著差异,则意味着控制变量的不同水平对观测变量产生了显著影响;反之,如果控制变量各水平下观测变量总体的分布没有显著差异,则意味着控制变量的不同水平对观测变量没有产生显著影响。方差分析正是通过推断控制变量各水平下观测变量的总体分布是否有显著差异来实现其分析目标的。

在实际分析中,方差分析从对观测变量的变异入手,通过推断控制变量各水平下各观测变量总体的均值是否存在显著差异来进行判断,即

$$总变异 = 控制因素导致的变异 + 随机变异$$

在方差分析中,代表变异大小并用来进行变异分解的指标是离差平方和,则总平方和(SST)被分解为两项:第一项为按样本含量大小加权的各组均值与总均值的差值平方之和,代表组间变异,称为组间平方和(SSA)或处理平方和;第二项是各组的离差平方和,代表组内变异,称为组内平方和(SSE),即

$$总平方和 = 组间平方和 + 组内平方和$$
$$SST = SSA + SSE$$

其中,组间变异既包括了控制因素的作用,又包括了随机误差。而组内变异仅体现了随机误差。

这样,我们可以采用一定的方法来比较组内变异和组间变异的大小,如果后者远远大于前者,则说明控制因素的影响的确存在,如果两者相差无几,则说明该影响不存在,以上就是方差分析的基本思想。

方差分析的检验统计量可以简单地理解为利用随机误差作为尺度来衡量各组间的变异,即

$$F = \frac{\text{组间变异测量指标}}{\text{组内变异测量指标}}$$

如果控制因素不产生影响,则各组间均值的差异应为 0(理论上应为 0,但由于抽样误差的存在不可能恰好为 0),即各组均值相等,为

$$\mu_1 = \mu_2 = \mu_3 = \cdots = \mu_k$$

因而组间变异将主要由随机误差构成,即组间变异的值应当接近组内变异。于是检验统计量 F 值应当不会太大,且接近于 1。否则,F 值将会偏离 1,并且各组间的不一致程度越强,F 值会越大。

在 F 统计量的构造中,我们的分析主要依据的是组间均方与组内均方的差异,将组间均方记为 MSA,组内均方记为 MSE,其计算公式分别为

$$\text{MSA} = \frac{\text{组间平方和}}{\text{自由度}} = \frac{\text{SSA}}{r-1} \tag{5-1}$$

$$\text{MSE} = \frac{\text{组内平方和}}{\text{自由度}} = \frac{\text{SSE}}{n-r} \tag{5-2}$$

将 MSA 与 MSE 进行对比,得到的比值即为需要的检验统计量——F 统计量。当原假设为真时,该比值服从分子自由度为 $r-1$,分母自由度为 $n-r$ 的 F 分布,即

$$F = \frac{\text{MSA}}{\text{MSE}} \sim F(r-1, n-r) \tag{5-3}$$

在方差分析中,原假设和备择假设分别为

H_0: $\mu_1 = \mu_2 = \mu_3 = \cdots = \mu_k$;

H_1: k 个总体的均值不全相等。

如果拒绝原假设,可以得出多个样本来自的不是同一总体的结论。

5.1.3 数据要求

一般而言,要应用方差分析,数据应当满足以下几个条件,或者说以下的假设应当是成立的。

(1)**独立性**(independence):即应满足观察对象是来自所研究因素的各个水平之下的独立随机抽样,如果独立性得不到满足,原始资料会存在信息"重叠"现象,方差分析的结果往往会受到相当大的影响。

(2)**正态性**(normality):指观测变量各总体应当服从正态分布。当正态性得不到满足时,方差分析的结论并不会受到太大的影响。特别是当样本含量较大时,方差分析对于正态性的假设是稳健的。

(3)**方差齐性**(homoscedascity):指观测变量各总体的方差应相同,即各水平下的总体具有相同的方差。在各组间样本含量相差不太大时,方差轻微不齐仅会对方差分析的结论有少许影响。一般而言,只要最大/最小方差之比小于 3,分析结果都是稳健的。

这些适用条件可以使用描述统计进行观察,如绘制相应的统计图形,也可以使用相应

的检验方法。

还需要说明的是，在方差分析中，各组在样本含量上的均衡性将会为分析计算提供极大的便利，也能在一定程度上弥补正态性或方差齐性得不到满足时对检验效能所产生的影响，这一点在多因素时体现得尤其明显。因此，在试验设计时，就应当注意到均衡性的问题。

根据控制变量个数和类型可以将方差分析分成单因素方差分析、多因素方差分析和协方差分析，观测变量为一个以上的方差分析称为多因素方差分析，本章仅介绍单因素方差分析和双因素方差分析。

5.2 用 SPSS 进行单因素方差分析

【例 5-1】某企业在制定某商品的广告策略时，收集了该商品在不同地区采用不同广告形式促销后的销售额数据，希望对广告形式和地区是否对商品销售额产生影响进行分析。试通过单因素方差分析方法分别对广告形式、地区对销售额的影响进行分析。数据见文件"ch5 广告地区与销售额"（$\alpha=0.05$）。

5.2.1 数据组织

在利用 SPSS 进行单因素方差分析时，应注意数据的组织形式，SPSS 要求两个变量**分别存放观测变量值和控制变量的水平值**，如图 5-1 所示。其中，x_1，x_2，x_3 分别表示广告形式、地区、销售额。

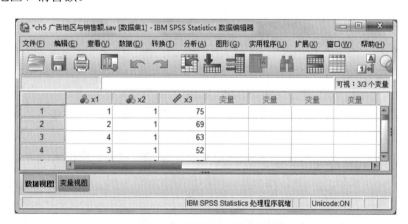

图 5-1 方差分析的数据组织形式

分析：先考虑广告形式一个因素。设广告形式对销售额的影响效应分别为 a_1（报纸），a_2（广播），a_3（宣传品），a_4（体验）。提出的检验假设为：

H_0: $a_1=a_2=a_3=a_4=0$[①]（广告形式对销售额没有显著影响）；

H_1: a_1，a_2，a_3，a_4 至少有一个不等于 0（广告形式对销售额有显著影响）。

---

① 这个假设与前面的 $\mu_1=\mu_2=\mu_3=\cdots=\mu_k$ 表达的是一个意思，此处的 $a_i=\mu_i-\mu$，μ 为所有变量值的均值。

5.2.2 含多重比较的方差分析

在进行方差分析之前，一定要注意其应用条件。可以通过计算各组均值、标准差，绘制直方图等方法考察数据的正态性、方差齐性。

使用 SPSS 进行方差分析的操作步骤如下。

第 1 步：选择【分析（A）】→【比较平均值（M）】→【单因素 ANOVA 检验...】选项进入【单因素 ANOVA 检验】对话框。

第 2 步：将观测变量（销售额）选入【因变量列表（E）】文本框，将控制变量（广告形式）选入【因子（F）】文本框，如图 5-2 所示。

图 5-2 【单因素 ANOVA 检验】对话框

第 3 步：检验方差齐性。方差齐性检验是对控制变量不同水平下各观测变量总体方差是否相等进行分析。在 SPSS 单因素方差分析中，方差齐性检验采用了方差同质性（homogeneity of variance）检验方法，其原假设是：各水平下观测变量总体的方差无显著差异，实现思路同 SPSS 两独立样本 t 检验中的方差检验。单击【选项（O）...】按钮，出现如图 5-3 所示对话框，对话框中各选项说明如下。

图 5-3 【单因素 ANOVA 检验：选项】对话框

（1）【统计】：提供分析中的一些常用描述统计量。各选项说明如下。

◆【描述（D）】表示输出观测变量的基本描述统计量。

◆【固定和随机效应（F）】表示对于固定效应模型，输出标准差、标准误和95%置信区间；对于随机效应模型，输出其标准误、95%置信区间及方差成分。

◆【方差齐性检验（H）】表示进行方差齐性检验。

◆【布朗 - 福塞斯（B）】表示输出用Brown-Forsythe方法比较各组均值的统计量，适用于各组方差不齐时。

◆【韦尔奇（W）】表示用Welch方法比较各组均值的统计量，适用于各组方差不齐时。

（2）【平均值图（M）】：表示输出各水平下观测变量（销售额）均值的折线图。

（3）【缺失值】：提供缺失数据的处理方式。

本例选中【描述（D）】、【方差齐性检验（H）】和【平均值图（M）】复选框，缺失数据处理方式采用系统默认选项（图5-3）。单击【继续（C）】按钮，回到【单因素ANOVA检验】对话框。

第4步：多重比较检验。根据方差分析的假设，只要a_1、a_2、a_3、a_4中有一个显著不为零就能拒绝原假设，但是并不确定哪个水平的作用明显区别于其他水平。因此，还应确定控制变量的不同水平对观测变量的影响程度，这可以通过多重比较检验来实现，它的原假设是：相应水平下观测变量的均值不存在显著差异。单击【事后比较（H）...】按钮，出现【事后多重比较】对话框，SPSS共提供了18种多重比较检验方法，如图5-4所示。各选项说明如下。

图5-4　方差分析【事后多重比较】对话框

（1）【假定等方差】：有多重比较方法选择，其中的方法适用于各水平方差齐性的情况。框中共有14种方法，这说明目前为止仍然没有什么令人完全信服的方法或者没有什么统一的解决之道。最常用的是LSD法，即最小显著差法（least-significance-difference method），是最简单的比较方法之一。它是t检验的一个简单变形，只是在标准误的计算上充分利用了样本信息，为所有组的均值统一估计出了一个更为稳健的标准误。可以认为LSD法是最灵敏的。

（2）【不假定等方差】：有多重比较方法选择，适用于各水平方差不齐的情况。SPSS给出了4种方法，但从方法的接受程度和结果的稳健性讲，尽量不要在方差不齐时进行方差分析和多重比较。

（3）【显著性水平（F）】：定义多重比较的显著性水平，一般而言，默认的0.05足以满足要求。

本例使用【LSD】方法并选择SPSS默认的显著性水平0.05（图5-4）。单击【继续（C）】按钮，回到【单因素ANOVA检验】对话框。

第5步：单击【确定】按钮。SPSS将输出不同广告形式下销售额的基本描述统计量，不同广告形式下方差齐性检验结果，方差分析表，以及不同广告形式下销售额均值折线图。具体分析结果如表5-1所示。

表5-1　不同广告形式下方差齐性检验结果

		莱文统计	自由度1	自由度2	显著性
销售额	基于平均值	0.765	3	140	0.515
	基于中位数	0.827	3	140	0.481
	基于中位数并具有调整后自由度	0.827	3	129.988	0.481
	基于剪除后平均值	0.739	3	140	0.531

表5-1给出的是方差齐性检验结果，Levence方法对不同广告形式下销售额的方差齐性检验统计量为0.765，概率p值为0.515。如果给定的显著性水平α为0.05，由于概率p值大于显著性水平，因此不能拒绝原假设（方差无显著差异），认为不同广告形式下销售额的总体方差无显著差异，可认为样本所来自的总体满足方差齐性的要求。

表5-2是不同广告形式下销售额的基本描述统计量，包括样本量、均值、标准差、标准误、均值95%的置信区间、最小值、最大值。由表5-2所示，在4种不同广告形式下各有36个样本，报纸广告的销售额最高，宣传品广告的效果最差。这可在图5-5中得到验证。

表5-2　不同广告形式下销售额的基本描述统计量及95%置信区间

	个案数	平均值	标准偏差	标准错误	平均值95%的置信区间		最小值	最大值
					下限	上限		
报纸	36	73.2222	9.73392	1.62232	69.9287	76.5157	54.00	94.00
广播	36	70.8889	12.96760	2.16127	66.5013	75.2765	33.00	100.00
宣传品	36	56.5556	11.61881	1.93647	52.6243	60.4868	33.00	86.00
体验	36	66.6111	13.49768	2.24961	62.0442	71.1781	37.00	87.00
总计	144	66.8194	13.52783	1.12732	64.5911	69.0478	33.00	100.00

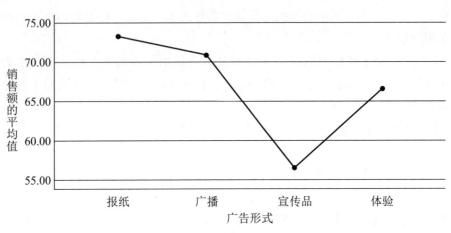

图 5-5 不同广告形式下销售额均值折线图

图 5-5 是不同广告形式下销售额均值的折线图,它可以更直观地展现各组样本的大小关系。

表 5-3 为单因素方差分析的方差分析表,第一列为变异的来源,组间表示组间变异,组内表示组内变异,总计表示总变异,第 2、3、4 列分别为离差平方和、自由度、均方。由表可知,检验统计量 F 为 13.483,对应的概率 p 值近似为 0。对于给定的显著性水平 $\alpha=0.05$,由于概率 p 值小于显著性水平 α,因此应拒绝原假设,认为不同广告形式下的销售额存在显著差异,即广告形式对销售额产生了显著影响。

表 5-3 广告形式对销售额的单因素方差分析结果

	平方和	自由度	均方	F	显著性
组间	5 866.083	3	1 955.361	13.483	0.000
组内	20 303.222	140	145.023		
总计	26 169.306	143			

表 5-4 中分别显示了两种广告形式下销售额均值检验的结果。表中的第 2 列是两种广告形式平均销售额的差,第 4 列是概率 p 值,最后两列是对均值之差的区间估计。由表中数据可知,采用报纸和采用广播作为广告形式的平均销售额之差为 2.333,对应 p 值为 0.412,不能拒绝原假设,说明报纸广告和广播广告的效果没有显著差异。而报纸广告和宣传品广告的效果存在显著差异,且差异在 1% 的水平上显著($p=0.000$);报纸广告和体验广告的效果也存在显著差异,且差异在 5% 的水平上显著($p=0.021$)。其他比较读者可自己进行分析,不再赘述。

表 5-4 广告形式对销售额的多重比较分析结果

因变量:销售额
LSD

(I)广告形式	(J)广告形式	平均值差值(I-J)	标准错误(Std. Error)	显著性	95% 置信区间	
					下限	上限
报纸	广播	2.333 33	2.838 46	0.412	-3.278 4	7.945 1
	宣传品	16.666 67*	2.838 46	0.000	11.054 9	22.278 4
	体验	6.611 11*	2.838 46	0.021	0.999 3	12.222 9

续表

（I）广告形式	（J）广告形式	平均值差值（I-J）	标准错误（Std. Error）	显著性	95% 置信区间	
					下限	上限
广播	报纸	-2.333 33	2.838 46	0.412	-7.945 1	3.278 4
	宣传品	14.333 33*	2.838 46	0.000	8.721 6	19.945 1
	体验	4.277 78	2.838 46	0.134	-1.334 0	9.889 6
宣传品	报纸	-16.666 67*	2.838 46	0.000	-22.278 4	-11.054 9
	广播	-14.333 33*	2.838 46	0.000	-19.945 1	-8.721 6
	体验	-10.055 56*	2.838 46	0.001	-15.667 3	-4.443 8
体验	报纸	-6.611 11*	2.838 46	0.021	-12.222 9	-0.999 3
	广播	-4.277 78	2.838 46	0.134	-9.889 6	1.334 0
	宣传品	10.055 56*	2.838 46	0.001	4.443 8	15.667 3

"*"：平均值差值的显著性水平为 0.05。

5.2.3 含趋势检验的方差分析

接下来对地区做单因素方差分析。在本例中，不同地区的差异主要表现在人口密度方面，地区编号是按人口密度依次划分的（地区编号小的人口密度高，地区编号大的人口密度低），通过分析不同地区的销售额总体上是否会随着地区人口密度的减少而呈现出某种趋势性的变化规律，进而为市场细分提供依据。此时，可以在方差分析中做趋势检验。由于本例的地区共有 18 个，在此不做多重比较。具体操作步骤如下。

第1步：选择【分析（A）】→【比较平均值（M）】→【单因素 ANOVA 检验】选项进入【单因素 ANOVA 检验】对话框。

第2步：将观测变量（销售额）选入【因变量列表（E）】文本框，将控制变量（地区）选入【因子（F）】文本框。

第3步：单击【选项（O）...】按钮，进入方差齐性检验对话框，选择【描述（D）】【方差齐性检验（H）】和【平均值图（M）】选项。单击【继续（C）】按钮，回到【单因素 ANOVA 检验】对话框。

第4步：趋势检验。采用线性趋势检验方法，在【单因素 ANOVA 检验】对话框中单击【对比（N）...】按钮，弹出的对话框如图 5-6 所示。

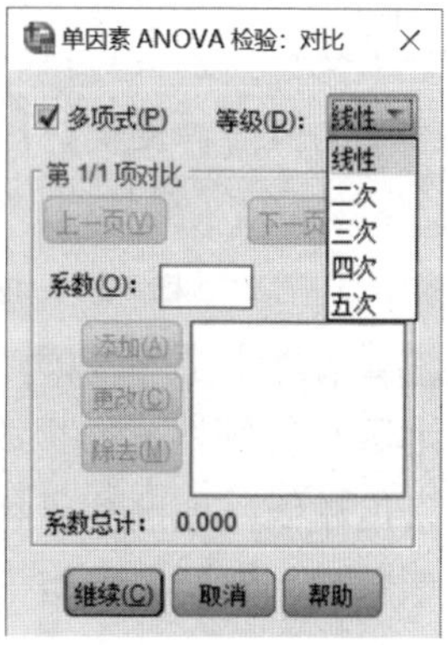

第5步：选中【多项式（P）】复选框，在【等级（D）】下拉列表框中选择趋势检验的方法。其中【线性】表示进行线性趋势检验、【二次】表示进行二次多项式检验、【三次】表示进行三次多项式检验、【四次】和【五次】表示进行四次和五次多项式检验。本例对地区做线性趋势检验，即在"地区"对"销售额"的影响分析中，选择【线性】选项。图中【系数（O）】是先验对比检验，在此不进行分析。

图 5-6 【单因素 ANOVA 检验：对比】对话框

第6步：单击【继续（C）】按钮，回到【单因素 ANOVA 检验】对话框。

第7步：单击【确定】按钮。SPSS 将输出不同地区销售额的基本描述统计量、不同地区方差齐性检验结果、方差分析表、地区的趋势检验结果，以及不同地区销售额均值折线图。

表 5-5 是方差齐性检验结果，由表中数据可知 p 值为 0.121，不能拒绝原假设，可以认为不同地区销售额的总体方差无显著差异，满足方差分析的前提要求。

表 5-5 不同地区方差齐性检验结果

		莱文统计	自由度1	自由度2	显著性
销售额	基于平均值	1.459	17	126	0.121
	基于中位数	0.692	17	126	0.806
	基于中位数并具有调整后自由度	0.692	17	71.253	0.801
	基于剪除后平均值	1.397	17	126	0.149

表 5-6 是地区对销售额的单因素方差分析结果。由表中数据可得 F 统计量的观测值为 4.062（第一行），对应的 p 值近似为 0。对于给定的显著性水平 $\alpha=0.05$，由于 p 值远小于 α，因此应拒绝原假设，认为不同地区对销售额产生了显著影响。

表 5-6 地区对销售额的单因素方差分析结果

销售额

			平方和	自由度	均方	F	显著性
组间	（组合）		9 265.306	17	545.018	4.062	0.000
	线性项	对比	543.938	1	543.938	4.054	0.046
		偏差	8 721.367	16	545.085	4.063	0.000
组内			16 904.000	126	134.159		
总计			26 169.306	143			

将表 5-6 与表 5-3 对比可以看出，趋势检验时对观测变量的组间误差做了进一步的细分，它被分解为：可被地区线性解释的变差（第二行：543.938），以及不可被地区线性解释的变量（第三行：8 721.367）。其中，可被地区线性解释的变差实质是观测变差（销售额）为被解释变量、控制变量（地区）为解释变量的一元线性回归分析中的回归平方和部分，体现了解释变量对被解释变量的线性贡献程度。对应行的 F 值（4.054）是回归平方和的均方（543.938）除以组内平方和的均方（134.159）的结果，对应的 p 值为 0.046。如果显著性水平 $\alpha=0.05$，则拒绝原假设，认为地区和销售额之间不是零线性相关。观察不同地区销售额均值的折线图（图 5-7）可知，地区和销售额之间是一种负相关关系，即人口密度越低（地区编码越大），平均销售额越低，但第二行 F 检验的显著性水平（0.046）表明它们之间的线性相关性是较弱的。

第五章 方差分析

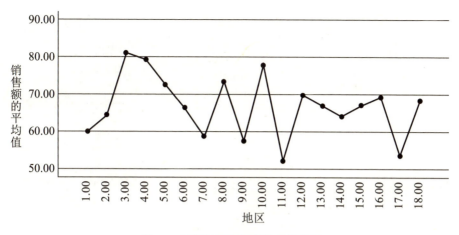

图 5-7 不同地区销售额均值折线图

5.3 用 SPSS 进行双因素方差分析

双因素方差分析是考虑两个**类别自变量**对**数值型因变量**影响的方差分析。分析时有两种情况：一种是只考虑主效应，不考虑交互效应；另一种是同时考虑主效应和交互效应。

【例 5-2】利用 "ch5 广告地区与销售额" 中的数据，对广告形式、地区以及广告形式和地区的交互作用是否对商品销售额产生影响进行分析。

注意：广告形式和地区是控制变量，销售额是观测变量。原假设分别为：不同广告形式没有对销售额产生显著影响（即不同广告形式对销售额的效应同时为 0）；不同地区的销售额没有显著差异（即不同地区对销售额的效应同时为 0）；广告形式和地区对销售额没有产生显著的交互影响（即交互作用对销售额的效应同时为 0）。

5.3.1 SPSS 操作步骤

SPSS 双因素方法分析的基本操作步骤如下。

第 1 步：选择【分析（A）】→【一般线性模型（G）】→【单变量（U）...】选项进入【单变量】对话框。

第 2 步：将观测变量（销售额）选入【因变量（D）】文本框，将控制变量（广告形式和地区）选入【固定因子（F）】文本框，如图 5-8 所示。

图 5-8 中还有三个选项：【随机因子（A）】【协变量（C）】和【WLS 权重】。其中：如果进行随机效应分析时，指定随机效应的控制变量到【随机因子（A）】文本框中；如果进行协方差分析，指定作为协变量的变量到【协变量（C）】文本框中；如果认为存在异方差情况，可采用加权最小二乘法进行模型的参数估计，权数变量选入【WLS 权重】文本框中。本例不进行这些分析，不对其进行设置。

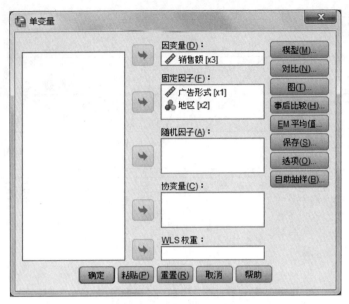

图 5-8 【单变量】对话框

第 3 步：模型选择。如果要建立饱和模型，则在图 5-8 所示对话框中直接单击【确定】按钮，SPSS 将自动建立多因素方差分析饱和模型，计算各检验统计量的观测值和对应 p 值；如果希望建立非饱和模型，则在图 5-8 所示对话框中单击【模型（M）...】按钮，出现如图 5-9 所示的对话框，对话框中各选项说明如下。

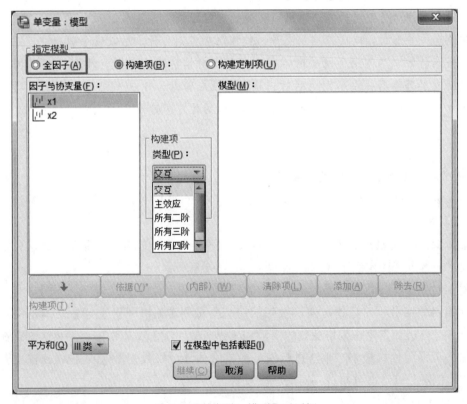

图 5-9 【单变量：模型】对话框

(1)【指定模型】：选择需要的模型。

◆【全因子（A）】是 SPSS 的默认选项，表示建立饱和模型，此时，【因子与协变量（F）】【模型（M）】及【构建项】均呈不可用状态。

◆【构建项（B）】表示建立非饱和模型，此时，【因子与协变量（F）】【模型（M）】及【构建项】均变为可用状态。

(2)【构建项】：定义非饱和模型中的数据项。

◆【交互】表示交互作用。

◆【主效应】表示主效应。

◆【所有二阶】【所有三阶】等表示二阶、三阶或更高阶交互作用。

本例选择系统默认的饱和模型【全因子（A）】（图 5-9），单击【继续（C）】按钮，回到【单变量】对话框。

第 4 步：单击【确定】按钮。SPSS 将自动建立多因素方差分析饱和模型，计算各检验统计量的观测值和对应的概率 p 值。

5.3.2 结果分析

上述分析结果如表 5-7 所示。表中，第一列是对观测变量总变差分解的说明；第二列是观测变量变差分解的结果；第三列是自由度；第四列是方差；第五列是 F 检验统计量的观测值；第六列是检验统计量的概率 p 值。

表 5-7 销售额的多因素方差分析结果主体间效应检验

因变量：销售额

源	III类平方和	自由度	均方	F	显著性
修正模型	20 094.306[a]	71	283.018	3.354	0.000
截距	642 936.694	1	642 936.694	7.620E3	0.000
广告形式	5 866.083	3	1 955.361	23.175	0.000
地区	9 265.306	17	545.018	6.459	0.000
广告形式 * 地区	4 962.917	51	97.312	1.153	0.286
误差	6 075.000	72	84.375		
总计	669 106.000	144			
修正后总和	26 169.306	143			

a：$R^2 = 0.768$（调整后 $R^2 = 0.539$）。

可以看到：观测变量总变差 SST 为 26 169.306，它被分解为四个部分。

第一，由广告形式（x_1）不同引起的变差（5 866.083）；

第二，由地区（x_2）差异引起的变差（9 265.306）；

第三，由广告形式和地区交互作用（$x_1 * x_2$）引起的变差（4 962.917）；

第四，由随机因素引起的变差（6 075.000）。

这些变差除以各自的自由度后，得到各自的方差，并可计算出各 F 检验统计量的观测值和在一定自由度下的概率 p 值。

由表中数据 F_{x1}，F_{x2}，F_{x1*x2} 的 p 值分别为 0.000，0.000 和 0.286。如果显著性水平 α 为 0.05，由于 F_{x1} 和 F_{x2} 的概率 p 值均小于显著性水平 α，所以应拒绝原假设，可以认为不同广告形式、地区下的销售额总体均值存在显著差异，即不同的广告水平和不同地区给销售额带来了显著影响。由于 F_{x1*x2} 的概率 p 值大于显著性水平 α，因此不应拒绝原假设，可以认为不同广告形式和地区没有对销售额产生显著的交互作用，即不同地区采用哪种广告形式对销售额都将不产生显著影响。

练 习 题

- **概念辨析**

    1. 方差分析的主要目的是（　　）。
        A. 判断各总体是否存在方差
        B. 分析各样本数据之间是否存在显著差异
        C. 比较各总体的方差是否相等
        D. 研究分类自变量对数值因变量的影响是否显著
    2. 在方差分析中，反映样本内各观测数据误差大小的平方和称为（　　）。
        A. 组内平方和　　B. 组间平方和　　　C. 组内方差　　D. 组间方差
    3. 组间误差反映的是各样本数据之间的差异，它（　　）。
        A. 只包括随机误差　　　　　　　B. 只包括处理误差
        C. 既包括随机误差又包括处理误差　　D. 有时包括随机误差有时包括处理误差
    4. 在下面的假定中，不属于方差分析的假定是（　　）。
        A. 每个总体都服从正态分布　　　B. 各总体的方差相等
        C. 观测值是独立的　　　　　　　D. 各总体的方差等于 0
    5. 在方差分析中，方差指（　　）。
        A. 平方和除以自由度后的结果　　B. 组间平方和除以组内平方和后的结果
        C. 组间平方和除以总平方和后的结果　D. 样本数据的方差
    6. 组间平方和除以相应的自由度后的结果称为（　　）。
        A. 组内平方和　　　　　　　　　B. 组内方差
        C. 组间方差　　　　　　　　　　D. 总方差
    7. 在方差分析中，检验统计量 F 是（　　）。
        A. 组间平方和除以组内平方和　　B. 组间方差除以组内方差
        C. 组间平方和除以总平方和　　　D. 组间方差除以总方差
    8. 在方差分析中，如果拒绝原假设则意味着（　　）。
        A. 所检验的各总体均值之间不全相等　B. 所检验的各总体均值之间全不相等
        C. 所检验的各样本均值之间不全相等　D. 所检验的各样本均值之间全不相等
    9. 方差分析中，用于度量自变量与因变量之间关系强度的统计量是 R^2，其公式是（　　）。
        A. R^2= 组间平方和 / 组内平方和　　B. R^2= 组间平方和 / 总平方和

C. R^2= 组间方差 / 组内方差　　　　D. R^2= 组内平方和 / 总平方和

10. 从三个总体中分别抽取 n_1=3，n_2=4 和 n_3=3 三个独立随机样本。经计算得到方差分析表如表 5-8 所示。

表 5-8　n_1，n_2，n_3 方差分析表

差异源	SS	df	MS	F	P-value
组间	6.22	2.00	3.11	2.21	0.18
组内	9.83	7.00	1.40		
总计	16.06	9.00			

用 a=0.05 的显著性水平检验假设 H_0: a_1=a_2=a_3=0；H_1: a_1，a_2，a_3 至少一个不为 0，得到的结论是（　　）。

A. 拒绝 H_0　　　　　　　　B. 不拒绝 H_0
C. 可以拒绝也可以不拒绝 H_0　　D. 可能拒绝也可能不拒绝 H_0

● 计算练习

1. 从两个总体中分别抽取 n_1=7 和 n_2=6 的两个独立随机样本。经计算得到表 5-9。

表 5-9　n_1，n_2 方差分析表

差异源	SS	df	MS	F	P-value
组间	7.50	B	7.50	3.15	0.10
组内	A	C	2.38		
总计	33.69	12			

表中"A"单元格内的结果是（　　）。
A. 26.19　　　B. 25.19　　　C. 24.19　　　D. 23.19

2. 根据表 5-9，表中"B"单元格内的结果是（　　）。
A. 1　　　　　B. 11　　　　C. 12　　　　D. 13

3. 根据表 5-9，表中"C"单元格内的结果是（　　）。
A. 1　　　　　B. 11　　　　C. 12　　　　D. 13

4. 从三个总体中各选取了 4 个观察值，得到组间平方和 SSA=536，组内平方和 SSE=828，组间方差与组内方差分别为（　　）。
A. 268，92　　B. 134，103.5　　C. 179，92　　D. 238，92

5. 表 5-10 是一个方差分析表。

表 5-10　方差分析表

差异源	SS	df	MS	F
组间	24.7	4	C	E
组内	A	B	D	
总计	62.7	34		

表中"A""B""C""D""E" 5 个单元格内的数据分别是（　　）。
A. 38　30　6.175　1.267　4.87　　　　B. 37.7　29　6.175　1.257　4.91

C. 28　30　6.175　1.267　4.87　　　　D. 27.7　29　6.175　1.257　4.91

● 上机练习

1. 入户推销有五种方法，某大公司想比较这五种方法有无显著的效果差异，设计了一项实验。从尚无推销经验的应聘人员中随机挑选一部分，并随机地将他们分为五组，每组用一种推销方法培训。一段时期后得到他们在一个月内的推销额，如表 5-11 所示。

表 5-11　一个月内五种方法的推销额

第一组	20.0	16.8	17.9	21.2	23.9	26.8	22.4
第二组	24.9	21.3	22.6	30.2	29.9	22.5	20.7
第三组	16.0	20.1	17.3	20.9	22.0	26.8	20.8
第四组	17.5	18.2	20.2	17.7	19.1	18.4	16.5
第五组	25.2	26.2	26.9	29.3	30.4	29.7	28.2

要求：

（1）利用单因素方差分析方法分析这五种推销方式是否存在显著差异；

（2）绘制各组的均值对比图，并利用 LSD 方法进行多重比较检验。

数据见文件"上机作 5.1－入户推销"。

2. 为研究某商品在不同地区和不同日期的销售差异性，调查收集了以下日平均销售量数据，如表 5-12 所示。Excel 数据见文件"上机作业 5.2－地区、日期与销售量"。

表 5-12　各地区日平均销售量

销售量	日　期		
	周一至周三	周四至周五	周　末
地区一	5 000	6 000	4 000
	6 000	8 000	3 000
	4 000	7 000	5 000
地区二	7 000	5 000	5 000
	8 000	5 000	6 000
	8 000	6 000	4 000
地区三	3 000	6 000	8 000
	2 000	6 000	9 000
	4 000	5 000	6 000

要求：

（1）选择恰当的数据组织方式建立关于上述数据的 SPSS 数据文件；

（2）利用双因素方差分析方法，分析不同地区和不同日期对商品销售是否产生了显著影响；

（3）分析地区和日期是否对该商品的销售产生了交互影响。

第六章 相关分析

学习目标:
1. 理解相关分析和偏相关分析的思想,掌握相关分析的基本原理。
2. 理解不同类型散点图的使用条件。
3. 熟练掌握用 SPSS 绘制散点图、进行相关分析及偏相关分析的具体操作。
4. 理解相关系数的显著性检验。
5. 能够读懂 SPSS 的输出结果,针对所分析的问题得出合理的结论。

相关分析是分析客观事物之间关系的数量分析方法。客观事物之间的关系大致可归纳为两大类,即函数关系和统计关系。相关分析是用来分析事物之间统计关系的方法,它是一种简单易行的、测度事物间统计关系的有效工具。绘制散点图和计算相关系数是相关分析最常用的工具,它们相互结合使用能够达到较为理想的分析效果。

6.1 绘制散点图

绘制散点图是相关分析过程中极为常用且非常直观的分析方式,它将数据以点的形式画在直角平面上。通过观察散点图能够直观地发现变量间的统计关系,以及它们的强弱程度和数据对的可能走向。在实际分析中,散点图经常表现出某些特定的形式,研究者可以根据散点图的形状来判断两个变量之间是存在线性关系还是非线性关系:如果是线性关系,它们是正相关还是负相关?如果是非线性关系,哪类函数与它们的关系相吻合?根据这些判断,再选择合适的模型进行后续研究。

本章主要介绍简单散点图(simple scatter)、重叠散点图(overlay scatter)和矩阵散点图(matrix scatter)的绘制方法。

6.1.1 简单散点图

【例 6-1】恩格尔系数(Engel's coefficient)是食品支出总额占消费支出总额的比重。经济学理论告诉我们:一个家庭收入越少,家庭收入中(或总支出中)用来购买食物的支出所占的比例就越大;随着家庭收入的增加,家庭收入中(或总支出中)用来购买食物的支出比例则会下降。这种规律被命名为恩格尔定律。试根据北京市居民家庭调查中家庭平均每月总收入、总支出及平均每月食品支出的数据,计算恩格尔系数,并用 SPSS 作简单散点图。相关数据见文件"ch6 北京市户籍人口数据"。

第 1 步:计算出恩格尔系数,将其定义为一个新的变量。
第 2 步:选择【图形(G)】→【旧对话框(L)】→【散点图/点图(S)…】选项(图 6-1)。

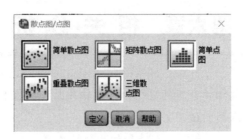

图 6-1 【散点图/点图】对话框

第 3 步：要绘制两个变量的简单散点图，选择【简单散点图】选项，单击【定义】按钮，将变量"过去一年家庭在本地平均月总收入"选入【X 轴】文本框，将变量"恩格尔系数"选入【Y 轴】文本框（图 6-2）。

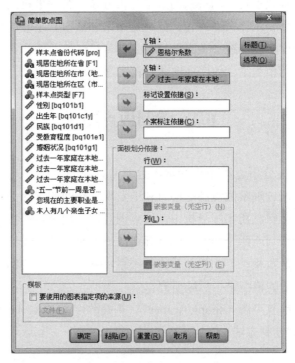

图 6-2 【简单散点图】对话框

第 4 步：如果需要分组显示，可以指定分组变量到【标记设置依据（S）】文本框中，表示按该变量的不同取值将样本数据分成若干组，并在一张图上分别以不同颜色绘制各数据点。本例中该项省略。

第 5 步：显示变量值。如果想将变量值标记在图上，则将指定标记变量选入【个案标注依据（C）】文本框中，表示将标记变量的各变量值标记在散点图的相应点旁边。本例中该步骤省略。

第 6 步：如果想要绘制某类别变量不同取值下的多张散点图，则可在【面板划分依据】区域中指定一个类别变量，如"性别"，则 SPSS 软件会分别绘制该变量不同取值下（男性和女性）的多张散点图。本例绘制简单散点图，该步骤省略。

第 7 步：单击【确定】按钮，生成的散点图如图 6-3 所示。

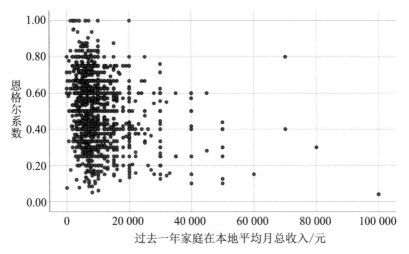

图 6-3 "家庭月总收入 – 恩格尔系数"散点图

由图 6-3 可知，家庭平均每月总收入与恩格尔系数之间存在一定负的弱相关关系。由于本例样本量较大，因此散点图中有些点较为密集，在一定程度上影响了图形观察效果。为此，可以对该散点图进行调整。具体操作步骤如下。

第 1 步： 在 SPSS 输出窗口中选中相应的散点图双击鼠标，进入 SPSS 的图形编辑窗口。

第 2 步： 在【选项（O）】菜单下的【分箱元素（E）】子菜单进行数据点合并，如图 6-4 所示。

图 6-4 散点图编辑（1）

之后，系统将默认以圆圈的大小代表其周围数据点的多少，如图 6-5 所示，其中的大圆圈代表周围的数据点较密集。

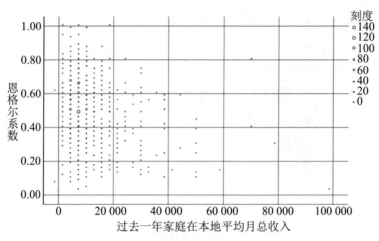

图 6-5 调整后的散点图

第 3 步: 如果希望得到能够代表数据的主要结构和特征的图形,可以再对此散点图进行编辑,选中【元素(M)】菜单下的【总计拟合线(F)】子菜单并选择相应的图形,可选项有线性回归线【线性(L)】、二项式回归线【二次项(Q)】和三项式回归线【立方(U)】。根据本例的数据特征,两个变量呈线性关系,因此选择线性回归方法【线性(L)】,如图 6-6 所示。

按以上操作对散点图的编辑结果如图 6-7 所示。可以看出,与图 6-3 相比,图 6-7 更清晰。

图 6-6 散点图编辑(2)

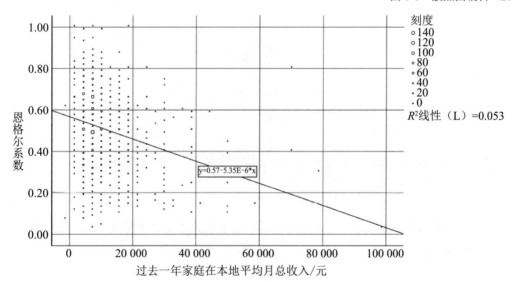

图 6-7 带回归线的散点图

6.1.2 重叠散点图

重叠散点图是表示多对变量间统计关系的散点图。在绘制重叠散点图时，两个变量为一对，其中，前一个变量作为图的纵轴变量，后一个变量作为图的横轴变量。

【例6-2】根据北京市居民家庭调查数据，用 SPSS 软件绘制家庭平均每月总收入与家庭平均每月总支出、家庭平均每月总收入与家庭每月平均食品支出的散点图。相关数据见文件"ch6 北京市户籍人口数据"。

第1步：选择【图形（G）】→【旧对话框（L）】→【散点图/点图（S）…】选项，在弹出的【散点图/点图】对话框中选择【重叠散点图】选项，单击【定义】按钮，进入【重叠散点图】对话框。

第2步：将所要配对的数据依次选入【Y-X 对】文本框。本例依次将"过去一年家庭在本地平均月总支出""过去一年家庭在本地平均月总收入"选进【配对1】，定义 Y 轴和 X 轴的变量，再分别将"过去一年家庭在本地平均月食品支出""过去一年家庭在本地平均月总收入"选入【配对2】，如图 6-8 所示。在本例中，共有两对变量，均将"过去一年家庭在本地平均月总收入"作为横轴。

图 6-8 【重叠散点图】对话框

第3步：若要指定标记变量，可以指定相关变量到【个案标注依据】文本框中，含义同简单散点图。【面板划分依据】亦同简单散点图。本例中该步骤省略。

第4步：单击【确定】按钮，生成的散点图如图 6-9 所示。

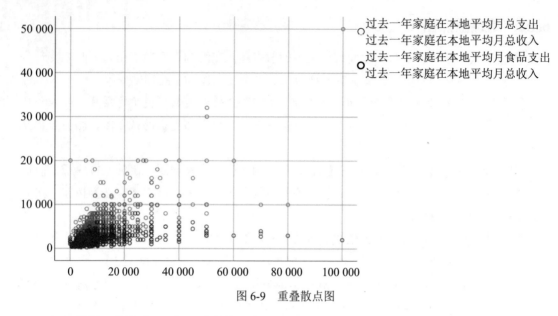

图 6-9 重叠散点图

与简单散点图相似,也可对所作出的图形进行编辑,大家可以自己尝试。

6.1.3 矩阵散点图

矩阵散点图以方形矩阵的形式分别显示多对变量间的统计关系,在操作中可根据自己的需要按先后顺序选入变量。

【例 6-3】根据北京市居民家庭调查数据,用 SPSS 软件绘制家庭平均每月总收入、家庭平均每月总支出、家庭平均每月食品支出的矩阵散点图。相关数据见文件"ch6 北京市户籍人口数据"。

第 1 步:选择【图形(G)】→【旧对话框(L)】→【散点图/点图(S)…】选项,在弹出的【散点图/点图】对话框中选择【矩阵散点图】选项,单击【定义】按钮,进入【散点图矩阵】对话框。

第 2 步:依次将"过去一年家庭在本地平均月总收入""过去一年家庭在本地平均月总支出""过去一年家庭在本地平均月食品支出"选入【矩阵变量(M)】文本框,如图 6-10 所示。矩阵对角线上变量的排列顺序将以选择变量的先后顺序进行排列。

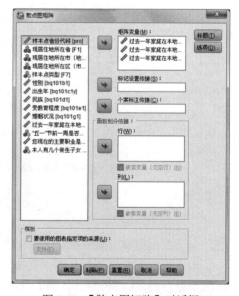

图 6-10 【散点图矩阵】对话框

第 3 步:若要指定分组变量,可将变量选入【标记设置依据(S)】文本框中;若要指定标记变量,可将变量选入【个案标注依据(C)】文本框中,含义同简单散点图。本例中该步骤省略。

第 4 步：单击【确定】按钮，生成的散点图如图 6-11 所示。

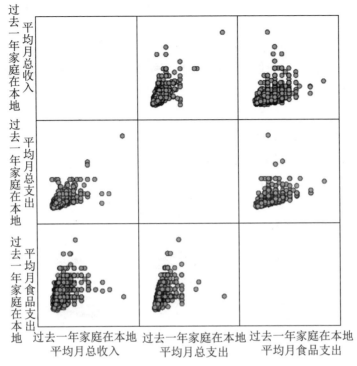

图 6-11　矩阵散点图

可采用前述方法对所作出的图形进行编辑。

矩阵散点图的关键是弄清各矩阵单元中的横纵变量。以 3×3 的矩阵散点图为例，变量分别为 x_1、x_2、x_3，矩阵散点图的横纵变量如表 6-1 所示（括号中的前一个变量是纵轴变量，后一个变量是横轴变量）。

表 6-1　矩阵散点图坐标变量

x_1	(x_1, x_2)	(x_1, x_3)
(x_2, x_1)	x_2	(x_2, x_3)
(x_3, x_1)	(x_3, x_2)	x_3

对角线的格子中显示参与绘图的若干个变量的名称，应特别注意这些变量所在的行和列，它们决定了矩阵散点图中各单元的横纵坐标。例如，x_1 在第一行第一列，则第一行上的所有图形都以 x_1 为纵轴，第一列上所有图形都以 x_1 为横轴。

6.2　相关系数的计算及检验

根据散点图可以看出两个变量之间的统计关系，但是，这种直观上的判断并不精确。计算两个变量之间的相关系数，可以精确地反映变量之间线性相关的强弱程度。利用相关系数进行变量之间线性关系的分析通常需要完成以下两个步骤。

第一，计算样本相关系数。利用样本数据计算样本相关系数，它反映了两变量间线性相关程度的强弱，对不同类型的变量应采用不同的相关系数指标，但它们的取值范围和含义都是相同的。

第二，对样本来自的两个总体是否存在显著的线性关系进行推断。由于存在抽样的随机性和样本量较少等原因，通常样本相关系数不能直接用来说明样本来自的两总体是否具有显著的线性相关关系，需要通过假设检验的方式对样本来自的总体是否存在显著的线性相关关系进行统计推断。

【例6-4】利用住户状况调查数据，分析家庭收入与打算购买的住房面积进行相关分析，并进行显著性检验。相关数据见文件"ch6 住房状况调查"。

第1步：选择【分析（A）】→【相关（C）- 双变量（B）...】选项。

第2步：将两个变量"家庭收入"和"计划面积"选入【变量（V）】文本框，如图6-12所示。

图6-12 【双变量相关性】对话框

第3步：选择相关系数种类。在【相关系数】框中选择计算哪种相关系数，其中：

◆【皮尔逊（N）】是皮尔逊（Pearson）简单相关系数，它用于度量两个定量变量间的线性相关关系，它的检验统计量为 t 统计量，SPSS将自动计算皮尔逊简单相关系数、t 统计量的观测值和对应的概率 p 值。

◆【肯德尔 tau-b（K）】是肯德尔（Kendall）τ 相关系数，它采用非参数检验方法度量定序变量间的线性相关关系。在大样本下，采用的检验统计量为近似服从标准正态分布的 Z 统计量（$Z = \tau \sqrt{\dfrac{9n(n-1)}{2(2n+5)}}$），SPSS将自动计算肯德尔 τ 相关系数、Z 检验统计量的观测值和对应的概率 p 值。

◆【斯皮尔曼（S）】是斯皮尔曼（Spearman）等级相关系数，它用于度量定序变量间的线性相关关系。该系数的设计思想与皮尔逊简单相关系数完全相同，当两个变量为完全正相关时，相关系数等于1；当两个变量为完全负相关时，相关系数等于 -1。在大样本下，斯皮尔曼等级相关系数的检验统计量为 Z 统计量（$Z=r\sqrt{n-1}$），它近似服从标准正态分布。SPSS 将自动计算斯皮尔曼等级相关系数、Z 检验统计量的观测值和对应的概率 p 值。

根据数据特征，本例选中【皮尔逊（N）】复选框。

第 4 步：选择输出概率的种类。在【显著性检验】区域中选择输出相关系数检验的双尾（Two-tailed）概率 p 值还是单尾（One-tailed）概率 p 值，SPSS 默认选项是双尾概率。

第 5 步：选择对相关系数进行显著性检验的标识。选中【标记显著性相关性（F）】复选框表示分析结果中除显示统计检验的 p 值以外，还输出星号（*）标记，以标明变量间的相关性是否显著。不选中则不输出星号标记。

第 6 步：单击【确定】按钮，分析结果如表 6-2 所示。

表 6-2　家庭收入与计划面积的相关分析结果

	相关性	家庭收入	计划面积
家庭收入	皮尔逊相关性	1	0.323**
	sig.（双尾）		0.000
	个案数	2 993	832
计划面积	皮尔逊相关性	0.323**	1
	sig.（双尾）	0.000	
	个案数	832	832

**：在 0.01 级别（双尾），相关性显著。

由表 6-2 可知，家庭收入和计划面积的相关系数为 0.323，说明两者之间存在正相关。其相关系数检验的概率 p 值近似为 0，因此，当显著性水平 α 为 0.05 或 0.01 时，均能拒绝原假设（H_0：相关系数=0），认为两个总体线性相关。

相关系数右上角的两个星号（**）表示显著性水平 α 为 0.01 时拒绝原假设；一个星号（*）表示显著性水平 α 为 0.05 时拒绝原假设。因此，两个星号比一个星号拒绝原假设犯错误的可能性更小。本例中，家庭收入和计划面积的相关系数在 1% 的水平上显著。

注意：

第一，有时，当拒绝了两个总体零相关的假设时，并不意味着两者之间就存在强相关性，拒绝零相关与存在弱相关之间是不矛盾的。如上例中 p 值接近 0，拒绝零相关假设，但相关系数仅为 0.323。

第二，在实际应用中，变量间相关性的研究应注意将绘制散点图与计算相关系数的方法相结合。当数据中有异常点时，通过散点图可以直观地进行判断。

6.3 偏相关分析

由于社会经济现象的复杂性，在多数情况下，相关系数未必是两事物间线性相关性强弱的真实体现，往往有夸大或缩小的趋势。例如，在研究商品的需求量和价格、消费者收入之间的线性关系时，需求量和价格之间的相关关系实际上还包含了消费者收入对商品需求量的影响，同时收入对价格也会产生影响，并通过价格变动传递到对商品需求量的影响中。在这种情况下，单纯利用相关系数来评价变量间的相关性显然不准确，应在剔除其他相关因素影响的条件下分析变量间的相关性。偏相关分析的意义就在于此。

偏相关分析也称净相关分析，它在控制其他变量线性影响的条件下分析两个变量间的线性相关性，所采用的工具是偏相关系数（净相关系数）。控制变量个数为一时，偏相关系数称为一阶偏相关系数；控制变量个数为二时，偏相关系数称为二阶偏相关系数；控制变量个数为零时，偏相关系数称为零阶偏相关系数，也就是相关系数。

利用偏相关系数进行变量间净相关分析需要完成两大步骤：一是计算样本的偏相关系数；二是对样本来自的两总体是否存在显著的净相关进行推断。

【例6-5】将家庭人口数作为控制变量，对家庭收入与计划购房面积进行偏相关分析，并进行显著性检验。相关数据见文件"ch6 住房状况调查"。

第1步： 选择【分析（A）】→【相关（C）- 偏相关（R）...】选项。

第2步： 将两个变量"家庭收入"和"计划面积"选入【变量（V）】文本框，选择一个或多个被控制的变量到【控制（C）】文本框中，本例仅将变量"常住人口"选入。如图6-13所示。

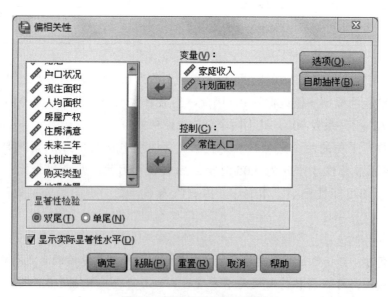

图6-13 【偏相关性】对话框

第3步： 在【显著性检验】区域中选择输出偏相关系数检验的双尾概率 p 值还是单尾概率 p 值，SPSS默认选项是双尾概率。

第4步：选中【显示实际显著性水平（D）】复选框，表示在输出结果中显示统计量所对应的概率 p 值。

第5步：单击【选项（O）...】按钮，在弹出的【偏相关性：选项】对话框中，选中【零阶相关性（Z）】复选框，表示输出零阶偏相关系数，如图6-14所示。

图6-14 【偏相关性：选项】对话框

第6步：单击【继续（C）】按钮回到【偏相关性】对话框，单击【确定】按钮完成操作，分析结果见表6-3。

表6-3 家庭收入与计划面积的偏相关分析结果

相关性					
控制变量			家庭收入	计划面积	常住人口
- 无 -ª	家庭收入	相关性	1.000	0.323	0.114
		显著性（双尾）		0.000	0.001
		自由度	0	830	830
	计划面积	相关性	0.323	1.000	−0.075
		显著性（双尾）	0.000		0.030
		自由度	830	0	830
	常住人口	相关性	0.114	−0.075	1.000
		显著性（双尾）	0.001	0.030	
		自由度	830	830	0
常住人口	家庭收入	相关性	1.000	0.335	
		显著性（双尾）		0.000	
		自由度	0	829	
	计划面积	相关性	0.335	1.000	
		显著性（双尾）	0.000		
		自由度	829	0	

a：单元格包含零阶（皮尔逊）相关性。

由表 6-3 可知，家庭收入和计划面积两个变量的相关系数为 0.323。在使用"常住人口"作为控制变量的条件下，两个变量的偏相关系数为 0.335，仍呈一定的弱相关，与简单相关系数相比略高。两种方法计算的相关系数均在 1% 的水平上显著。

练 习 题

- **概念辨析**

1. 下面的陈述错误的是（   ）。
    A. 相关系数是度量两个变量之间线性关系强度的统计量
    B. 相关系数是一个随机变量
    C. 相关系数的绝对值不会大于 1
    D. 相关系数不会取负值

2. 下面的相关系数取值错误的是（   ）。
    A. -0.86 B. 0.78 C. 1.25 D. 0

3. 下面关于相关系数的陈述中错误的是（   ）。
    A. 数值越大说明两个变量之间的关系就越强
    B. 仅仅是两个变量之间线性关系的一个度量，不能用于描述非线性关系
    C. 只是两个变量之间线性关系的一个度量，不一定意味着两个变量之间存在因果关系
    D. 绝对值不会大于 1

4. 如果相关系数 $r=0$，则表明两个变量之间（   ）。
    A. 相关程度很低   B. 不存在任何关系
    C. 不存在线性相关关系   D. 存在非线性相关关系

5. 设产品产量与产品单位成本之间的线性相关系数为 -0.87，且具有统计上的显著性，这说明二者之间存在（   ）。
    A. 高度相关   B. 中度相关   C. 低度相关   D. 极弱相关

6. 为描述身高与体重之间是否有某种关系，适合采用的图形是（   ）。
    A. 条形图   B. 茎叶图   C. 散点图   D. 箱线图

7. 相关系数的取值范围是（   ）。
    A. $r>0$ B. $r<0$ C. $-1 \leqslant r \leqslant 1$ D. $-1<r<1$

8. 下列相关系数中，哪个表示的相关关系最强？（   ）
    A. $r=0.54$ B. $r=-0.87$ C. $r=0.72$ D. $r \leqslant 0.23$

9. 描述相关关系的一个常用工具是（   ）。
    A. 散点图   B. 折线图   C. 条形图   D. 雷达图

10. 相关系数的显著性检验通常采用（   ）检验。
    A. 正态分布   B. 卡方分布   C. F 分布   D. t 分布

- **上机练习**

1. 在生产函数中，劳动力是一个重要的投入要素。试根据1978—2021年我国分产业GDP与就业人数，分析劳动力投入与产出的关系。要求：

（1）选择合适的变量绘制各类散点图；

（2）分产业分析各产业增加值与就业人员的相关系数，并进行检验。

数据见文件"上机作业6.1－三次产业增加值与就业人数"。

2. 根据一项对上海市居民的抽样调查数据，选择合适的变量进行相关分析。要求：

（1）作出散点图；

（2）选择合适的控制变量，进行偏相关分析，并进行检验。

数据见文件"上机作业6.2－上海市户籍人口数据"。

第七章 线性回归分析

学习目标：
1. 理解回归分析的思想，掌握回归分析的基本原理。
2. 理解残差的含义及假定。
3. 熟练掌握用 SPSS 进行回归分析的具体操作方法。
4. 理解回归方程的拟合优度检验、回归方程的显著性检验、回归系数的显著性检验、残差分析、解释变量的筛选问题及变量的多重共线性问题。
5. 读懂 SPSS 的输出结果，能够利用概率 p 值进行统计决策。
6. 能够解释和分析结果的含义，针对所分析的问题得出合理的结论。
7. 能够根据所研究的问题确定被解释变量，并选择合适的解释变量建立回归模型。

回归分析是一种应用极为广泛的数量分析方法，它用于分析事物之间的统计关系，侧重考察变量之间的数量变化规律，并通过回归方程的形式描述和反映这种关系，帮助人们准确把握一个变量受其他一个或多个变量影响的程度，进而为预测提供科学依据。回归分析的一般步骤如下。

（1）确定回归方程中的被解释变量和解释变量。由于回归分析用于分析一个事物如何随其他事物的变化而变化，因此回归分析的第一步应确定哪个事物是需要被解释的，即哪个变量是被解释变量（y）；哪些变量是用于解释这个变量的，即哪些变量是解释变量（x）。回归分析正是要建立 y 关于 x 的回归方程，并在给定 x 的条件下，通过回归方程预测 y 的平均值。这点是有别于相关分析的。

（2）确定回归模型。根据函数拟合方式，通过观察散点图确定应通过哪种数学模型来概括回归线。如果被解释变量和解释变量之间存在线性关系，则应进行线性回归分析，建立线性回归模型；反之，如果被解释变量和解释变量之间存在非线性关系，则应进行非线性回归分析，建立非线性回归模型。

（3）建立回归方程。根据收集到的样本数据，以及上一步所确定的回归模型，在一定的统计拟合准则下估计出模型中的各个参数，得到一个确定的回归方程。

（4）对回归方程进行各种检验。首先是理论检验，观察各个解释变量 x 的符号与理论分析是否一致；其次是统计检验，主要包括回归方程的拟合优度检验、回归方程线性关系的显著性检验和回归系数的显著性检验；最后是计量经济检验，主要包括自相关、异方差和共线性（多元线性回归时可能存在）问题。

7.1 用 SPSS 进行一元线性回归分析

一元线性回归是最简单的回归分析。在进行分析之前，首先要明确两个问题：一是要确定两个变量之间是否存在因果关系，因变量是被解释变量，自变量是解释变量；二是要确定这两个变量之间的关系是否是线性的。

在一元线性回归模型中，只用考虑两个变量之间的关系。描述上述 x 与 y 间线性关系的数学公式表示如下

$$y=\beta_0+\beta_1 x+\varepsilon \tag{7-1}$$

式中：y ——被解释变量（因变量）；

x ——解释变量（自变量）；

β_0、β_1 ——未知参数；

ε ——随机误差项，表示其他随机因素的影响。

7.1.1 基本分析

【**例 7-1**】使用 2021 年全国各地区城镇职工基本养老保险数据，建立关于养老保险基金收入和参保人数的回归方程，用 SPSS 软件进行回归分析。相关数据见文件"ch7 分地区城镇职工基本养老保险情况"。

分析：数据文件中共提供了 2 个变量：城镇职工基本养老保险基金收入、城镇职工基本养老保险参保人数。为了分析基金收入和参保人数之间的关系，先作散点图，如图 7-1 所示。

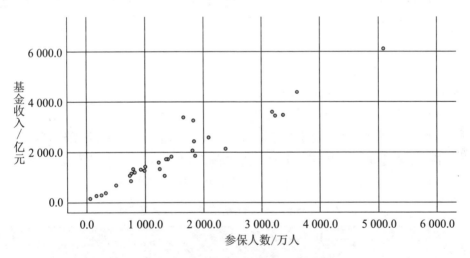

图 7-1　参保人数和基金收入的散点图

使用 SPSS 软件进行回归分析的步骤如下。

第 1 步：选择【分析（A）】下拉菜单中的【回归（R）-线性（L）...】选项，进入【线性回归】对话框。

第 2 步：在【线性回归】对话框中将变量"基金收入"选入【因变量（D）】文本框，将变量"参保人数"选入【自变量（I）】文本框。

第 3 步：选择变量的筛选策略。在【方法（M）】下拉列表框中选择回归分析中解释变量的筛选策略。其中：【输入】表示所选解释变量强行进入回归方程，是 SPSS 默认的策略方法，通常用在一元线性回归分析中；【步进】表示逐步筛选策略；【除去】表示从回归方程中剔除所选变量；【后退】表示向后筛选策略；【前进】表示向前筛选策略。本例选择

SPSS 的默认选项【输入】，如图 7-2 所示。

图 7-2 【线性回归】对话框

第 4 步：设定条件变量。在【选择变量（E）】文本框中，可选择一个变量作为条件变量进入其中，并单击【规则（U）...】按钮给定一个判断条件，只有变量值满足给定条件的样本数据才参与线性回归分析。本例忽略此步骤。

第 5 步：指定标记变量。在【个案标签（C）】文本框中指定哪个变量作为样本数据点的标记变量，该变量的值将标在回归分析的输出图形中。本例忽略此步骤。

第 6 步：当存在异方差时，采用加权最小二乘法替代普通最小二乘法估计回归参数，并制定一个变量作为权重变量到【WLS 权重（H）】文本框中。本例忽略此步骤。

第 7 步：单击【确定】按钮。至此，便完成了线性回归分析的基本操作，SPSS 将根据指定要求自动进行回归分析，主要输出结果见表 7-1~ 表 7-3。

表 7-1 一元线性回归分析结果：拟合优度检验

模型	R	R^2	调整后 R^2	标准估算的错误（Std. Error of the Estimate）
1	0.955[a]	0.913	0.910	402.606 4

a：预测变量——常量，参保人数（万人）。

表 7-2 一元线性回归分析结果：方差分析表

模型	平方和	自由度	均方	F 值	显著性
1 回归	49 169 502.319	1	49 169 502.319	303.343	0.000[b]
残差	4 700 664.437	29	162 091.877		
总计	53 870 166.756	30			

a：因变量——基金收入（亿元）。
b：预测变量——常量，参保人数（万人）。

表 7-3 一元线性回归分析结果：回归系数检验

模 型	未标准化系数		标准化系数	t	显著性
	B	标准错误	Beta		
1（常量）	194.648	122.718		1.586	0.124
参保人数（万人）	1.116	0.064	0.955	17.417	0.000

a：因变量——基金收入（亿元）。

在表 7-1 中，从第二列开始的各列数据项的含义分别为：被解释变量和解释变量的相关系数、回归方程的判定系数 R^2、调整的 R^2、回归方程的估计标准误差。根据该表可进行拟合优度检验。由于判定系数（0.913）较接近 1，因此，认为拟合优度较高，被解释变量可以被模型解释的部分较多，不能被解释的部分较少。

表 7-2 中各列数据项的含义依次为被解释变量的变差来源、离差平方和、自由度、方差、回归方程显著性检验中的 F 统计量、对应的概率 p 值。由表可知被解释变量的总离差平方和（SST）为 53 870 166.756，回归平方和（SSR）为 49 169 502.319，SSE 为 4 700 664.437，MSR 为 49 169 502.319，MSE 为 162 091.877，F 统计量为 303.343，对应的概率 p 值近似为 0。根据表中数据进行回归方程的显著性检验。如果显著性水平 α 为 0.05，由于 p 值远远小于显著性水平 α，应拒绝回归方程显著性检验的原假设（$\beta_1=0$），认为回归系数显著不为 0，被解释变量与解释变量的线性关系显著，可建立线性模型。

在表 7-3 中，从第二列开始各列数据的含义依次为回归系数、回归系数的标准误差、标准化回归系数、回归系数显著性检验中的 t 统计量、对应的概率 p 值。根据表中数据进行回归系数的显著性检验。可以看出，如果显著性水平 α 为 0.05，自变量回归系数显著性 t 检验的概率接近 0，远远小于显著性水平 α，因此拒绝原假设[①]，认为回归系数与 0 存在显著差异，即不为 0。

根据上述结果写出的一元线性回归方程为 $\hat{y}=194.648+1.116x$。

上述回归分析中，关注的是解释变量的系数。根据分析结果，建立的一元线性回归方程是恰当的，解释变量的系数显著。由解释变量系数可知，城镇职工基本养老保险参保人数每增加 1 万人，养老保险基金收入平均增加 1.116 亿元。

7.1.2 区间估计

【例 7-2】根据例 7-1 估计的回归方程，求城镇职工基本养老保险基金收入 95% 的置信区间和预测区间。

第 1 步：选择【分析（A）】下拉菜单的【回归（R）-线性（L）...】选项，进入【线性回归】对话框，将被解释变量"基金收入"选入【因变量（D）】文本框，将解释变量"参保人数"选入【自变量（I）】文本框。

第 2 步：单击【保存（S）...】按钮，出现如图 7-3 所示对话框，该对话框用于将回归

---

① 回归系数显著性检验的原假设为 $\beta_1=0$。本例为一元线性回归分析，只有一个解释变量，只需要对一个回归系数进行检验。在多元线性回归分析中，需要对所有解释变量逐一进行显著性检验。

分析的某些结果以 SPSS 变量的形式保存到数据编辑窗口中。

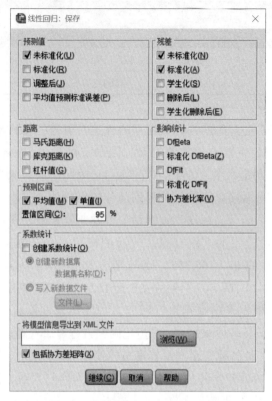

图 7-3 【线性回归：保存】对话框

图 7-3 中各参数的含义如下。

（1）【预测值】：表示预测值。其中，【未标准化（U）】表示非标准化预测值、【标准化（R）】表示标准化预测值、【调整后（J）】表示调整的预测值、【平均值预测标准误差（P）】表示解释变量 $x=x_0$ 下预测值的均值标准误差。

（2）【预测区间】：表示预测区间。其中，【平均值（M）】表示保存均值预测值 95% 的置信区间上限和下限值，【单值（I）】表示保存个别值预测值 95% 的置信区间的上限和下限值；【置信区间（C）】用于设置置信水平（系统默认值 95%，一般不用改变）。

（3）【残差】：表示残差。其中，【未标准化（N）】表示非标准化残差、【标准化（A）】表示标准化残差、【学生化（S）】表示学生化残差、【删除后（L）】表示剔除残差、【学生化删除后（E）】表示剔除学生化残差。

（4）【影响统计】：表示影响统计量。保存剔除第 i 个样本后各统计量的变化量，包括回归系数的变化量【DfBeta】、标准化回归系数的变化量【标准化 DfBeta（Z）】、预测值的变化量【DfFit】、标准化预测值的变化量【标准化 DfFit】、协方差比【协方差比率（V）】。

本例在【预测值】区域选中【未标准化（U）】复选框（输出点预测值），在【预测区间】区域选中【平均值（M）】和【单值（I）】复选框（输出置信区间和预测区间），在【残差】区域中选【未标准化（N）】和【标准化（A）】复选框（输出残差和标准化残差）。

第3步：单击【继续（C）】按钮回到【线性回归】对话框。单击【确定】按钮，之后所有选择的变量的计算结果均会显示在原 SPSS 数据文件中，部分结果如图 7-4 所示。

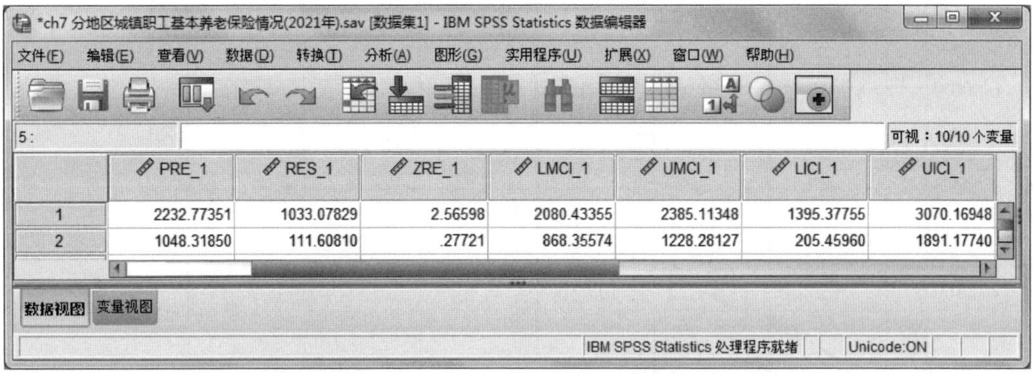

图 7-4 城镇职工养老保险基金收入 95% 的置信区间和预测区间

图 7-4 中，数据文件增加了 6 个变量，依次是：预测值、非标准化残差、标准化残差、均值预测值和个别值预测值 95% 的置信区间下限和上限。

【例 7-3】 用 SPSS 软件作城镇职工基本养老保险基金收入的置信区间和预测区间图。

第1步：选择【图形（G）】→【图表构建器（C）…】选项。

第2步：在【图库】选项卡中选择【散点图/点图】选项，将【包含拟合线的简单散点图】拖入【变量（V）】文本框中，将各坐标轴变量拖入相应坐标轴（图 7-5）。

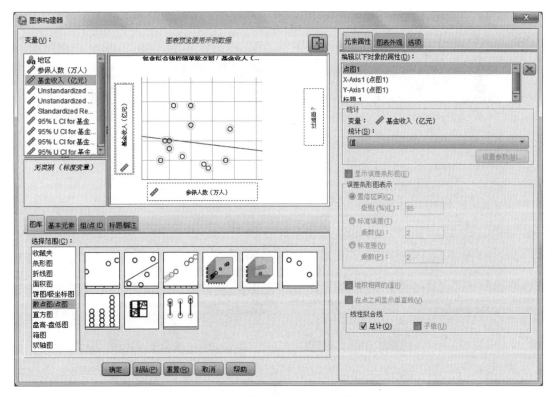

图 7-5 【图表构建器】对话框

第 3 步：单击【确定】按钮，生成的散点图如图 7-6 所示。

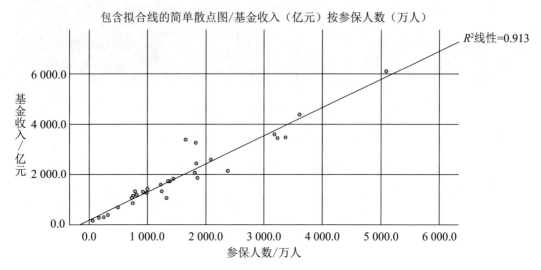

图 7-6 城镇职工基本养老保险基金收入的散点图

第 4 步：在 SPSS 输出窗口中选中相应的散点图右击鼠标，选择【编辑内容（O）】中的【在单独窗口中（W）】选项进入 SPSS 的图表编辑器窗口。

第 5 步：在【元素（M）】菜单下的【总计拟合线（F）】子菜单进行图表属性设置。在【拟合方法】区域单击【线性（L）】单选按钮，在【置信区间】区域单击【平均值（E）】或【单值（I）】单选按钮，如图 7-7 所示。

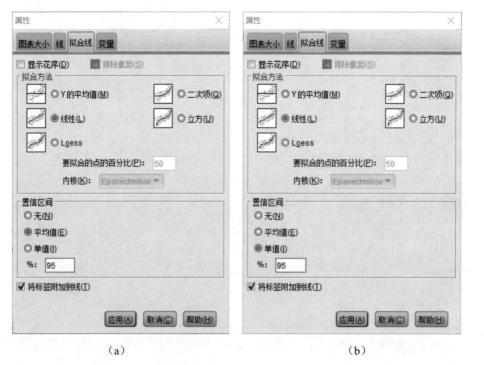

(a)   (b)

图 7-7 图表编辑总计拟合线的【属性】对话框

第6步：单击【应用（A）】按钮，编辑修改后的结果如图7-8所示。

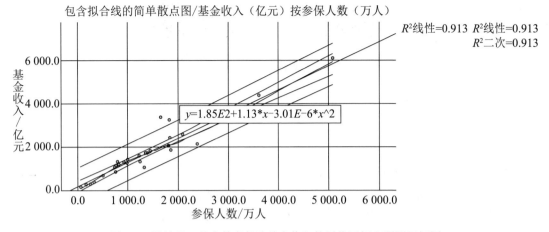

图7-8 城镇职工基本养老保险基金收入的置信区间和预测区间图

7.1.3 残差分析

残差是被解释变量观测值与由回归方程计算所得的估计值之间的差：$e_i = y_i - \hat{y}_i$，它是回归模型中 ε_i 的估计值，由 e_i 形成的序列称为残差序列。

在一元线性回归模型 $y=\beta_0+\beta_1 x+\varepsilon$ 中，误差项 ε 做出了以下假定：

（1）误差项 ε 服从正态分布，且 $E(\varepsilon)=0$；

（2）对所有的 x 值，误差项 ε 的方差都是相同的；

（3）ε 的值是相互独立的。

这些假定对于利用 t 检验和 F 检验来确定 x 和 y 之间的关系是否显著，以及利用估计的回归方程进行预测，都提供了理论上的依据。如果关于误差项 ε 的假定不可靠，那么有关回归关系的显著性假设检验和区间估计的结果可能会"站不住脚"，即只有当模型中残差项有关的假定满足时，才能放心地运用回归模型。因此，在利用回归方程作分析和预测之前，应该检查模型是否满足基本假定，以便对模型做进一步的修改。

残差分析可以帮助检验这些假定，主要任务可以大致归纳为：分析残差是否为服从均值为零的正态分布，分析残差是否为等方差的正态分布，分析残差序列是否独立，借助残差探测样本中的异常值等。图形分析和数值分析是残差分析的有效工具。

【**例7-4**】对上述建立的关于城镇职工基本养老保险"基金收入"和"参保人数"的一元线性回归方程进行残差分析。

第1步：选择【分析（A）】下拉菜单中的【回归（R）-线性（L）...】选项，进入【线性回归】对话框。

第2步：将相应变量选入【因变量（D）】文本框和【自变量（I）】文本框。

第3步：单击【图（T）...】按钮，出现如图7-9所示的对话框。该对话框用于对残差序列的分析，这里主要通过图形进行残差分析，包括绘制残差图和其他散点图、残差的直方图和正态分布累计概率图等。

图 7-9 【线性回归：图】对话框

第 4 步：定义残差图的横轴和纵轴。根据需要在【散点图 1/1】区域中定义散点图的纵坐标和横坐标变量：将变量选入【X】和【Y】文本框中。左侧列表框中各变量名的含义分别是：DEPENDNT——被解释变量，*ZPRED——标准化预测值，*ZRESID——标准化残差，*DRESID——剔除残差，*ADJPRED—调整的预测值（剔除第 i 个样本点重新建立方程后得到的新预测值），*SRESID——学生化残差，*SDRESID——剔除学生化残差。本例将 *ZPRED（标准化预测值）选入【X】文本框，将 *ZRESID（标准化残差）选入【Y】文本框。

第 5 步：在【标准化残差图】区域中，【直方图（H）】表示绘制标准化残差序列的直方图；【正态概率图（R）】表示绘制标准化残差序列的正态分布累计概率图；【生成所有局部图（P）】表示依次绘制被解释变量和各个解释变量的散点图。本例选中【直方图（H）】和【正态概率图（R）】复选框，绘制标准化残差的直方图和正态概率图。

第 6 步：单击【继续（C）】按钮回到【线性回归】对话框，单击【确定】按钮。SPSS 软件除了输出一元线性回归分析的基本分析结果之外，还会输出相关残差分析图。

1. 对正态性假定的分析

图 7-10 是标准化残差的直方图和正态概率图，用于残差正态性假定的分析。由图 7-10（a）标准化残差的正态概率图可以看出，数据点围绕基准线存在一定的规律性，且残差正态性的非参数检验结果（见表 7-4）表明拒绝原假设，即残差的分布与正态分布存在显著差异。

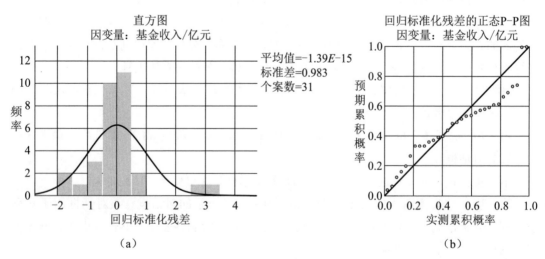

图 7-10 线性回归残差正态性分析

表 7-4　养老保险基金收入的线性回归残差正态性非参数检验结果

单样本柯尔莫戈洛夫 - 斯米诺夫检验		
		非标准化残差
个案数		31
正态参数 [a, b]	平均值	0.000 000 0
	标准偏差	395.839 379 76
最极端差值	绝对	0.192
	正	0.192
	负	−0.137
检验统计		0.192
渐进显著性（双尾）		0.005[c]

a：检验分布为正态分布。
b：根据数据计算。
c：里利氏显著性修正。

对于本例残差正态性的非参数检验，可以使用单样本 K-S 检验方法，其原假设是：样本来自的总体与指定的理论分布无显著差异。SPSS 的理论分布主要包括正态分布、均匀分布、泊松分布和指数分布等。

本例的原假设为：样本来自的总体与正态分布无显著差异。

使用 SPSS 进行单样本 K-S 检验的具体操作步骤如下。

第 1 步：选择【分析（A）】下拉菜单中的【非参数检验（N）- 旧对话框（L）】中的【单样本 K-S（1）...】选项，进入单样本 K-S 检验对话框，如图 7-11 所示。

图 7-11　单样本 K-S 检验对话框

第 2 步：选择待检验变量 RES 到【检验变量列表（T）】文本框中。

第 3 步：在主对话框下方的【检验分布】区域中选择理论分布，其中，【正态（N）】为正态分布，【均匀（U）】为均匀分布，【泊松（I）】为泊松分布，【指数（E）】为指数分布。SPSS 默认选项为【正态（N）】，本例不做修改。

第 4 步：单击【确定】按钮，SPSS 将自动计算 K-S 检验统计量和对应的概率 p 值，输出结果如表 7-4 所示。

表 7-4 中的数据显示，数据的均值近似为 0，标准差为 395.839。最大绝对差值为 0.192，最大正值为 0.192，最小负值为 -0.137。对应概率 p 值为 0.005，小于显著性水平，因此拒绝原假设，可以认为残差的总体分布与正态分布存在显著差异，不满足正态性假定。

2. 对方差齐性假定的分析

继续观察 SPSS 输出的残差图。图 7-12 是回归方程标准化预测值与标准化残差散点图，其形状与关于自变量的残差图相似（读者可自行尝试）。从图中可以看出，残差的绝对值没有不断变大或不断变小的情况，可以认为满足等方差假设，不存在异方差。

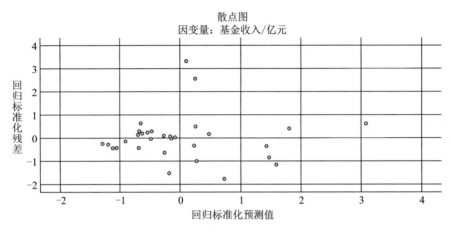

图 7-12　线性回归异方差性分析

3. 对独立性假定的分析

对残差独立性假定的分析，可以通过作残差图的方式进行判断。常用的方式是以样本期（或时间）作为横坐标，以残差作为纵坐标，绘制散点图，观察残差是否有随着时间的增加而增加或随着时间的增加而减少的规律性。如果各点是随机分布，则可以认为残差不存在自相关；如果各点存在规律性，则认为残差存在自相关。本例是截面数据，我们作关于 x 的残差图（图 7-13），由图可知，残差之间没有呈现有规律的变化，表明残差序列不存在自相关。

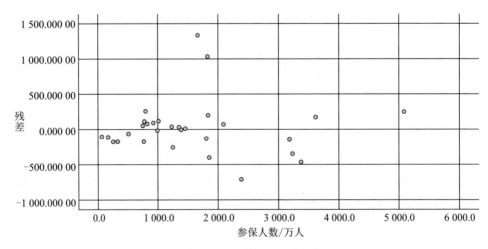

图 7-13　残差的独立性分析

此外，还可以通过计算 D.W. 统计量对残差是否存在自相关进行判断，这个将在下一节进行介绍。但是，D.W. 值存在无法判断的区间，当 D.W. 值落在无法判断的区间时，还是需要通过绘制残差图来进行判断。

4. 异常值分析

最后，观察数据中是否存在异常值，可以通过作标准化残差图的方式进行判断。以解释变量为横坐标、标准化残差为纵坐标，作标准化残差图，如图 7-14 所示。由图可知，有一个点标准化残差的绝对值都大于 3，可以认为存在异常值。

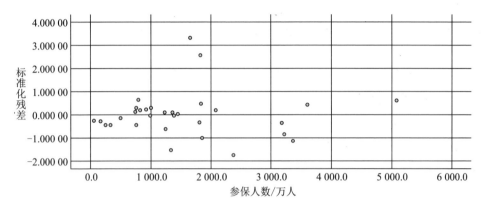

图 7-14　回归分析的标准化残差

现对一元线性回归的残差分析作如下小结。

（1）**残差均值为零的正态性分析：** 可通过绘制标准化残差的正态概率图来进行残差的正态性分析，也可以使用残差正态性的非参数检验（单样本 K-S 检验）方法。

（2）**残差的异方差分析：** 以解释变量为横坐标、残差为纵坐标作残差图，如果随着解释变量的增加，残差的绝对值不断变大或不断变小，则可认为不能满足等方差假设，存在异方差。

（3）**残差的独立性分析：** 以样本期（或时间）为横坐标，以残差为纵坐标作残差图，如果残差随着时间的推移呈有规律的变化，则表明残差序列存在一定的正的或负的自相关。还可以使用 D.W. 检验，但是它有一个缺点是存在不能判断的区间，如果遇到这种情况，还是要用作残差图的方式来进行判断。

（4）**探测样本中的异常值：** 以解释变量为横坐标、标准化残差（ZRE）为纵坐标作标准化残差图。由于残差是服从均值为 0 的正态分布，因此可根据 3σ 准则进行判断，标准化残差绝对值大于 3 对应的观察值为异常值。也可以使用学生化残差（SRE）对异常值进行判断，绝对值大于 3 对应的观察值为异常值。

7.2　用 SPSS 进行多元线性回归分析

多元线性回归模型是含有多个解释变量的线性回归模型，用于揭示被解释变量与其他多个解释变量之间的线性关系。多元线性回归分析是常用的统计分析方法，在进行分析之前，首先要运用专业知识进行理论分析，以找出合适的解释变量。例如，要分析大学生收入水平的影响因素，根据人力资本理论，受教育情况是影响收入水平的重要因素，那么，在分析中，收入水平作为因变量，受教育情况可作为关键的自变量。这时，需要考虑的是受教育情况用哪个具体的变量来表示，是使用定量变量"受教育年限"，还是定性变量"受教育程度"，研究者可以自行确定。不过，显然还有其他因素会影响收入，在理论分析的基础上，再找到其他的重要变量，一并放入回归模型。

7.2.1 基本分析

【例7-5】古董座钟收藏者认为古董座钟拍卖价格与座钟的使用年限及竞标人数有关，因此考虑建立拍卖价格与使用年限和竞标人数的二元线性回归模型，其公式为

$$y=\beta_0+\beta_1 x_1+\beta_2 x_2+\varepsilon$$

式中：y——拍卖价格（美元）；

x_1——座钟的使用年限（年）；

x_2——竞拍人数。

一个样本量为32的古董座钟拍卖价格、相应的古董座钟使用年限及竞拍人数的样本数据如表7-5所示。使用SPSS软件进行回归分析。相关数据见文件"ch7 古董座钟拍卖"。

表 7-5　拍卖价格数据

拍卖价格 y/ 美元	年限 x_1	竞拍人数 x_2	拍卖价格 y/ 美元	年限 x_1	竞拍人数 x_2
1 235	127	13	2 131	170	14
1 080	115	12	1 550	182	8
845	127	7	1 884	162	11
1 522	150	9	2 041	184	10
1 047	156	6	845	143	6
1 979	182	11	1 483	159	9
1 822	156	12	1 055	108	14
1 253	132	10	1 545	175	8
1 297	137	9	729	108	6
946	113	9	1 792	179	9
1 713	137	15	1 175	111	15
1 024	117	11	1 593	187	8
1 147	137	8	785	111	7
1 092	153	6	744	115	7
1 152	117	13	1 356	194	5
1 336	126	10	1 262	168	7

使用SPSS进行多元线性回归分析的操作步骤如下。

第 1 步：选择【分析（A）】→【回归（R）- 线性（L）...】选项进入【线性回归】对话框。

第 2 步：在【线性回归】对话框中将被解释变量"拍卖价格"选入【因变量（D）】文本框，将所有解释变量选入【自变量（I）】文本框，并在【方法（M）】下拉列表框选择【步进】选项，如图 7-15 所示。

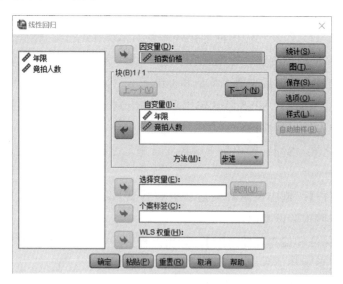

图 7-15 【线性回归】对话框

第 3 步：单击【统计（S）...】按钮，出现如图 7-16 所示的对话框，该对话框可选择更多的输出统计量，各选项说明如下。

图 7-16 【线性回归：统计】对话框

（1）【回归系数】：定义回归系数的输出情况。

◆【估算值（E）】：SPSS 默认输出项，输出与回归系数相关的统计量。包括回归系数 B、回归系数标准误、回归系数显著性检验的 t 统计量和概率 p 值、标准化回归系数 Beta。在多元线性回归分析中，当各解释变量的单位不一致时，如果希望比较各解释变量对被解释变量的影响程度大小，可以采用标准化回归系数。

◆【置信区间（N）】：输出每个非标准化回归系数的置信区间，默认为95%。

◆【协方差矩阵（V）】：输出方程中各解释变量间的相关系数、协方差及各回归系数的方差。

(2)【残差】：用于选择输出残差诊断的信息。

◆【德宾-沃森（U）】表示输出D.W.检验值进行Durbin-Watson残差序列相关性检验。

◆【个案诊断（C）】表示输出标准化残差绝对值大于等于3（SPSS默认值）的样本数据的相关信息，包括预测值、标准化预测值、残差、标准化残差、学生化残差、杠杆值、库克距离等的最大值、最小值、均值和标准差。

(3)【模型拟合（M）】：SPSS默认输出项，输出判定系数、调整的判定系数、回归方程的标准误、回归方程显著性检验的方差分析表。

(4)【R方变化量（S）】：输出每个解释变量进入方程后引起的判定系数的变化量和F值的变化量。

(5)【描述（D）】：输出各解释变量和被解释变量的描述统计量，如均值、标准差、相关系数矩阵及单侧检验概率值。

(6)【部分相关性和偏相关性（P）】：输出方程中各解释变量与被解释变量之间的简单相关系数、偏相关系数和部分相关系数。

(7)【共线性诊断（L）】：多重共线性诊断，输出各个解释变量的容忍度、方差膨胀因子、特征值、条件指标、方差比例等。

本例选择系统默认选项【估算值（E）】【模型拟合（M）】【共线性诊断（L）】【德宾-沃森（U）】复选框（图7-16）。单击【继续（C）】按钮，回到【线性回归】对话框。

第4步：单击【选项（O）...】按钮，出现如图7-17所示的对话框，该对话框可设置多元线性回归分析中解释变量筛选的标准及缺失值的处理方式。该对话框中各选项说明如下。

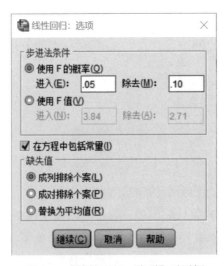

图7-17 【线性回归：选项】对话框

（1）【步进法条件】：设置多元线性回归分析中解释变量进入或剔除出回归方程的标准，包括【使用F的概率（O）】和【使用F值（V）】两种方式。

◆【使用F的概率（O）】：这是系统默认项，表示以偏F统计量的概率值为标准判断解释变量能否进入或剔除出回归方程。其中，【进入（E）】表示如果某个解释变量的偏F统计量的概率p值小于0.05（系统默认），则应拒绝其检验的原假设，认为该变量对被解释变量的线性影响是显著的，应进入回归方程；【除去（M）】表示如果方程中某个解释变量的偏F统计量的概率p值大于0.10（系统默认），则不能拒绝其检验的原假设，可以认为该变量对被解释变量的线性影响是不显著的，应剔除出回归方程。

◆【使用F值（V）】：使用F值表示以偏F统计量的临界值为标准判断解释变量能否进入或剔除出回归方程。其中，【进入（N）】表示如果某个解释变量的偏F统计观测值大于3.84（系统默认），则应拒绝其检验的原假设，认为该变量对被解释变量的线性影响是显著的，应进入回归方程；【除去（A）】表示如果方程中某个解释变量的偏F统计量的观测值小于2.71（系统默认），则不能拒绝其检验的原假设，可以认为该变量对被解释变量的线性影响是不显著的，应剔除出回归方程。

在实际分析中，可根据具体情况修改上述参数，但应注意【进入（N）】的α值应小于【除去（A）】的α值，【进入（N）】的临界值应大于【除去（A）】的临界值。否则，如果运用解释变量的逐步筛选策略，解释变量一进入方程就会被立即剔除出去。

（2）【在方程中包括常量（I）】：用于决定是否在模型中包括常数项，默认选中。

（3）【缺失值】：用于选择对缺失值的处理方式。

◆【成列排除个案（L）】：不分析任一选入的变量有缺失值的记录，且无论该缺失变量最终是否进入模型。

◆【成对排除个案（P）】：不分析具体进入某变量时有缺失值的记录。

◆【替换为平均值（R）】：将缺失值用该变量的均值代替。

本例只选择系统默认的选项，单击【继续（C）】按钮回到【线性回归】对话框。

第5步：单击【图（T）...】按钮，对残差序列进行分析，相关选项与一元线性回归相同，具体分析见7.2.2节。

第6步：需要预测时，单击【保存（S）...】按钮，将回归分析的某些结果以SPSS变量的形式保存到数据编辑窗口（方法同前）。单击【继续（C）】按钮回到【线性回归】对话框。

第7步：单击【确定】按钮，回归结果如表7-6~表7-8所示（残差图见7.2.2节）。

表7-6　多元线性回归分析结果：拟合优度检验

模　型	R	R^2	调整后R^2	标准估算的错误	德宾-沃森
1	0.730[a]	0.532	0.517	273.530	
2	0.945[b]	0.892	0.885	133.485	1.872

a：预测变量——常量，年限。
b：预测变量——常量，年限，竞拍人数。

表7-7 多元线性回归分析结果：方差分析表

模 型		平方和	自由度	均 方	F	显著性
1	回归	2 555 224.483	1	2 555 224.483	34.152	0.000[b]
	残差	2 244 565.017	30	74 818.834		
	总计	4 799 789.500	31			
2	回归	4 283 062.960	2	2 141 531.480	120.188	0.000[c]
	残差	516 726.540	29	17 818.157		
	总计	4 799 789.500	31			

a：因变量——拍卖价格。
b：预测变量——常量，年限。
c：预测变量——常量，年限，竞拍人数。

表7-8 多元线性回归分析结果：回归系数检验

模型		未标准化系数		标准化系数	t	显著性	共线性统计	
		B	标准错误（Std. Error）	Beta		容差	Tol	VIF
1	（常量）	−192.047	264.372		−0.726	0.473		
	年限	10.480	1.793	0.730	5.844	0.000	1.000	1.000
2	（常量）	−1 338.951	173.809		−7.704	0.000		
	年限	12.741	0.905	0.887	14.082	0.000	0.936	1.069
	竞拍人数	85.953	8.729	0.620	9.847	0.000	0.936	1.069

a：因变量——拍卖价格。

由表7-6可以看出，当增加一个解释变量（竞拍人数）时，回归方程调整的 R^2 由0.517增加为0.885。方程的拟合优度较高。表中的D.W.值是残差自相关的分析统计量，下一节进行介绍。

表7-7是两个模型的方差分析表。两个回归模型 F 统计量的显著性水平都接近0，表明建立的两个回归方程都是显著的。模型1的 F 统计量为34.152，模型2的 F 统计量为120.188，相比较而言，模型2比模型1更显著。

表7-8是两个模型的回归系数估计值和回归系数的显著性检验。由表中数据可知，模型1只有一个解释变量——"年限"，其回归系数检验统计量 t 为5.844，对应 p 值为0.000，回归系数显著；模型2有两个解释变量——"年限"和"竞拍人数"，其中，"年限"的回归系数 t 统计量为14.082，"竞拍人数"的回归系数 t 统计量为9.847，这两个解释变量回归系数 t 统计量的概率 p 值均接近0。因此，无论显著性水平 α 取0.05还是0.01，由于概率 p 值均远远小于显著性水平 α，应拒绝回归系数显著性检验的原假设（$\beta_1=0$，$\beta_2=0$），即两个解释变量的回归系数均显著不为0。如果不能拒绝原假设，则意味着 β_i 与零无显著差异，即 $\beta_i=0$，此时，无论 x_i 取值如何变化都不会引起 y 的线性变化，x_i 无法解释 y 的线性变化，它们之间不存在线性关系。

从理论上来说，一件古董的拍卖价格应该与其使用年限和竞拍人数均成同向变动。由

表 7-8 可知,两个解释变量回归系数的估计值分别为 12.741 和 85.953,回归分析结果显示解释变量的回归系数均显著为正,与理论分析相符。

根据上述回归结果,估计的回归方程为

$$\hat{y} = -1338.951 + 12.741x_1 + 85.953x_2$$

7.2.2 残差分析

单击【图(T)…】选项,进行残差序列的分析,出现的对话框与一元线性回归分析一致。操作过程同一元线性回归分析,主要通过绘制残差的直方图、正态分布累计概率图等完成分析。在定义残差图的横轴和纵轴时,同样将 *ZPRED(标准化预测值)选入【X】,将 *ZRESID(标准化残差)选入【Y】中并选择相应选项。

1. 对正态性假定的分析

图 7-18 是古董拍卖价格线性回归的残差正态性分析图。观察图 7-18(b)可以看到,数据点在基准线附近,也没有明显的规律性。可以认为残差符合正态性假定。对残差正态性的非参数检验结果(见表 7-9)也表明,p 值为 0.181,不能拒绝原假设,即不能认为它与正态分布有显著差异。

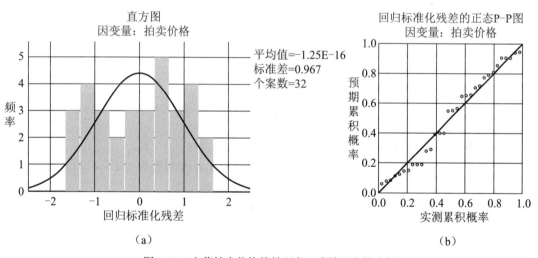

图 7-18 古董拍卖价格线性回归 - 残差正态性分析

表 7-9 古董拍卖价格线性回归残差正态性非参数检验结果

单样本柯尔莫戈洛夫 - 斯米诺夫检验		
		非标准化残差
个案数		32
正态参数 a, b	平均值	0.000 000 0
	标准偏差	129.106 924 92
最极端差值	绝对	0.130
	正	0.130
	负	-0.090

续表

单样本柯尔莫戈洛夫 - 斯米诺夫检验	
	非标准化残差
检验统计	0.130
渐进显著性（双尾）	0.181^c

a：检验分布为正态分布。
b：根据数据计算。
c：里利氏显著性修正。

2. 对方差齐性假定的分析

图 7-19 是回归方程标准化预测值与标准化残差散点图。图 7-19 表明，不存在明显的异方差现象。当存在异方差时，可以采用加权最小二乘法替代普通最小二乘法估计回归参数。

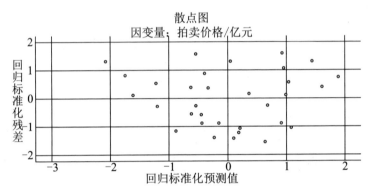

图 7-19　古董拍卖价格线性回归 - 异方差性分析

3. 对独立性假定的分析

使用 D.W. 检验法进行判断。通过查阅 D.W. 检验表（附录表 5）可知，当显著性水平为 5%，解释变量个数 $k=2$，样本容量 $n=32$ 时，D.W. 的上限值 $d_U=1.574$，根据拟合优度检验的输出结果（表 7-6），D.W.=1.872 > d_U=1.574，可以认为不存在自相关。作关于 x 和 e 的散点图，或关于 y 和 e 的散点图（图 7-20），可以看出，各点呈现随机分布的特征，没有什么规律性，可以认为残差不存在自相关。

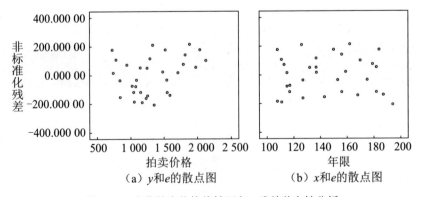

图 7-20　古董拍卖价格线性回归 - 残差独立性分析

7.2.3 共线性分析

在多元线性回归分析中还要考虑解释变量的多重共线性问题，即所选择的解释变量之间是否存在线性相关关系。测试解释变量间的共线性一般有以下方式。

1. 容忍度

容忍度是测试解释变量间多重共线性的重要统计量。解释变量 x_i 的容忍度公式为

$$\text{Tol}_i = 1 - R_i^2$$

式中：R_i^2——解释变量 x_i 与方程中其他解释变量间的复相关系数的平方，表明了解释变量之间的线性相关程度。容忍度的取值范围在 0~1，越接近 0，表示多重共线性越强；越接近 1，表示多重共线性越弱。SPSS 对变量多重共线性的要求不很严格，只是在容忍度值太小时给出相应警告信息。本例 SPSS 对容忍度的分析结果如表 7-8 所示，由表可知，两个解释变量的容忍度为 0.936，多重共线性很弱。

2. 方差膨胀因子

方差膨胀因子是容忍度的倒数，即

$$\text{VIF}_i = 1/(1-R_i^2)$$

由式可知，方差膨胀因子的取值大于等于 1。解释变量间的多重共线性越弱，R_i^2 越接近 0，VIF_i 越接近 1；解释变量间的多重共线性越强，R_i^2 越接近 1，VIF_i 越大。通常，如果 VIF_i 大于等于 10，说明解释变量 x_i 与方程中其余解释变量之间有严重的多重共线性，且可能会过度地影响方程的最小二乘估计。SPSS 对方差膨胀因素的分析结果在表 7-8 的最后一列，可以看出，两个解释变量的 VIF 值都等于 1.069，多重共线性很弱。

7.3 用 SPSS 进行哑变量回归

当解释变量中含有定性变量时，通常的处理方式是将定性变量转换成若干个取值仅为 0 或 1 的变量，这种变量称为虚拟变量或哑变量。

7.3.1 只含有一个哑变量的回归

【例 7-6】利用文件"ch7 统计学课程问卷调查"中的数据，建立考试成绩与性别之间的线性回归方程。

第 1 步：选择【分析（A）】→【一般线性模型（G）-单变量（U）...】选项进入【单变量】对话框，将因变量选入【因变量（D）】，将自变量选入【固定因子（F）】（图 7-21）。

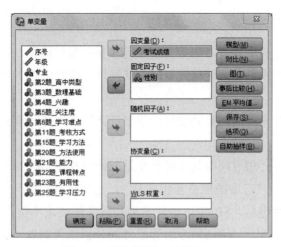

图 7-21 【单变量】对话框（1）

第 2 步：单击【模型（M）...】按钮，单击【构建项（B）】单选按钮，将性别选入【模型（M）】文本框，在【类型（P）】下拉列表框选择【主效应】选项（图 7-22），单击【继续（C）】按钮回到【单变量】对话框。

图 7-22 【单变量：模型】对话框（1）

第 3 步：在【单变量】对话框中单击【选项（O）...】按钮，在【显示】区域选中【参数估算值（T）】（估计模型中的参数）复选框，如图 7-23 所示。

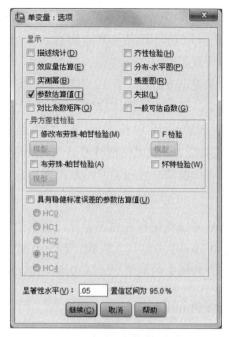

图 7-23 【单变量：选项】对话框

第 4 步：单击【继续（C）】按钮回到【单变量】对话框。

第 5 步：单击【确定】按钮，生成的结果如表 7-10 和表 7-11 所示。

表 7-10　只含有一个哑变量的回归分析结果：主体间效应检验

因变量：考试成绩

源	III 类平方和	自由度	均　　方	F	显著性
修正模型	17 707.625ª	1	17 707.625	105.666	0.000
截距	5 377 673.673	1	5 377 673.673	32 090.065	0.000
性别	17 707.625	1	17 707.625	105.666	0.000
误差	153 503.865	916	167.581		
总计	5 590 958.000	918			
修正后总计	171 211.490	917			

a：$R^2 = 0.103$（调整后 $R^2 = 0.102$）。

表 7-11　只含有一个哑变量的回归分析结果：参数估计值

因变量：考试成绩

参　　数	B	标准误差	t	显著性	95% 置信区间	
					下　　限	上　　限
截距	81.023	0.590	137.268	0.000	79.864	82.181
[性别 = 男]	-8.794	0.855	-10.279	0.000	-10.473	-7.115
[性别 = 女]	0ª					

a：此参数冗余，因此设置为 0。

表 7-10 是回归模型的显著性检验，F 统计量为 105.666，对应的概率 p 值为 sig.=0.000，无论显著性水平 α 取 0.05 还是 0.01，均有 $p < \alpha$，拒绝系数为零的原假设，表明考试成绩与性别的回归模型显著。

表中还汇报了判定系数（表下方最后一行），其值为 0.103，需要说明的是，在许多应用微观数据进行的回归分析中，这个值通常比较低。

表 7-11 是回归模型的参数估计和检验结果。"性别 = 男" 回归系数 t 统计量为 -10.279，对应的概率 p 值接近 0，表明性别对考试成绩的影响显著。

根据上述回归结果得到考试成绩与性别的回归方程为

$$\hat{y} = 81.023 - 8.794x$$

说明男学生与女学生平均考试成绩存在显著差异，男学生的平均分数比女学生的平均分数低 8.794 分。可以将 $x=0$ 和 $x=1$ 分别代入方程，当 $x=0$ 时，计算出来的为女生考试成绩：81.023 分；当 $x=1$ 时，计算出来的为男生考试成绩：72.229 分。

7.3.2 含哑变量的多元线性回归

【例 7-7】大华公司为水过滤系统提供维修保养服务。管理人员认为，维修时间依赖两个因素：从最近一次维修服务至今水过滤系统已经使用的月数和需要维修的故障类型。由 10 次维修服务组成一个样本，试建立回归模型，以便对顾客的每一次维修请求预测必要的维修时间。相关数据见文件 "ch7 大华公司"。

分析： 本例中维修故障类型 x_2 为虚拟变量（哑变量）。建立的多元线性回归模型形式为

$$y = \beta_0 + \beta_1 x_1 + \beta_2 x_2 + \varepsilon$$

第 1 步： 选择【分析（A）】→【一般线性模型（G）-单变量（U）…】选项进入【单变量】对话框。

第 2 步： 将维修时间选入【因变量（D）】文本框，将哑变量（x_2）选入【固定因子（F）】文本框，将数值自变量（x_1）选入【协变量（C）】文本框，如图 7-24 所示。

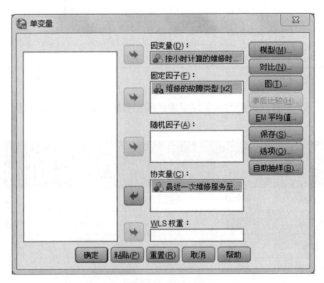

图 7-24 【单变量】对话框（2）

第3步：单击【模型（M）...】按钮，单击【构建项（B）】单选按钮，将两个自变量（x_1 和 x_2）选入【模型（M）】文本框；在【类型（P）】下拉列表框中选择【主效应】选项（图7-25），单击【继续（C）】按钮回到【单变量】对话框。

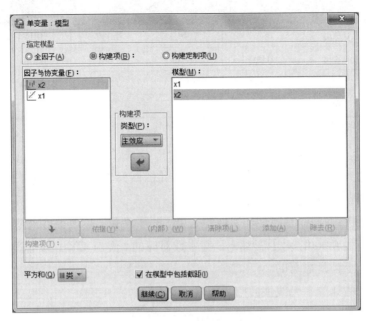

图7-25 【单变量：模型】对话框（2）

第4步：单击【选项（O）...】按钮，在【显示】区域选中【参数估算值（T）】复选框，单击【继续（C）】按钮回到【单变量】对话框。

第5步：单击【确定】按钮。得到的回归结果如表7-12和表7-13所示。

表7-12 含哑变量的多元线性回归分析结果：主体间效应检验

因变量：按小时计算的维修时间

源	III类平方和	自由度	均方	F	显著性
修正模型	9.001[a]	2	4.500	21.357	0.001
截距	3.482	1	3.482	16.522	0.005
x_1	8.088	1	8.088	38.383	0.000
x_2	3.405	1	3.405	16.158	0.005
误差	1.475	7	0.211		
总计	156.400	10			
修正后总计	10.476	9			

a：R^2= 0.859（调整后 R^2 = 0.819）。

表 7-13　含哑变量的多元线性回归分析结果：参数估算值

因变量：按小时计算的维修时间

参　数	B	标准误差	t	显著性	95% 置信区间	
					下　限	上　限
截距	0.930	0.467	1.993	0.087	−0.174	2.035
x_1	0.388	0.063	6.195	0.000	0.240	0.536
[x_2= 电子]	1.263	0.314	4.020	0.005	0.520	2.005
[x_2= 机械]	0[a]					

a：此参数冗余，因此设置为 0。

根据表 7-12 可知，模型的 F 统计量为 21.357，对应的概率 p 值为 sig.=0.001，表明回归关系显著。R^2=0.859、Adj-R^2=0.819，表明估计的回归方程很好地解释了维修时间的变异性，方程的拟合优度较好。

表 7-13 是回归模型的参数估计和检验结果。对于变量 x_1，其系数对应的 t 值为 6.195，相应的概率 p 值为 0.000；对于变量 x_2，其系数对应的 t 值为 4.020，p 值为 0.005。可知这两个变量在统计上都是显著的。

最后，得到估计的多元线性回归方程是

$$\hat{y}=0.930+0.388 x_1+1.263 x_2$$

由此可知，β_0 的估计值是 0.930，β_1 的估计值是 0.388，β_2 的估计值是 1.263。于是，当 x_2=0（机械类型的故障）时有

$$\hat{y}=0.93+0.388 x_1$$

当 x_2=1（电子类型的故障）时有

$$\hat{y}=0.93+0.388 x_1+1.263\times 1=2.193+0.388 x_1$$

实际上，对维修的故障类型引入虚拟变量为我们提供了能用于预测维修时间的两个估计的回归方程，一个方程对应机械类型故障的维修时间，一个方程对应电子类型故障的维修时间。另外，因为 β_2=1.263 可以得知：电子类型故障的维修时间要比机械类型故障的维修时间平均多用 1.263 小时。

注意：哑变量回归分析中的解释变量为定性变量。在现实问题的分析中，还会遇到被解释变量是定性变量的情况，此时，可以采用 Logistic 回归方法进行分析，读者可以查阅其他相关资料进行学习。

练　习　题

- **概念辨析**

1. 在回归模型 $y=\beta_0+\beta_1 x+\varepsilon$ 中，ε 反映的是（　　）。

　　A. 由于 x 的变化引起的 y 的线性变化部分

　　B. 由于 y 的变化引起的 x 的线性变化部分

C. 除 x 和 y 的线性关系之外的随机因素对 y 的影响

D. 由于 x 和 y 的线性关系对 y 的影响

2. 在回归分析中，F 检验主要是用来检验（　　）。

　　A. 相关系数的显著性　　　　　　B. 回归系数的显著性

　　C. 线性关系的显著性　　　　　　D. 估计标准误差的显著性

3. 说明回归方程拟合优度的统计量主要是（　　）。

　　A. 相关系数　　　B. 回归系数　　　C. 判定系数　　　D. 估计标准误差

4. 若变量 x 与 y 之间的相关系数 $r=0.8$，则回归方程的判定系数 R^2 等于（　　）。

　　A. 0.8　　　　　B. 0.89　　　　　C. 0.64　　　　　D. 0.40

5. 下面关于判定系数的陈述中不正确的是（　　）。

　　A. 回归平方和占总平方和的比例　　B. 取值范围是 [-1，1]

　　C. 取值范围是 [0，1]　　　　　　D. 评价回归方程拟合优度的一个统计量

6. 下面关于估计标准误差的陈述中不正确的是（　　）。

　　A. 均方残差（MSE）的平方根

　　B. 对误差项 ε 的标准差 σ 的估计

　　C. 排除了 x 对 y 的线性影响后，y 随机波动大小的一个估计量

　　D. 度量了两个变量之间的关系强度

7. 残差平方和 SSE 反映了 y 的总变差中（　　）。

　　A. 由于 x 与 y 之间的线性关系引起的 y 的变化部分

　　B. 除了 x 对 y 的线性影响之外的其他因素对 y 变差的影响

　　C. 由于 x 与 y 之间的非线性关系引起的 y 的变化部分

　　D. 由于 x 与 y 之间的函数关系引起的 y 的变化部分

8. 在多元线性回归分析中，t 检验是用来检验（　　）。

　　A. 总体线性关系的显著性　　　　B. 各回归系数的显著性

　　C. 样本线性关系的显著性　　　　D. $H_0: \beta_1=\beta_2=\cdots=\beta_k=0$

9. 在多元线性回归模型中，若自变量 x_i 对因变量 y 的影响不显著，那么它的回归系数 β_i 的取值（　　）。

　　A. 可能接近 0　　B. 可能为 1　　　C. 可能小于 0　　　D. 可能大于 1

10. 在多元线性回归方程 $\hat{y}_i = \hat{\beta}_0 + \hat{\beta}_1 x_1 + \hat{\beta}_2 x_2 + \cdots + \hat{\beta}_k x_k$ 中，回归系数 $\hat{\beta}_k$ 表示（　　）。

　　A. 自变量 x_i 变动一个单位时，因变量 y 的平均变动量为 $\hat{\beta}_k$

　　B. 其他变量不变的条件下，自变量 x_i 变动一个单位时，因变量 y 的平均变动量为 $\hat{\beta}_k$

　　C. 其他变量不变的条件下，自变量 x_i 变动一个单位时，因变量 y 的总变动总量为 $\hat{\beta}_k$

　　D. 因变量 y 变动一个单位时，自变量 x_i 的变动总量为 $\hat{\beta}_k$

11. 在多元回归分析中，通常需要计算调整的多重判定系数 R_a^2，这样可以避免 R^2 的值（　　）。

A. 由于模型中自变量个数的增加而越来越接近 1

B. 由于模型中自变量个数的增加而越来越接近 0

C. 由于模型中样本量的增加而越来越接近 1

D. 由于模型中样本量的增加而越来越接近 0

12. 在多元线性回归分析中,如果 F 检验表明线性关系显著,则意味着（　　）。

    A. 在多个自变量中至少有一个自变量与因变量之间的线性关系显著

    B. 所有的自变量与因变量之间的线性关系都显著

    C. 在多个自变量中至少有一个自变量与因变量之间的线性关系不显著

    D. 所有的自变量与因变量之间的线性关系都不显著

13. 在多元线性回归分析中,如果 t 检验表明回归系数 β_i 不显著,则意味着（　　）。

    A. 整个回归方程的线性关系不显著

    B. 整个回归方程的线性关系显著

    C. 自变量 x_i 与因变量之间的线性关系不显著

    D. 自变量 x_i 与因变量之间的线性关系显著

14. 在多元线性回归分析中,多重共线性指模型中（　　）。

    A. 两个或两个以上的自变量彼此相关

    B. 两个或两个以上的自变量彼此无关

    C. 因变量与一个自变量相关

    D. 因变量与两个或两个以上的自变量相关

15. 在多元线性回归分析中,如果 F 检验表明回归方程的线性关系显著,则（　　）。

    A. 表明每个自变量与因变量的关系都显著

    B. 表明至少有一个自变量与因变量的线性关系显著

    C. 意味着每个自变量与因变量的关系都不显著

    D. 意味着至少有一个自变量与因变量的关系不显著

16. 如果回归模型中存在多重共线性,则（　　）。

    A. 整个回归模型线性关系不显著

    B. 肯定有一个回归系数通不过显著性检验

    C. 肯定导致某个回归系数的符号与预期相反

    D. 可能导致某些回归系数通不过显著性检验

17. 如果某个回归系数的正负号与预期相反,则表明（　　）。

    A. 所建立的回归模型是错误的   B. 该自变量与因变量之间的线性关系不显著

    C. 模型中可能存在多重共线性   D. 模型中肯定不存在多重共线性

18. 虚拟自变量的回归指在回归模型中含有（　　）。

    A. 分类自变量   B. 数值型自变量   C. 分类因变量   D. 数值型因变量

19. 设回归方程的形式为 $E(y)=\beta_0+\beta_1 x$,若 x 是取值为 0,1 的哑变量,则 β_0 的意义是（　　）。

    A. 代表与哑变量值 0 所对应的那个类别变量水平的平均值

B. 代表与哑变量值 1 所对应的那个类别变量水平的平均值

C. 代表与哑变量值 1 所对应的那个类别变量水平的平均响应与哑变量值 0 所对应的那个类别变量水平的平均值

D. 代表与哑变量值 1 所对应的那个类别变量水平的平均响应与哑变量值 0 所对应的那个类别变量水平的平均值的差值

20. 在多元线性回归分析中，利用逐步回归法可以（　　）。

　　A. 避免回归模型的线性关系不显著　　B. 避免所建立的回归模型存在多重共线性
　　C. 提高回归方程的估计精度　　　　　D. 使预测更加可靠

● 上机练习

1. 在宏观经济学中，凯恩斯的消费函数占有重要地位。试在《中国统计年鉴》中选择合适的收入与消费变量，建立一元线性回归模型，要求：
（1）估计消费函数；
（2）解释回归系数的含义；
（3）进行残差分析。

2. 在《中国统计年鉴》中选择合适的数据进行一元线性回归分析。注意：
（1）变量之间要有关系；
（2）回归分析要有意义。

3. 经典的生产函数是柯布－道格拉斯生产函数，其公式为 $Y=A \cdot L^{\alpha} \cdot K^{\beta}$。式中：$Y$ 为产出；A 为常数；L 为劳动力的投入；K 为资本的投入。在方程两边取对数进行线性化转换后为：$\ln Y=\ln A+\alpha \ln L+\beta \ln K$。要求：
（1）在《中国统计年鉴》中选择合适的变量 L 和 K 进行多元线性回归分析；
（2）估计劳动力的产出弹性系数 α 和资本的产出弹性系数 β；
（3）对估计结果进行检验。

4. 在《中国统计年鉴》中选择合适的数据进行多元线性回归分析。注意：
（1）变量之间要有关系；
（2）回归分析要有意义。

5. 为了对统计学课程的学习情况有一个更好地了解，某老师于 2015—2020 年间对完成统计学课程的本科生进行了九次问卷调查，相关数据见文件"ch7统计学课程问卷调查"。
要求：
（1）以考试成绩为被解释变量、以专业为解释变量进行哑变量回归；
（2）以考试成绩为被解释变量，以性别为解释变量，对不同专业的同学进行哑变量回归，分析不同专业回归结果的差异。

第八章 因子分析

> **学习目标：**
> 1. 理解因子分析的思想和使用前提。
> 2. 熟练掌握因子分析的具体操作。
> 3. 能够读懂 SPSS 的输出结果，解释和分析结果的含义。
> 4. 能够根据分析结果进行因子命名。
> 5. 能够运用因子分析方法进行实际数据分析。

在对某个实际问题进行分析的过程中，往往希望尽可能多地收集相关变量，以对问题有比较全面和完整的认识，但是，变量过多也会存在一些问题。例如，变量过多会增加计算工作量，收集到的诸多变量之间通常会存在或多或少的相关性等。要解决这个问题，最简单的方法是减少变量个数，但这又会导致信息丢失。为此，人们希望探索一种更有效的解决方法，既能大大减少参与数据建模的变量个数，又不会造成信息的大量丢失。因子分析就是这样一种能够有效降低变量维数，并已得到广泛应用的分析方法。

因子分析最早发展于心理学科，目的是借助提取出的公因子来代表不同的性格特征和行为取向，从而解释人类的行为和能力。由于在长期的实践中证实该方法能有效地提取内在结构，并在解决变量共线性等问题上作用突出，目前它已被广泛应用于医学、社会学、经济学、市场营销等各个领域。

8.1 基本思想

因子分析是研究如何以最少的信息丢失将众多原有变量浓缩成少数几个因子，并使因子具有一定的命名解释性的多元统计分析方法。

8.1.1 方法特点

因子分析以最少的信息丢失为前提，将众多的原有变量综合成较少的几个综合指标，即因子，再通过因子命名、计算因子得分，来对各领域的问题进行分析。通常，因子分析有以下几个特点。

（1）因子的个数远远小于原有变量的个数。原有变量综合成少数几个因子后，因子将可以替代原有变量参与数据建模，这将大幅减少分析过程中的计算工作量。

（2）因子能够反映原有变量的绝大部分信息。因子并不是原有变量的简单取舍，而是原有变量重组后的结果，因此不会造成原有变量信息的大量丢失，并能够代表原有变量的绝大部分信息。

（3）因子之间的线性关系不显著。由原有变量重组出来的因子之间的线性关系较弱，因子参与数据建模能够有效地解决变量多重共线性给分析方法应用带来的问题。

（4）因子具有命名解释性。通常，因子分析产生的因子能够通过各种方式最终获得命名解释性。因子的命名解释性有助于对因子分析结果的解释评价，对因子的进一步应用有重要意义。例如，对高校科研情况的因子分析中，如果能够得到两个因子，且其中一个因子是对投入科研活动的人数、项目经费、立项课题数等变量的综合，而另一个是对经费支出、结项课题数、发表论文数、获得奖励等变量的综合，那么，该因子分析就是较为理想的。因为这两个因子均有命名解释性，其中一个反映了科研投入方面的情况，可命名为科研投入因子，另一个反映了科研产出方面的情况，可命名为科研产出因子。

8.1.2 适用条件

因子分析的主要目的是寻找内在结构，因此要求样本量比较充足，否则可能无法得到稳定和准确的结果。因子分析对样本量的要求如下。

（1）各变量间必须有相关性。因子分析的首要任务之一是对原有变量进行浓缩，即将原有变量中的信息重叠部分提取和综合成因子，最终实现减少变量个数的目的。因此，它要求原有变量之间存在较强的相关关系，否则，如果原有变量相互独立，不存在信息重叠，就不会有公因子需要提取，也谈不上使用该方法。这是因子分析最为严格的前提。具体在该条件的判断上，除了根据专业知识来估计外，还可以使用 KMO 统计量和巴特利特球度检验加以判断。

（2）样本量与变量数的比例应在 5∶1 以上，实际上理想的样本量应为变量数的 10~25 倍，但这很难做到。5~10 倍之间虽略显不足，但一般都能得到较好的结果。此外，总样本量不得少于 100，而且原则上越大越好，这是对样本量的经验要求。要记住的是，无论采用的样本有多充分，得到的分析结果都应当在后续工作中继续加以验证。

8.1.3 分析步骤

（1）根据具体问题，判断是否需要进行因子分析，采用 KMO 检验及巴特利特球度检验来判断数据是否符合分析的要求。

（2）进行分析，按一定标准确定提取的因子数目。这个过程一般需要在对所研究问题有个清晰认识的前提下完成。

（3）因子命名。根据分析结果，考察因子的可解释性，对因子进行命名，并在必要时进行因子旋转以寻求最佳解释方式。

（4）计算因子得分。进行因子分析的目的往往是要对样本进行评价，因此，一般都需要计算出因子得分，以供进一步分析使用。

8.2 SPSS 操作步骤

【例 8-1】根据 2018 年、2019 年和 2020 年的《中国统计年鉴》，搜集到我国 31 个省、自治区、直辖市 2019 年的年末人口数（万人）、人均 GDP（元）、人均消费支出（元）、财政收入（亿元）、固定资产投资（亿元）①、社会消费品零售总额（亿元）6 个变量的数据，试使用这些数据进行因子分析，找出公因子并进行适当解释。相关数据见文件"ch8 各地区经济指标"。

使用 SPSS 软件进行因子分析的操作步骤如下。

第 1 步： 选择【分析（A）】→【降维（D）-因子（F）...】选项进入【因子分析】对话框，将所有原始变量选入【变量（V）】文本框，如图 8-1 所示。图中【选择变量（C）】文本框用于选择筛选变量，使用时，将筛选变量选入后，还需要单击【值（L）...】按钮并填入一个数值，表示在数据集中该变量值等于此数值的记录才被纳入分析。

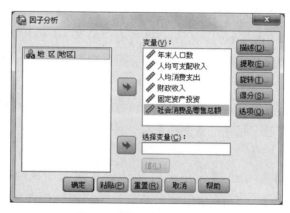

图 8-1 【因子分析】对话框

第 2 步： 在【因子分析】对话框中单击【描述（D）...】按钮，弹出【因子分析：描述】对话框，如图 8-2 所示。对话框中各选项说明如下。

图 8-2 【因子分析：描述】对话框

---

① 根据 2018 年《中国统计年鉴》中的固定资产投资额与 2019 年和 2020 年《中国统计年鉴》中固定资产投资增长率计算得出。

（1）【统计】：提供分析中的一些常用描述统计量。

◆【单变量描述（U）】表示输出各个变量的基本描述统计量，包括均值、标准差、样本量。

◆【初始解（I）】表示输出因子分析的原始分析结果，包括原变量的公因子方差、与变量相同个数的因子、各因子的特征值及其所占总方差的百分比和累积百分比。系统默认选中该复选框，但如果在后面选择了其他分析结果输出，则该复选框无效。

（2）【相关性矩阵】：给出一系列变量间的相关性指标及检验，考察因子分析条件的方法及输出结果。

◆【系数（C）】表示输出所有变量的相关系数矩阵。

◆【显著性水平（S）】表示输出所有变量相关系数检验的概率 p 值。

◆【决定因子（D）】表示输出变量相关系数矩阵的行列式。

◆【KMO 和巴特利特球形度检验】表示进行 KMO 检验和巴特利特球度检验。

◆【逆（N）】（输出相关系数矩阵的逆矩阵）、【再生（R）】（输出再生相关阵）、【反映像（A）】（输出反映像协方差和相关阵）没有什么实用价值，此处不做详细解释。

本例在【相关性矩阵】区域选中【系数（C）】【KMO 和巴特利特球形度检验】复选框（图 8-2），单击【继续（C）】按钮回到【因子分析】对话框。

第 3 步：单击【提取（E）...】按钮，弹出相应对话框，如图 8-3 所示。该对话框中各选项说明如下。

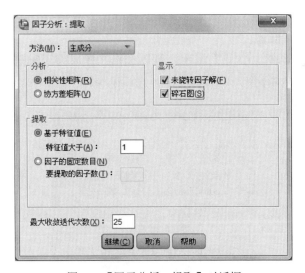

图 8-3 【因子分析：提取】对话框

（1）【方法（M）】：用于选择公因子的提取方法，SPSS 共提供了七种方法，在绝大多数情况下，这七种方法的结果没有什么区别。在此，仅介绍最常用的两种：

◆【主成分】是主成分分析法，该方法从解释变量的变异出发，尽量使变量的方差能够被主成分所解释。这是 SPSS 默认的方法，绝大多数情况下无须更改。

◆【主轴因式分解】是公因子分析法，该方法从解释变量的相关性出发，使变量间的相关程度尽量被公因子所解释。当因子分析的目的重在确定结构，而对变量方差的情况又不太关心时可能会用到此法。

注意：如果变量数和样本量都大，而且相关性也高，则七种方法结果一致；如果样本量极大（1 500 以上），则极大似然法的结果稍微更精确些；如果数据不好（样本小，或变量少），α因子法或映象因子法可能更好。

(2)【分析】：指定提取因子的依据。

◆【相关性矩阵（R）】为相关系数矩阵，当原有变量存在数量级的差异时，这是系统默认选项，通常选择该选项。

◆【协方差矩阵（V）】为协方差阵。

(3)【提取】：设定公因子的提取标准。

◆【特征值大于（A）】指以特征值大于某数值为提取标准，系统默认值为1。

◆【要提取的因子数（T）】是自定义提取因子的数量，在文本框输入提取因子的个数。

(4)【显示】：选择输出哪些与因子提取有关的信息。

◆【未旋转因子解（F）】表示输出未旋转的因子载荷矩阵，是系统默认选项。

◆【碎石图（S）】表示绘制碎石图，该图用于显示各因子的重要程度，横轴为因子序号，纵轴表示特征值大小，它将因子按特征值从大到小依次排列，从中可以非常直观地了解到哪些是最主要的因子。这个图的利用价值不高，可以忽略。

(5)【最大收敛迭代次数（X）】：计算时的最大迭代次数，系统默认为25次。

本例在【方法（M）】下拉列表框中选【主成分】选项，在【分析】和【提取】区域中使用默认选项，在【显示】区域选中【碎石图（S）】复选框。单击【继续（C）】按钮回到【因子分析】对话框。

第4步：单击【旋转（T）...】按钮，可以选择在提取因子时是否采用旋转方法，以及何种旋转方法，如图8-4所示。对话框中各选项说明如下。

图8-4 【因子分析：旋转】对话框

(1)【方法】：选择在因子提取时是否采用旋转，以及具体的旋转方法。旋转并不会影响公因子的提取过程和结果，只会影响各个变量对各因子的贡献度。之所以有时需要旋转，是因为按照默认的分解方式，各因子可能难以找到所代表的实际意义，此时，通过适当的旋转，改变信息量在不同因子上的分布，就可能为所有因子找到合适的解释。

SPSS 共提供了五种旋转方法（系统默认选项为不旋转【无（N）】），被分为正交和斜交两大类，本例只从实用的角度出发各自解释两类中最常用的一种。

◆【最大方差法（V）】为方差最大化正交旋转，此法最常用，一般都能简化对因子的解释。它旋转的原则是各因子仍然保持直角正交，但使得因子间方差的差异达到最大（相对载荷平方之和达到最大）。通俗地讲，就好像在平面坐标上保持以圆点为轴心，X、Y 轴交角为直角，然后对坐标轴进行旋转。

◆【直接斜交法（O）】是斜交旋转中最常用的一种，它的计算速度较快，旋转后允许因子间存在相关。这种旋转方式往往是在有具体的分析目的时选用，即通过此法将因子分解为希望的形式。

在实际应用中，由于斜交旋转的结果太容易受研究者主观意愿左右，所以一般都采用系统默认的正交旋转方法。

（2）【显示】：指定输出和因子旋转有关的两个结果。

◆【旋转后的解（R）】表示输出旋转后的因子载荷矩阵，该矩阵提供了旋转前后因子之间的变换系数。

◆【载荷图（L）】表示输出三维或二维旋转后的因子空间载荷图，该图中坐标轴为因子值，各变量以散点的形式分布其中，从中可以非常直观地观察变量与因子间的关系。

（3）【最大收敛迭代次数（X）】：设置因子旋转计算时允许的最大迭代次数，系统默认为 25 次。

本例在【方法】区域中单击【最大方差法（V）】单选按钮，在【显示】区域选中【载荷图（L）】复选框。单击【继续（C）】按钮回到【因子分析】对话框。

第 5 步：单击【得分（S）...】按钮选择计算因子得分的方法，如图 8-5 所示。该对话框中各选项说明如下。

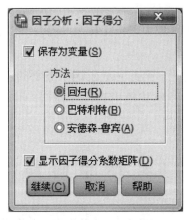

图 8-5 【因子分析：因子得分】对话框

（1）【保存为变量（S）】：表示将计算出的因子得分作为新变量保存到 SPSS 数据文件中，注意此处加入的是经过标准化的因子得分，有几个因子便产生几个 SPSS 变量。

（2）【方法】：用于选择计算因子得分的方法，其中，【回归（R）】为回归法，是系统默认的方法，通常使用这种方法。

（3）【显示因子得分系数矩阵（D）】：表示输出因子得分函数中的各因子得分系数，通过该系数可以将所有公因子表示为各个变量的线性组合。系统同时会给出因子得分的协方差阵。

在本例中，选中【保存为变量（S）】和【显示因子得分系数矩阵（D）】复选框。单击【继续（C）】按钮回到【因子分析】对话框。

第 6 步：单击【选项（O）...】按钮可指定缺失值的处理方法和因子载荷矩阵的输出方法，如图 8-6 所示。该对话框中各选项说明如下。

图 8-6 【因子分析：选项】对话框

（1）【缺失值】：选择对缺失值的处理方式，相应方法在前文已经讨论，不再赘述。

（2）【系数显示格式】：是选择系数（因子载荷矩阵）的输出方式。

◆【按大小排序（S）】表示以第一因子得分的降序输出因子载荷矩阵。

◆【禁止显示小系数（U）】表示只输出因子载荷矩阵中大于该值的因子载荷。使用它可以抑制次要系数的输出，使结果更清晰易读。

本例在【系数显示格式】区域中选择【按大小排序（S）】复选框，单击【继续（C）】按钮回到【因子分析】对话框。

第 7 步：单击【确定】按钮。至此完成了因子分析的全部操作，SPSS 将按照用户的指定要求自动进行因子分析，将结果输出到输出窗口，并将因子得分保存到数据编辑窗口中。

8.3 结果解释

在所有操作步骤完成之后，SPSS 会按要求依次输出分析结果，它们是：相关系数矩阵、KMO 检验和巴特利特球度检验、变量共同度量、各因子所解释的原始变量的方差、碎石图、因子载荷矩阵、旋转后的因子载荷矩阵、因子转换矩阵、旋转后的因子载荷图、因子得分系数矩阵、因子协方差矩阵。下面对这些结果进行说明。

8.3.1 方法适用性说明

表 8-1 是相关系数矩阵（correlation matrix），由表可知，大部分相关系数都较高，各变量呈较强的线性关系，能够从中提取公因子，适合进行因子分析。

表 8-1 相关系数矩阵

		年末人口数	人均可支配收入	人均消费支出	财政收入	固定资产投资	社会消费品零售总额
相关性	年末人口数	1.000	0.012	0.001	0.635	0.914	0.855
	人均可支配收入	0.012	1.000	0.988	0.608	0.044	0.392
	人均消费支出	0.001	0.988	1.000	0.589	0.025	0.381
	财政收入	0.635	0.608	0.589	1.000	0.594	0.869
	固定资产投资	0.914	0.044	0.025	0.594	1.000	0.864
	社会消费品零售总额	0.855	0.392	0.381	0.869	0.864	1.000

表 8-2 也用于判断能否进行因子分析。表中第一行是检验变量间偏相关性的 KMO 统计量，它用于探查变量间的偏相关性，比较的是各变量间的简单相关和偏相关的大小，取值范围为 0~1。如果各变量间存在内在联系，则由于计算偏相关时控制其他因素就会同时控制潜在变量，导致偏相关系数远远小于简单相关系数，此时 KMO 统计量接近 1，做因子分析的效果好。一般认为当 KMO 大于 0.9 时效果最佳，[0.9, 0.7) 时效果尚可，[0.7, 0.6) 时效果较差，0.5 以下时不适宜做因子分析。本例中的 KMO 值为 0.676，数据进行因子分析基本可以接受。

表 8-2 KMO 检验和巴特利特球度检验结果

KMO 取样适切性量数		.676
巴特利特球度检验	近似卡方	273.205
	自由度	15
	显著性	0.000

表中第二～四行是巴特利特球度检验结果，它用于检验相关阵是否是单位阵，即各变量是否各自独立。如果结论为不拒绝原假设，则说明这些变量可能各自独立提供信息，之间没什么联系，此时不适合作因子分析。在本例中，巴特利特球度检验相应统计量的观测值为 273.205，相应概率 p 值接近 0。如果显著性水平为 0.05，由于 p 值远远小于显著性水平 α，拒绝原假设，因此六个变量并非独立，它们之间有较强的相关关系，这与前面相关系数矩阵提供的信息一致。

8.3.2 基本结果

表 8-3 是共同度量表，是按照所选标准提取相应数量因子后，各变量中信息分别被提取出的比例。由表中数据可知，所有变量的共同度量几乎都在 90% 以上，说明各个变量的信息都提取的比较充分，因此，提取出的公因子对原始变量的解释能力应该是很强的。

表 8-4 是整个输出结果中最重要的部分，表中列出所有的因子按照特征值从大到小的次序排列，依次汇报的是各因子的方差贡献率和累计方差贡献率。

表 8-3　变量共同度量表

	公因子方差	
	初　　始	提　　取
年末人口数	1.000	0.945
人均可支配收入	1.000	0.981
人均消费支出	1.000	0.978
财政收入	1.000	0.877
固定资产投资	1.000	0.924
社会消费品零售总额	1.000	0.971

提取方法：主成分分析法。

表 8-4　各因子所解释的原始变量的方差

成　分	初始特征值			提取载荷平方和			旋转载荷平方和		
	总　计	方差百分比	累积/%	总　计	方差百分比	累积/%	总　计	方差百分比	累积/%
1	3.697	61.620	61.620	3.697	61.620	61.620	3.225	53.752	53.752
2	1.980	32.995	94.615	1.980	32.995	94.615	2.452	40.863	94.615
3	0.197	3.279	97.894						
4	0.080	1.338	99.232						
5	0.036	0.595	99.827						
6	0.010	0.173	100.000						

提取方法：主成分分析法。

在表 8-4 中，第一列是因子编号，后面每三列组成一组，每组中数据项的含义依次是：特征值、方差贡献率、累计方差贡献率。

第一组数据（第 2~4 列）：描述了因子分析初始解的情况。可以看到，第 1 个因子的初始特征值为 3.697，解释原有 6 个变量总方差的 61.620%（即 3.697÷6×100%），累计方差贡献率为 61.620%；第 2 个因子的特征值为 1.980，解释原有 6 个变量的总方差的 32.995%（即 1.980÷6×100%），累计方差贡献率为 94.615%（61.620%+32.995%），说明两个因子总共解释了原始变量方差的 94.615%，表明因子分析效果十分理想；其余数据含义类似。在初始解中由于提取了 6 个因子，因此原有变量的总方差均被解释，最后一个因子的累计方差贡献率为 100%。

第二组数据（第 5~7 列）：描述了因子解的情况。可以看到，由于系统默认选项为选择特征值大于 1 的因子，故本例共提取了 2 个因子，它们共同解释了原有变量总方差的 94.615%。总体上，原有变量的信息丢失较少，因子分析效果较理想。

第三组数据（第 8~10 列）：描述了最终因子解的情况。可见，因子旋转后，总的累计方差贡献率没有改变，但却重新分配了各个因子解释原有变量的方差，改变了各因子的方差贡献，使得因子更易于解释。

图 8-7 被称为碎石图，实际上就是按特征值大小排列的因子散点图，由该图可以直观地看出各个因子特征值的变化趋势：从第 3 个因子开始，其长度相对于前 2 个差异较大。一般情况下，选择碎石图中主轴变化趋势出现拐点的前几个因子作为原始变量的代表，因此取前 2 个因子。

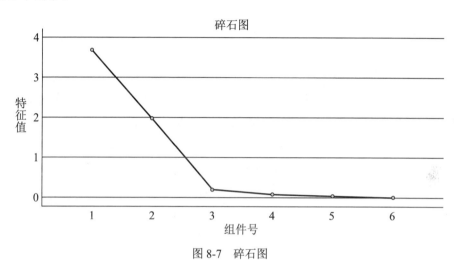

图 8-7　碎石图

8.3.3　因子命名

表 8-5 和表 8-6 分别是因子载荷矩阵和旋转后的因子载荷矩阵。因子载荷矩阵用于反映各个变量的变异主要由哪些因子解释，即给出了在因子分析中需要的因子表达式。本例提出了 2 个因子，它反映了各变量的信息被因子提取了多少，从这两个表可以给出各因子的计算公式。

表 8-5　因子载荷矩阵

	成　分	
	1	2
社会消费品零售总额	0.968	-0.186
财政收入	0.925	0.146
固定资产投资	0.798	-0.536
年末人口数	0.798	-0.556
人均消费支出	0.555	0.819
人均可支配收入	0.569	0.811

表 8-6　旋转后的因子载荷矩阵

	成分	
	1	2
年末人口数	0.971	-0.055
固定资产投资	0.961	-0.038
社会消费品零售总额	0.921	0.349
财政收入	0.711	0.609
人均消费支出	0.059	0.989
人均可支配收入	0.043	0.988

表 8-5 中的各系数实际上就是变量与因子的相关系数，它的平方就表示该因子解释该变量的方差比例，因此，当载荷值小于 0.3 时，说明该因子对该变量变异的解释度不到 10%，从实用的角度可以忽略。根据表 8-5 可以写出本例的因子分析模型：

社会消费品零售总额 $=0.968f_1-0.186f_2$

财政收入 $=0.925f_1+0.146f_2$

固定资产投资 $=0.798f_1-0.536f_2$

年末人口数 $=0.798f_1-0.556f_2$

人均消费支出 $=0.555f_1+0.819f_2$

人均可支配收入 $=0.569f_1+0.811f_2$

由此可知，6 个变量中前面 4 个变量在第 1 个因子上的载荷较高，意味着它们与第 1 个因子的相关程度高；后面 2 个变量与第 2 个因子的相关程度较高，但与第 1 个因子也存在一定相关性。因此，这两个因子的实际含义还比较模糊。

观察表 8-6，在旋转后的因子载荷矩阵中，因子 1 与前 4 个变量的相关程度高，因子 2 与后 2 个变量的相关程度高，旋转后因子的含义更加清楚了，这 2 个因子的可解释性增强。根据对几个变量的分析，因子 1 主要解释了"年末人口数""固定资产投资""社会消费品零售总额""财政收入"这 4 个变量，因子 2 主要解释了"人均消费支出""人均可支配收入"这 2 个变量。因此，可以把因子 1 命名为"经济水平"，把因子 2 命名为"消费水平"。在此，读者可以根据自己对这些变量的理解进行命名，只要适用即可。

表 8-7 是因子转换矩阵，用来说明旋转前后因子间的系数对应关系，据此可以对因子进行相互转换。在分析过程中此表一般不用。

表 8-7　因子转换矩阵

成分	1	2
1	0.852	0.524
2	-0.524	0.852

提取方法：主成分分析法。
旋转方法：凯撒正态化最大方差法。

表 8-8 是因子协方差矩阵。如果是按照正交原则进行的提取，则各因子间的协方差均为 0。如果是斜交，则可应用该协方差矩阵来观察各因子间的联系程度如何。可以看出，两个因子没有线性相关性，实现了因子分析的设计目标。

表 8-8　因子协方差矩阵

成　分	1	2
1	1.000	0.000
2	0.000	1.000

提取方法：主成分分析法。
旋转方法：凯撒正态化最大方差法。
组件得分。

图 8-8 是旋转后的因子载荷图，该图可以方便地解释结果。由图可见"年末人口数""固定资产投资""社会消费品零售总额""财政收入"四个变量集中在远离原点的一个方位上，所以提取出的因子 1 可以说明这些变量的大部分信息；另两个变量"人均消费支出"和"人均可支配收入"集中在远离原点的另一个方位，说明提取出的因子 2 可以说明这两个变量的大部分信息。

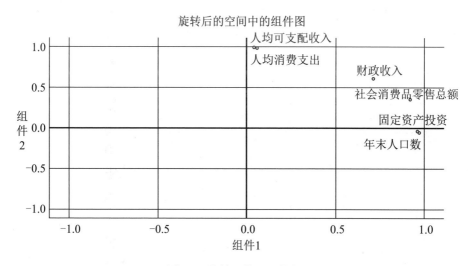

图 8-8　旋转后的因子载荷

注意：在进行因子分析时，并非任何时候都需要旋转，而应当根据具体分析结果的可解释度来加以判断。这个可以通过比较"因子载荷矩阵"（表 8-5）和"旋转后的因子载荷矩阵"（表 8-6）来进行判断。

8.3.4　计算因子得分

按回归法估计的因子得分系数矩阵（component score coefficient matrix）如表 8-9 所示，通过该系数矩阵就可以将所有因子表示为各个变量的线性组合。

表 8-9 因子得分系数矩阵

	成分	
	1	2
年末人口数	0.331	−0.126
人均可支配收入	−0.084	0.430
人均消费支出	−0.089	0.431
财政收入	0.174	0.194
固定资产投资	0.326	−0.117
社会消费品零售总额	0.272	0.057

根据表 8-9，可以写出以下因子得分函数：

$$F_1 = 0.331\ zx_1 - 0.084\ zx_2 - 0.089\ zx_3 + 0.174\ zx_4 + 0.326\ zx_5 + 0.272\ zx_6$$

$$F_2 = -0.126\ zx_1 + 0.430\ zx_2 + 0.431\ zx_3 + 0.194\ zx_4 - 0.117\ zx_5 + 0.057\ zx_6$$

上式在 6 个变量名前都加了 z，用于表明所计算出的是这 6 个变量的标准化值，用以上公式，可以计算每个地区对应的因子 1 和因子 2 的标准化值。在例 8-1 的第 6 步中，我们勾选了【保存为变量（S）】，SPSS 会计算出每个因子的得分，并保存在数据窗口中（图 8-9 中的 "FAC1_1" "FAC2_1"）。因子得分的均值为 0，标准差为 1；正值表示高于平均水平，负值表示低于平均水平。根据上式计算的因子得分和系统自动存储为新变量的结果是完全相同的。

图 8-9 SPSS 计算的因子得分

8.3.5 综合评价

有了因子得分，就可以计算各地区的综合得分，进行评价和排序。首先绘制两因子得分变量的散点图，如图 8-10 所示。

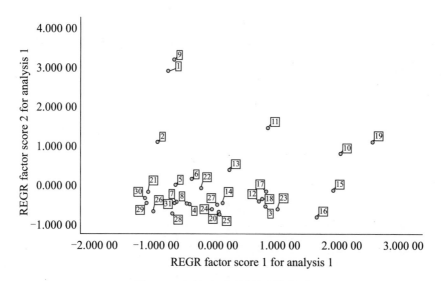

图 8-10　各地区两因子得分散点图

图中每个散点都标出了各地区的序号，具体操作过程为：双击散点图进入编辑状态，选择【元素（M）】→【显示数据标签（D）】选项即可，如图 8-11 所示。如还需其他修改，则可继续在出现的对话框中进行操作。

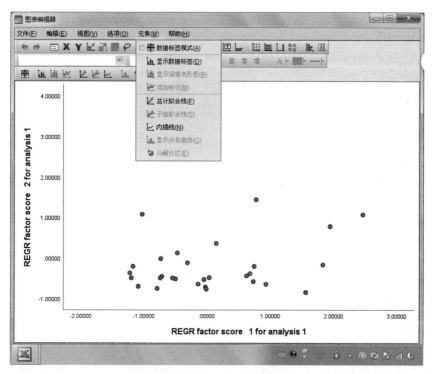

图 8-11　散点图编辑窗口

由图 8-10 可知，9 号样本（上海市）、1 号样本（北京市），以及 19 号样本（广东省）、15 号样本（山东省）和 10 号样本（江苏省）是较为特殊的点，其他样本较相似。上海的因子 2 得分最高，表明其消费水平高于其他省市。

最后，对各地区进行综合评价，采用计算因子加权总分的方法，权数的选择可以根据实际问题由专家组确定，也可以从单纯的数量上考虑，以两个因子的方差贡献率为权数。在此，仅从单纯的数量上考虑，以两个因子旋转后的方差贡献率（表 8-4）为权数进行计算，计算公式为

$$F=53.752/94.615\times F_1+40.863/94.615\times F_2$$

读者可使用 SPSS 软件的计算功能自己进行计算，再对各地区按总得分进行排序。从计算结果的排序可以看出，排在前六位的地区分别是广东、江苏、浙江、山东、上海、北京，如图 8-12 所示。

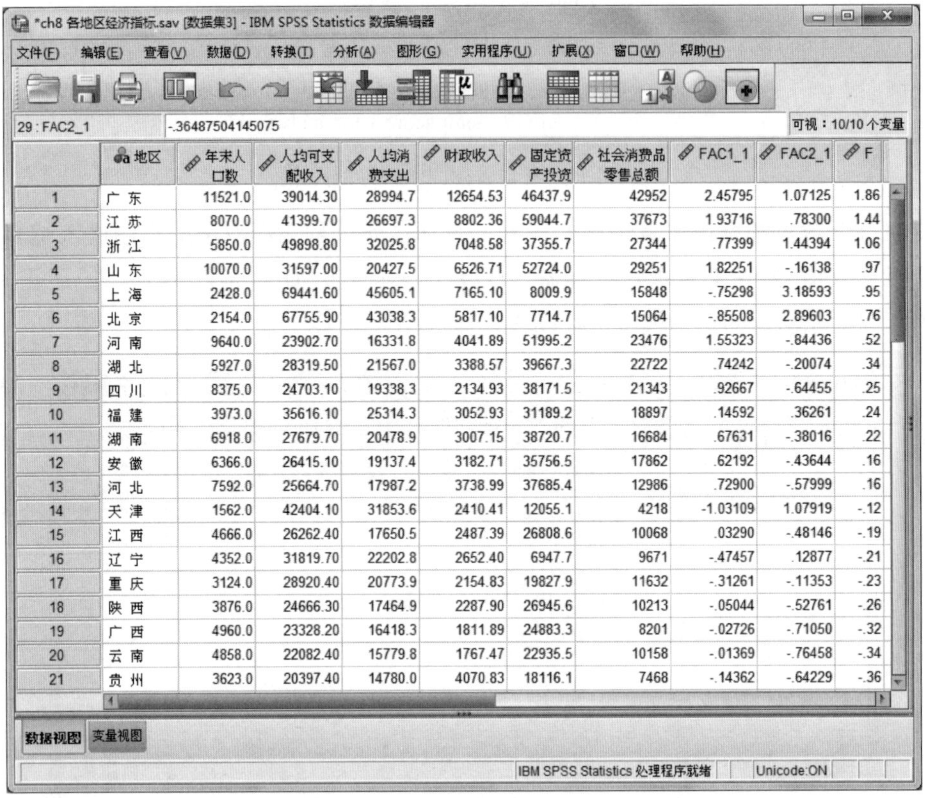

	地区	年末人口数	人均可支配收入	人均消费支出	财政收入	固定资产投资	社会消费品零售总额	FAC1_1	FAC2_1	F
1	广 东	11521.0	39014.30	28994.7	12654.53	46437.9	42952	2.45795	1.07125	1.86
2	江 苏	8070.0	41399.70	26697.3	8802.36	59044.7	37673	1.93716	.78300	1.44
3	浙 江	5850.0	49898.80	32025.8	7048.58	37355.7	27344	.77399	1.44394	1.06
4	山 东	10070.0	31597.00	20427.5	6526.71	52724.0	29251	1.82251	-.16138	.97
5	上 海	2428.0	69441.60	45605.1	7165.10	8009.9	15848	-.75298	3.18593	.95
6	北 京	2154.0	67755.90	43038.3	5817.10	7714.7	15064	-.85508	2.89603	.76
7	河 南	9640.0	23902.70	16331.8	4041.89	51995.2	23476	1.55323	-.84436	.52
8	湖 北	5927.0	28319.50	21567.0	3388.57	39667.3	22722	.74242	-.20074	.34
9	四 川	8375.0	24703.10	19338.3	2134.93	38171.5	21343	.92667	-.64455	.25
10	福 建	3973.0	35616.10	25314.3	3052.93	31189.2	18897	.14592	.36261	.24
11	湖 南	6918.0	27679.70	20478.9	3007.15	38720.7	16684	.67631	-.38016	.22
12	安 徽	6366.0	26415.10	19137.4	3182.71	35756.5	17862	.62192	-.43644	.16
13	河 北	7592.0	25664.70	17987.2	3738.99	37685.4	12986	.72900	-.57999	.16
14	天 津	1562.0	42404.10	31853.6	2410.41	12055.1	4218	-1.03109	1.07919	-.12
15	江 西	4666.0	26262.40	17650.5	2487.39	26808.6	10068	.03290	-.48146	-.19
16	辽 宁	4352.0	31819.70	22202.8	2652.40	6947.7	9671	-.47457	.12877	-.21
17	重 庆	3124.0	28920.40	20773.9	2154.83	19827.9	11632	-.31261	-.11353	-.23
18	陕 西	3876.0	24666.30	17464.9	2287.90	26945.6	10213	-.05044	-.52761	-.26
19	广 西	4960.0	23328.20	16418.3	1811.89	24883.3	8201	-.02726	-.71050	-.32
20	云 南	4858.0	22082.40	15779.8	1767.47	22935.5	10158	-.01369	-.76458	-.34
21	贵 州	3623.0	20397.40	14780.0	4070.83	18116.1	7468	-.14362	-.64229	-.36

图 8-12　各地区的综合评价结果

练　习　题

● 概念辨析

1. 某个特征值占总特征值的比例被称为（　　）。

A. 方差　　B. 方差贡献率　　C. 载荷系数　　D. 因子

2. 用于因子分析的变量必须是（　　）。

A. 独立的　　B. 相关的　　C. 等方差的　　D. 等均值的

3. 在因子分析中，检验变量之间相关性的 KMO 统计量的取值（　　）。

A. 小于 0　　B. 小于 1　　C. 大于 1　　D. 0~1

4. 表 8-10 是根据 6 个变量进行因子分析得到的各因子及其相应的特征值。由该表可得第一个因子的方差贡献率为（　　）。

表 8-10　因子及其特征值

Component	Initial Eigenvalues
1	3.518
2	1.144
3	0.595
4	0.304
5	0.257
6	0.183
合计	6.001

A. 3.518%　　　B. 58.62 %　　　C. 77.69%　　　D. 87.60%

5. 表 8-11 是根据 6 个变量进行因子分析得到的旋转后的因子载荷系数矩阵。由该表可知第一个因子所概括的变量是（　　）。

表 8-11　旋转后因子载荷系数矩阵

	Component	
	1	2
变量 1	0.909	−0.020
变量 2	0.765	0.472
变量 3	0.491	0.685
变量 4	0.836	0.314
变量 5	0.342	0.765
变量 6	−0.027	0.904

A. 变量 1、变量 2 和变量 3　　　　B. 变量 1、变量 2、变量 3 和变量 4
C. 变量 1、变量 4 和变量 2　　　　D. 变量 3、变量 5 和变量 6

6. 在因子分析中，选择因子的标准通常是要求所选因子的累计方差总和占全部方差的（　　）。

A. 50% 以上　　B. 60% 以上　　C. 70% 以上　　D. 80% 以上

7. 从特征值数值的大小角度看，通常要求所选的因子所对应的特征值应该（　　）。

A. 等于 0　　B. 等于 1　　C. 大于 1　　D. 大于 0

8. 因子得分函数是将（　　）。

A. 因子表达为原始变量的总和　　　B. 原始变量表达为因子的总和
C. 原始变量表达为因子的线性组合　D. 因子表达为标准化变量的线性组合

9. 下列关于因子分析的陈述中错误的是（　　）。

A. 因子分析可以有效降低变量维数

B. 因子分析可将众多原有变量综合成较少的几个因子

C. 各因子之间的线性关系不显著

D. 因子分析要求各变量之间不相关

10. 当 KMO（　　）时，不适宜做因子分析。

A. 小于 0.5　　B. 大于 0.7　　C. 大于 0.6　　D. 大于 0.8

- 上机练习

1. 某中学 50 名高中生的 6 门课程考试成绩见文件"上机作业 8.1-高中生考试成绩"。试用 SPSS 软件进行因子分析，要求：

（1）对方法的适用性进行分析，说明数据是否适合进行因子分析，并给出理由；

（2）对因子分析的基本结果进行说明；

（3）进行因子命名并对结果进行解释。

2. 选择一个主题，在《中国统计年鉴》中选择相应变量，进行因子分析。在选择变量时要同时考虑两个问题：一是变量应与主题相关；二是所选变量应该满足因子分析的适用条件。

第九章 聚类分析

> **学习目标：**
> 1. 理解聚类分析的思想，领会聚类分析方法对变量的要求。
> 2. 熟练掌握层次聚类和 K-Means 聚类的使用前提和具体操作。
> 3. 能够读懂 SPSS 的输出结果，解释和分析结果的含义。
> 4. 能够结合专业知识选择合适的变量进行聚类分析。
> 5. 能够运用聚类分析方法进行实际数据分析。

聚类分析是统计学中研究"物以类聚"问题的多元统计分析方法，它能够将一批样本（或变量）数据根据其诸多特征，按照在性质上的亲疏程度，在没有先验知识的情况下进行自动分类，产生多个分类结果。分类后，类内部个体特征具有相似性，不同类间个体特征的差异性较大。

9.1 基本思想

"物以类聚"问题在经济社会研究中十分常见，要理解聚类分析，关键是理解何谓"没有先验知识"及"亲疏程度"。

聚类分析事先没有指定分类标准，它是把没有分类信息的资料按相似程度归类，有一定的探索性。和其他统计分析方法相比，聚类分析具有非常强的实用主义特征，在分类方法和最终类别数的确定上，检验和统计指标并非至关重要，结果是否适用才是最重要的，很多时候只能具体问题具体分析。

"亲疏程度"是在各变量（特征）取值上的总体差异程度。对"亲疏程度"的测度一般有两个角度：一是个体间的相似程度，通常采用简单相关系数或等级相关系数来衡量；二是个体间的差异程度，通常通过某种距离来测度。

9.1.1 变量要求

应用聚类分析方法进行分析时应注意以下几点。

第一，所选择的变量应符合聚类的要求。聚类分析是在所选变量的基础上对样本数据进行分类，因此分类结果是各个变量综合计量的结果。在选择参与聚类分析的变量时，应注意所选变量是否符合聚类的要求。例如，如果希望依照学校的科研情况对高校进行分类，那么应选择参加科研的人数、科研经费、立项课题数、科研成果数、获奖数等变量，而不应选择在校学生人数、校园面积、年用水量等变量。因为它们不符合聚类的要求，分类的结果也就无法真实地反映科研分类的情况。

第二，各变量的变量值不应有数量级上的差异。聚类分析是以各种距离来度量个体间的"亲疏程度"的，使用不同数量级计算出来的距离结果会不同，因此，数量级会对距离产生较大的影响，这将影响最终的聚类结果。为解决这个问题，聚类分析之前应首先消除数量级对聚类的影响，常用的方法是对数据进行标准化处理。

第三，各变量间不应有较强的线性相关关系。聚类分析以各种距离来度量个体间的"亲疏程度"，从各种距离的定义来看，所选择的每个变量都会在距离中作出"贡献"。如果所选变量之间存在较高的线性关系，能够相互替代，那么计算距离时同类变量将重复"贡献"，将在距离中有较高的权重，因而使最终的聚类结果偏向该类变量。

9.1.2 聚类方法

聚类分析所用的方法大致可被分为两类：系统聚类法（hierarchical clustering）和非系统聚类法（non-hierarchical clustering），SPSS 为这两种方法各提供了一个过程。

1. 系统聚类

系统聚类又被称为层次聚类，它的原理是先将所有 n 个变量（样本）看成不同的 n 类，然后将性质最接近（距离最近）的两类合并为一类；再从 $n-1$ 类中找到最接近的两类加以合并，依此类推，直到所有的变量（样本）被合为一类。得到结果后，使用者再根据具体的问题和聚类结果来决定应当分为几类。显然，在系统聚类法中，一旦变量（样本）被划定在了一个类别中，以后它的分类结果就不会再进行更改。

系统聚类法的优点是非常明显的：可以对变量（样本）进行聚类，变量可以是连续或类别变量，提供的距离测量方法和结果表示方法也非常丰富。但是由于它要反复计算距离，当样本量太大或变量较多时，采用系统聚类运算的速度明显较慢。

2. K-均值聚类

非系统聚类法中最常用的是 K-均值聚类法（K-means clustering），这种方法也被称为快速聚类法或逐步聚类法，具体做法如下。

（1）按照指定的希望分类的数量，按某种原则选择（或人为指定）某些样本作为凝聚点，它们将作为今后各类的初始核心。

（2）按就近原则将其余样本向凝聚点凝集，这样得到一个初始分类方案，并计算出各个初始分类的中心位置（均值）。

（3）使用计算出的中心位置重新进行聚类，因此在该方法中，各样本的分类情况会在运算过程中不断改变，分类完毕后再次计算各类的中心位置。如此反复循环，直到凝聚点位置改变很小（达到收敛标准）为止。

9.1.3 注意事项

使用聚类分析方法有几个问题需要说明。

（1）**距离测量方法**：系统聚类法默认的几种距离测量方法和距离指标是比较常用的，如果不清楚其具体含义，可以不做更改，使用默认值即可。

（2）**变量选择**：在做聚类分析前，应从专业角度尽量删去对分类不起作用的变量。并非变量越多越好，因为无关变量的存在可能会影响真实分类的发现，有时会引起严重的错分，原则上应当只引入在不同类间有显著差别的变量。

（3）**共线性问题**：如果变量间存在较强共线性，则可能会对结果有较大的影响，因为这相当于某个变量的权重远远高于其他变量。如果候选变量中的确存在共线性，最好先进行预处理（剔除或提取主成分）再进行聚类分析。

（4）**变量的标准化**：如果用于分析的变量变异程度相差非常大，则变异大的变量会严重影响距离计算结果（相当于其权重大大增加），在这种情况下，需要先对变量进行某种标准化，然后才能进行聚类分析。

（5）**异常值**：异常值对聚类的结果影响较大，应尽力避免。

（6）**分类数**：系统聚类法可以细分到每类只有一例，但这样做没有实际意义，从实用角度出发，类别数在 2~8 类比较合适。

（7）**专业意义**：统计学结论不是最终结论，一定要结合专业知识进行分析，聚类分析尤其如此。使用不同的聚类分析方法可能得到的结果相差很大，单纯从统计学角度是难以判断哪个结果是正确的。

9.2 用 SPSS 进行层次聚类

【例 9-1】根据 2020 年《中国统计年鉴》中城镇居民人均消费支出数据，对全国 31 个省、自治区、直辖市进行聚类分析。相应数据见文件"ch9 各地区城镇居民消费支出"。

分析：在本例中，要将 31 个地区进行分类，因此应该是根据变量对观察到的样本（地区）进行分类。具体分几类还不明确，需要根据结果进行判断。

9.2.1 SPSS 操作步骤

层次聚类又被称系统聚类，可分为合并法和分解法，SPSS 提供的是合并法。使用 SPSS 进行层次聚类的操作步骤如下。

第 1 步：选择【分析（A）】下拉菜单，选择【分类（F）- 系统聚类（H）...】选项。

第 2 步：将用于聚类的所有变量选入【变量（V）】文本框中。把区分样本的标签（本例为"地区"）选入【个案标注依据（C）】文本框中（它将大大增强聚类分析结果的可读性），如图 9-1 所示。对话框中选项说明如下。

图 9-1 【系统聚类分析】对话框

(1)【聚类】：选择聚类类型。

◆【个案（E）】表示进行 Q 型聚类（即根据变量对所观察样本进行分类的聚类方法），这是较为常用的方法，也是 SPSS 的系统默认类型。

◆【变量（B）】表示进行 R 型聚类（即根据样本对多个变量进行分类）。

(2)【显示】：选择输出内容。

◆【统计（I）】表示输出聚类分析的相关统计量。

◆【图（L）】表示输出聚类分析的相关图形。

本例在【聚类】区域中单击【个案（E）】单选按钮，在【显示】区域中将两个复选框全部选中（图 9-1）。

第 3 步：单击【统计（S）...】按钮指定输出哪些统计量，对话框如图 9-2 所示。该对话框中各选项说明如下。

图 9-2 【系统聚类分析：统计】对话框

(1)【集中计划（A）】：表示输出聚类分析的凝聚状态表，相当于聚类过程的详细记录，给出每一步中类合并的具体情况及相应类之间的距离。

(2)【近似值矩阵（P）】：列出观察单位或变量间的距离 / 相似性矩阵。

(3)【聚类成员】：选择是否给出各样本 / 变量的聚类结果列表，默认不给出，可以指定输出具体为若干类的结果，或某一个范围内的分类结果。当样本或变量太多，而分析者又重点关心聚为若干类的情况时，该结果非常有用。

本例只选中【集中计划（A）】复选框（图 9-2），单击【继续（C）】按钮回到【系统聚类分析】对话框。

第 4 步：单击【图（T）...】按钮指定输出哪种聚类分析图，如图 9-3 所示。对话框中各选项说明如下。

图 9-3 【系统聚类分析：图】对话框

（1）【谱系图（D）】：输出聚类分析树状图，该图清晰明了，建议使用。

（2）【冰柱图】：指定输出分类结果冰柱图，其中，【全部聚类（A）】表示输出聚类分析每个阶段的冰柱图，【指定范围内的聚类（S）】表示只输出某个阶段的冰柱图，输入从第几步开始，到第几步结束，中间间隔几步。当要分类的样本或变量较多时，该图会变得一片混乱，建议谨慎使用。

（3）【方向】：指定如何显示冰柱图，其中，【垂直（V）】表示纵向显示，【水平（H）】表示横向水平显示。一般使用默认的纵向显示。

本例选择输出聚类分析树状图，选中【谱系图（D）】复选框，【冰柱图】区域单击【无】单选按钮（图 9-3）。单击【继续（C）】按钮回到【系统聚类分析】对话框。

第 5 步： 单击【方法（M）...】按钮指定距离的计算方法，如图 9-4 所示。对话框中各选项说明如下。

图 9-4 【系统聚类分析：方法】对话框

(1)【聚类方法（M）】：用于选择聚类分析中不同类间距离的测量方法。此处提供了七种不同的方法，分别为组间联接、组内联接、最近邻元素、最远邻元素、质心聚类、中位数聚类、瓦尔德法。SPSS 系统默认为组间联接法，它又被称为类平均法，大量实践证明这是一种非常优秀和稳健的方法，因此一般使用该默认值即可。

(2)【测量】：给出了不同变量类型下个体距离的计算方式。

◆【区间（N）】中的方法适用于定距型变量，SPSS 提供的计算方法有以下几种。

欧氏距离：是两个样本变量值之差的平方和的平方根。

平方欧氏距离：系统默认值，以两变量差值平方和为距离，这种测量方法更重视较大的数值和距离。

余弦：夹角余弦距离。

皮尔逊相关性：以统计量皮尔逊相关系数 r 为距离。

切比雪夫：以两变量值绝对差值的最大值为距离。

块：以两变量绝对差值之和为距离。

明可夫斯基：以两变量绝对差值 p 次幂之和的 p 次根为距离，当 $p=2$ 时即为欧氏距离。

定制：自定义距离，以两个变量绝对差值 p 次方之和的 q 次方根为距离，p 和 q 可任意指定。

以上这些距离计算方法中，一般采用系统默认的平方欧氏距离即可。

◆【计数（T）】中的方法适用于计数型变量，SPSS 提供的计算方法有：

卡方测量：χ^2 距离；

Phi 平方测量：ψ^2 距离，即将 χ^2 距离除以合计频数的平方根。

◆【二元（B）】中的方法适用于二值变量，计算方法略。

(3)【转换值】：用于进行变量标准化处理，当纳入分析的各变量方差相差太大时使用。可用的标准化处理方法在【标准化（S）】中，有以下几种选择。

无：表示不进行任何处理。

Z 得分：表示计算 Z 分数，作标准正态变换，它将各变量值减去均值后除以标准差。标准化后 Z 分数平均值为 0，标准差为 1。

范围 -1 to 1：将数据范围转化为 -1~+1，具体方法为原始数据除以全距。该方法适用于变量值中有负值的变量。

范围 0 to 1：将数据范围转化为 0~1，具体方法为原始数据减去最小值后除以全距。

最大量级为 1：作最大值为 1 的转换，将原始数据除以最大值。

平均值为 1：作均值为 1 的变换，具体方法为将原始数据除以均值。

标准差为 1：作标准差为 1 的变换，具体方法为将原始数据除以标准差。

一般采用标准正态变换。如果参与聚类分析的变量存在数量级上的差异，可在上述方法中选择消除数量级差的方法，并指定处理是针对变量的还是针对样本的，【按变量（V）】表示针对变量，适用于 Q 型聚类分析；【按个案（C）】表示针对样本，适用于 R 型聚类分析。

（4）【转换测量】复选框：对计算出的距离测量指标设置进一步的变换方法，可以为先取绝对值再变换、变换后更改正负号，或者先将取值范围变换为 0~1 再进行变换。一般来说不需要使用这些选项。

本例不进行任何处理。单击【继续（C）】按钮回到【系统聚类分析】对话框。

第 6 步：单击【保存（A）...】按钮，可将聚类分析的结果以变量的形式保存到数据编辑窗口中，如图 9-5 所示。

图 9-5 【系统聚类分析：保存】对话框

在【聚类成员】区域选择在原始数据中保留分类结果，其中【单个解（S）】表示指定要分成类时各样本所属的类，【解的范围（R）】表示指定要分成最少类、最多类时各样本所属的类（SPSS 会将分类的结果以变量形式保存到原数据窗口中）。

本例采用系统默认选项【无（N）】（图 9-5），单击【继续（C）】按钮回到【系统聚类分析】对话框。

第 7 步：单击【确定】按钮。至此，完成了层次聚类分析的操作过程，SPSS 将根据用户的选择自动完成聚类分析。

9.2.2 结果解释

使用上述方法进行聚类分析的输出结果为表 9-1、表 9-2 和图 9-6。

表 9-1 层次聚类的缺失值报告

个 案					
有 效		缺 失		总 计	
个案数	百分比	个案数	百分比	个案数	百分比
31	100.0	0	0.0	31	100.0

表9-2 层次聚类的详细步骤

阶段	组合聚类		系 数	首次出现聚类的阶段		下一个阶段
	聚类1	聚类2		聚类1	聚类2	
1	7	8	147 249.750	0	0	7
2	29	31	191 704.620	0	0	13
3	4	16	251 210.380	0	0	5
4	20	25	321 936.590	0	0	14
5	4	28	405 582.690	3	0	16
6	22	23	438 263.080	0	0	15
7	7	27	466 592.765	1	0	12
8	6	17	500 837.300	0	0	11
9	5	15	581 363.660	0	0	17
10	3	14	656 449.640	0	0	20
11	6	18	696 717.240	8	0	17
12	7	30	755 524.997	7	0	13
13	7	29	827 712.380	12	2	18
14	20	24	923 033.815	4	0	16
15	12	22	939 534.800	0	6	19
16	4	20	955 711.189	5	14	18
17	5	6	1 040 010.967	9	11	21
18	4	7	1 306 950.133	16	13	20
19	12	21	1 664 360.727	15	0	21
20	3	4	1 861 805.863	10	18	25
21	5	12	2 393 397.830	17	19	25
22	11	19	2 637 468.680	0	0	24
23	10	13	2 888 351.180	0	0	26
24	2	11	3 133 352.830	0	22	26
25	3	5	4 316 299.202	20	21	27
26	2	10	6 262 317.760	24	23	29
27	3	26	8 008 574.807	25	0	29
28	1	9	8 535 609.890	0	0	30
29	2	3	31 103 839.401	26	27	30

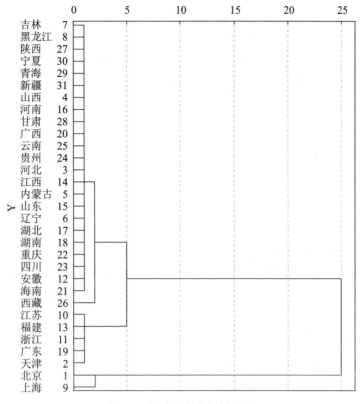

图 9-6 层次聚类分析树状图

表 9-1 是缺失值报告，也是"相似程度记录汇总表"，这一过程分析主要在后台进行，在输出结果上看不出来什么，所以，这张表没有什么作用。

表 9-2 给出的是聚类分析的详细步骤。可见第一步是样本 7 和 8 合并，第二步是样本 29 和 31 合并，依次类推，直到全部合为一类。

图 9-6 是聚类分析树状图，图中横向距离表示差异的大小，树状结构则表示分类情况，根据图中结果，可以将这些地区分为三类（表 9-3）。

表 9-3 全国 31 个省（区、市）层次聚类分析结果（按城镇居民人均消费支出分类）

分类情况	地 区	地区个数
第一梯队	北京、上海	2
第二梯队	江苏、福建、浙江、广东、天津	5
第三梯队	吉林、宁夏、黑龙江、陕西、河北、河南、甘肃、安徽、江西、贵州、广西、云南、湖北、山西、重庆、四川、海南、青海、新疆、辽宁、山东、内蒙古、湖南、西藏	24

这样的分类结果与我们的直观认识基本一致，即处于不同经济发展水平的地区，其消费水平必然存在差异。在我国的经济发展过程中，北京和上海由于其政治优势和地理位置优势，无疑充当了经济发展的排头兵作用，其中北京是我国的政治中心、上海是金融中心，我们称之为中国经济发展的"第一梯队"。其次是江苏、福建、浙江、广东、天津 5 个地区，其中：天津属于直辖市，长期以来也享受了国家的多项优惠政策；广东和福建由于地处东南沿海，改革开放之初的政策倾斜，以及地理位置优势带来的巨大便利，使得其

经济水平在改革开放的前二十年得到了迅速发展；而浙江和江苏两省的经济水平则在 20 世纪 90 年代之后，由于我国将推动经济发展的政策重心由南部向东部转变而得到了飞速发展，如今包含江、浙、沪在内的长三角洲地区已经成为我国经济发展的重要引擎。我们将这 5 个地区称之为中国经济发展的"第二梯队"。其他 24 个地区属于"第三梯队"，包括所有的中西部省份，以及部分东部省份，经济发展不及两个梯队。

9.3 用 SPSS 进行 K-Means 聚类

【例 9-2】根据 2020 年《中国统计年鉴》中城镇居民人均消费支出数据，采用 K-Means 聚类法对全国 31 个省、自治区、直辖市进行分类，并对结果进行分析。相应数据见文件"ch9 各地区城镇居民消费支出"。

分析：K-Means 聚类法需要指定分类的数量，前面采用层次聚类我们把 31 个省、自治区、直辖市分成了三类，因此我们指定分类数量为三类。

9.3.1 SPSS 操作步骤

第 1 步：选择【分析（A）】→【分类（F）-K-均值聚类…】选项，进入【K 均值聚类分析】对话框。

第 2 步：将用于聚类的所有变量选入【变量（V）】文本框；把区分样本的标签变量（本例为"地区"）选入【个案标注依据（B）】文本框；在【聚类数（U）】文本框输入想要分类的数目（本例为 3），如图 9-7 所示。图中其他选项说明如下。

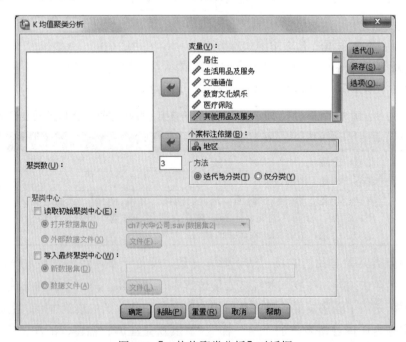

图 9-7 【K 均值聚类分析】对话框

(1)【方法】：选择聚类方法。

◆【迭代与分类（T）】表示在初始类中心的基础上不断迭代和更换中心位置，从而将观察单位分配到最近的类别中去，是 SPSS 的系统默认类型。

◆【仅分类（Y）】表示只使用初始类中心对观察单位进行分类，可以节省运算时间。

(2)【聚类中心】：定义类中心坐标。

◆【读取初始聚类中心（E）】用于指定数据文件中的观察值为初始类中心坐标。

◆【写入最终聚类中心（W）】用于将分析结果中的类中心坐标数据存入指定文件。

本例使用系统默认选项，不做其他修改。

第 3 步： 单击【迭代（I）...】按钮确定终止聚类的条件，如图 9-8 所示。各选项说明如下。

(1)【最大迭代次数（M）】：设定最大迭代次数，系统默认值为 10。

(2)【收敛准则（C）】：设定收敛标准，此处显示为 0，实际系统默认值为 0.02，当类中心距离变化的最大值小于最小的初始类中心坐标值的 2% 时，迭代即停止。

(3)【使用运行平均值（U）】：如果选中该复选框，则程序在每确定一个样本的分类后立刻重新计算新的类中心，会对分类结果有影响，因而一般不选。

本例使用系统默认选项，不做更改，单击【继续（C）】按钮回到【K 均值聚类分析】对话框。

图 9-8 【K- 均值聚类分析：迭代】对话框

第 4 步： 单击【保存（S）...】按钮，将聚类分析的部分结果以 SPSS 变量的形式保存到数据编辑窗口中，如图 9-9 所示。其中，【聚类成员（C）】表示保存样本所属类的类号；【与聚类中心的距离（D）】表示保存样本与所在类中心的距离，可通过该距离评价聚类的效果。本例选中【聚类成员（C）】复选框，单击【继续（C）】按钮回到【K 均值聚类分析】对话框。

图 9-9 【K- 均值聚类：保存】对话框

第 5 步：单击【选项（O）...】按钮，确定输出哪些分析结果和缺失值的处理方式，如图 9-10 所示。图中各选项说明如下。

图 9-10 【K-均值聚类分析：选项】对话框

（1）【统计】，可选的统计量有：
◆【初始聚类中心（I）】表示输出初始类中心点；
◆【ANOVA 表】表示以聚类分析产生的类为控制变量，以聚类变量为观测变量进行单因素方差分析，并输出各个变量的方差分析表，该分析非常有用；
◆【每个个案的聚类信息（C）】表示输出样本分类信息及距所属类中心点的距离。
（2）【缺失值】：选择对缺失值的处理方法，内容与前面一致，不再赘述。

本例选中【初始聚类中心（I）】和【ANOVA 表】复选框，缺失值处理方式采用系统默认选项。单击【继续（C）】按钮回到【K 均值聚类分析】对话框。

第 6 步：单击【确定】按钮。至此，完成了 K-Means 聚类分析的全部操作过程，SPSS 将根据用户的选择自动完成聚类分析。

注：若聚类前需要对原始数据标准化，操作为选择【分析（A）】→【描述统计（E）】→【描述（D）...】选项，将需要标准化的变量选入【变量（V）】文本框，单击【将标准化值另存为变量（Z）】→【确定】按钮。

9.3.2 结果解释

使用上述操作过程的输出结果共有 5 张表，分别是：①初始聚类中心，表示三个类中心的初始位置；②迭代历史记录，从中可以看出是迭代几次后收敛；③最终聚类中心，表示最终的类中心位置；④ ANOVA，方差分析表，用于分析类别变量的贡献情况；⑤每个聚类中的个案数目，给出了每一类的样本数。下面仅就最后两张表进行说明。

表 9-4 是我们熟悉的方差分析表。在前面的分析中，我们没有考虑变量的贡献问题，现在，我们不妨考虑这个问题，所有的变量都对分类有贡献吗？如果引入了无关变量，则它们会降低聚类的效果，甚至会导致错误的分析结果。因此，在前面的操作过程中，我们使用【选项（O）...】子对话框中的【ANOVA 表】复选框进行单因素方差分析，以考察这些变量在类间是否有差异。结果如表 9-4 所示。由表中各变量 F 统计量对应的概率 p 值

可以看出，所有变量均显著。

表9-4　31个省（区、市）K-均值聚类结果

	聚　　类		误　　差		F	显著性
	均　　方	自由度	均　　方	自由度		
食品烟酒	36 305 063.353	2	820 231.270	28	44.262	0.000
衣着	850 962.082	2	77 685.595	28	10.954	0.000
居住	142 058 141.721	2	329 706.551	28	430.862	0.000
生活用品及服务	1 589 370.815	2	40 158.791	28	39.577	0.000
交通通信	9 758 324.085	2	147 596.520	28	66.115	0.000
教育文化娱乐	8 416 275.794	2	223 308.256	28	37.689	0.000
医疗保险	2 778 548.647	2	199 234.118	28	13.946	0.000
其他用品及服务	778 018.409	2	15 819.041	28	49.182	0.000

在上述操作结束后，SPSS会自动将各省（区、市）分类标注在数据窗口中，见图9-11中最后一列。

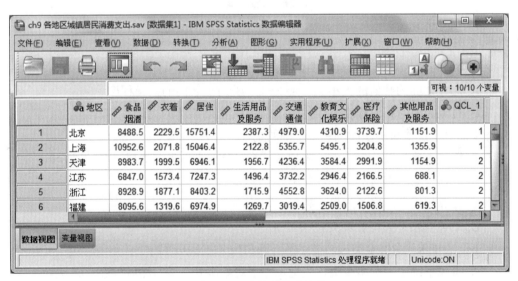

图9-11　K-均值聚类结果

根据以上结果，将资料汇总，得到最终分类结果，如表9-5所示。

表9-5　全国31个省（区、市）K-均值聚类分析结果（按城镇居民人均消费支出分类）

分类情况	地　　区	地区个数
第一梯队	北京、上海	2
第二梯队	天津、江苏、浙江、福建、广东	5
第三梯队	吉林、宁夏、黑龙江、陕西、河北、河南、甘肃、安徽、江西、贵州、广西、云南、湖北、山西、重庆、四川、海南、青海、新疆、辽宁、山东、内蒙古、湖南、西藏	24

与表 9-3 相比，两种聚类分析结果完全相同[①]。

在 9.1.3 节中，我们说明了在进行聚类分析时需要注意的几个问题，下面对其中部分进行讨论。

第一，变量选择问题。在聚类分析之前，应从专业角度尽量删去对分类不起作用的变量，无关变量的存在可能会引起严重的错分。本案例选用的是国家统计局消费支出的八大类数据，因此，没有对变量进行删除。

第二，共线性问题。如果变量间存在较强共线性，则可能会对结果有较大的影响。为此我们计算了 8 个变量的相关系数，发现一些变量之间的确存在线性相关关系，相关系数最大的为 0.919（$r_{其他用品及服务 \times 交通通信}=0.919$），且在 1% 的水平上显著，但是并没有删除相应变量，因为我们认为从专业角度来看，这些变量可以保留。

第三，专业意义。聚类分析一定要结合专业知识进行分析，这也是第二条解释的依据之一。

此外，聚类分析一般都不会单独使用，往往还需要与其他统计方法一起综合起来对社会经济现象进行分析。

练 习 题

- **概念辨析**

  1. 聚类分析时将对象进行分析的依据是（　　）。
     A. 对象之间的数值的大小　　　　B. 对象之间的差异程度
     C. 对象之间的相似程度　　　　　D. 类间距离的远近

  2. 下面关于层次聚类法的描述不正确的是（　　）。
     A. 事先不确定要分多少类，先把每一个对象作为一类，然后一层一层分类
     B. 根据运算的方向不同有合并法和分解法
     C. 计算量较大，聚类效率不高
     D. 聚类效果不如均值聚类

  3. 下面关于 K-均值聚类法的描述不正确的是（　　）。
     A. 事先不确定要分多少类，先把每一个对象作为一类，然后一层一层分类
     B. 要求研究者先指定需要划分的类别个数
     C. 计算量较小，效率比层次聚类要高
     D. 类别数目的确定具有一定的主观性

  4. 进行聚类分析时，要求各变量的取值（　　）。
     A. 应该有较强的相关关系　　　　B. 应该有数量级上的较大差异
     C. 不应该有数量级上的较大差异　D. 应该接近相等

[①] 当然，也会存在两种聚类分析方法的结果出现不同的情况，但是一般来说，差异不会太大。同学们可以在将来的数据分析过程中进行比较。

5. 一般来说，在所分的类别中，各类别所包含的对象（样本或变量）的数量（　　）。
   A. 应该相等　　　　　　　　　　B. 应该有较大差异
   C. 不应该有较大差异　　　　　　D. 应该接近 0

● 上机练习

1. 根据 2023 年《中国统计年鉴》中的数据，按照农村居民收入水平，对我国 31 个省、自治区、直辖市进行聚类分析。要求：

（1）使用层次聚类法，画出层次聚类树状图，并进行分析；

（2）选择合适的分类数量，使用 K-Means 聚类法，根据方差分析表分析各变量的贡献，将不显著的变量剔除后再重新聚类，比较剔除变量前后分类结果的差异。

2. 根据 2023 年《中国统计年鉴》中提供的数据，选择合适的变量，对我国 31 个省、自治区、直辖市进行聚类分析。具体要求同上。

思考：比较使用不同变量进行聚类分析的结果。

第二篇
统计分析案例

第十章 数据来源及分析步骤

> **学习目标：**
> 1. 了解并熟悉常用数据库。
> 2. 学会结合自己的兴趣选择合适的数据进行统计分析。
> 3. 掌握利用 SPSS 进行数据分析的基本步骤。

对于应用统计方法进行分析的人员来说，相当一部分统计数据不必亲自进行统计调查，可取自有关统计部门和机构发布的统计调查资料。利用二手数据需要注意以下几点：第一，要注意数据的权威性，尽可能使用权威机构发布的统计数据，如果不是十分必要，尽量不要使用别人处理过的数据，因为这些处理可能会有错误；第二，要注意数据的统计口径及其合理性，使用统计口径不一致的数据进行分析会产生错误的结果，如在使用全国各省、自治区、直辖市的时间序列数据时，要注意数据所属时间，如重庆市被列为直辖市前后，四川省的数据经过了调整；第三，一定要注明数据的来源，以尊重他人的劳动成果。

10.1 宏观数据

在我国，公开出版的社会经济统计数据主要来自国家和地方的统计部门。例如，公开的出版物有《中国统计年鉴》《中国统计摘要》《中国社会统计摘要》《中国工业经济统计年鉴》《中国农村统计年鉴》《中国县（市）社会经济统计年鉴》《中国人口统计年鉴》《中国市场统计年鉴》《地方统计年鉴》《中国金融年鉴》等各类年鉴。提供世界各国社会和经济数据的出版物也有很多，如《国际统计年鉴》《世界经济年鉴》《国外经济统计资料》，世界银行各年度的《世界发展报告》等。联合国的有关部门及世界各国也定期出版各种统计数据。各种年鉴一般反映年度数据，时效性略差。反映我国经济社会动态的数据可由《中国统计》《中国经济景气月报》《中国经济数据分析》等期刊获得。

在计算机与网络技术飞速发展的今天，互联网已成为获得统计数据的重要途径。目前，许多经济管理类数据可以从网上直接或间接获得，如以下几个。

中华人民共和国国家统计局数据网站：http://data.stats.gov.cn/。

中国统计信息网：http://www.cnstats.org/。

中国经济信息网：http://www.cei.gov.cn/。

中国产业经济信息网：http://www.cinic.org.cn/。

中国经济新闻网：http://www.cet.com.cn/。

世界银行数据库（World Bank Open Data）：http://www.worldbank.org/data/。

联合国统计年鉴（Statistics Yearbook）：http://www.un.org/Depts/unsd/mbsreg.htm。

除了从网上获取数据，还可以从有关数据库获得相关信息。数据库建设是国家经济信息化建设的一项重要的基础性工作，由有关公司组织开发，向社会提供有偿服务。目前，主要的经济统计数据库有以下几个。

1. 中国经济与社会发展统计数据库

中国知网——中国经济与社会发展统计数据库将我国境内的权威统计年鉴（资料）进行大规模数字化和整合出版，不仅集成了普通电子数据库的主要优点，还通过对每个统计图表提供的 Excel 格式，让统计数据的利用发挥到最大的效益。除统计年鉴外，该数据库也收录有很多其他数据，包括部门（产业）年鉴/报告数据、国家（省、市）统计局最新季月度数据、国际数据。中国经济社会发展统计数据库是一个集统计数据资源整合、数据深度挖掘分析及多维度统计指标快捷检索等功能于一体的汇集我国国民经济与社会发展统计数据的大型统计资料数据库，文献资源覆盖了我国经济社会发展的 32 个领域/行业，囊括了我国所有中央级、省级及其主要地市级统计年鉴和各类统计资料（普查资料、调查资料、历史统计资料汇编等）。

相关网址：https://data.cnki.net/。

2. 中经网统计数据库

中经网数据中心成立于 1998 年，是国家信息中心中经网组建的专业从事经济数据资源开发和服务的机构，承担着为政府及政府研究机构提供数据支持、数据资料分析整合等业务，是代表国家信息中心中经网对社会提供经济数据信息服务的平台。中经网统计数据库是一个经过专业化处理、组织而形成的综合经济数据库群。其根据内容和频度划分为"全国宏观经济月度库""全国宏观年度库""分省宏观月度库""分省宏观年度库""海关月度库""城市年度库""县域年度库""OECD 月度库"和"OECD 年度库" 9 个子库，内容涵盖宏观经济、产业经济、区域经济及世界经济等多个领域，内容全面。是一个面向社会各界用户提供全面、权威、及时、准确的经济类统计数据信息的基础资料库。

相关网址：http://db.cei.cn/。

3. 中经网产业数据库

中经网产业数据库涵盖宏观、农业、煤炭、石油、电力、石化、钢铁、有色、机械、汽车、车船、电子、家电、建材、造纸、食品、纺织、医药、房地产、金融、保险、交通、旅游、商贸等 24 个行业的经济统计数据。数据来源于国家发改委、海关总署、人民银行、交通部、商务部、国家和各地方统计局，以及各行业协会等官方数据发布机构。频度包含月度、季度和年度数据，地域覆盖全国和主要省市，数据长度可追溯到最早发布时点。中经网产业数据库按照分析研究人员的使用习惯组织层次，有目的地提取和组合指标，汇集了行业概况、绩效、投资、产销、价格、对外贸易和能源消耗等方面，便于产业研究人员掌握行业发展轨迹，节省产业研究人士的收集数据、处理数据以及分析数据的时间。

相关网址：https://cyk.cei.cn/jsps/Default。

4. 国研网统计数据库

国研网统计数据库简称"国研数据"，是国研网在全面整合我国各级统计职能部门所提供的各种有关中国经济运行数据的基础上，历经数年研究开发、优化整合后推出的大型数据库集群，对国民经济的发展及运行态势进行了立体、连续、深度的展示。它由宏观经济数据库、金融统计数据库、重点行业数据库、对外贸易数据库、区域经济数据库、产品产量数据库、工业统计数据库、国有资产管理数据库、财政税收数据库、人口与就业数据库、居民收支与价格数据库、教育统计数据库、世界经济数据库等内容构成。其主要特点是：数据内容丰富全面，涵盖国民经济的各个方面；所有数据均源自于国家权威统计部门提供的信息资料；数据库指标体系的设计遵循分析研究的逻辑推衍；数据的校验实行严格的三级审查制度，确保统计数据准确无误；月度、季度、年度数据都在国家规定的解密时间后及时更新；各数据库都提供经过专业化处理、长度充足的时间序列数据，系统有序；提供多维检索方式，实现对数据的立体查询，并可以 Excel 格式导出下载。

相关网址：https://data.drcnet.com.cn/。

5. EPS 数据平台

EPS（Express Professional Superior）数据平台是集丰富的数值型数据资源和强大的分析预测系统为一体的覆盖多学科、面向多领域的综合性统计数据与分析平台。它包含 93 个数据库，391 个子库，涉及 40 多个领域，30 多个一级学科；数据总量超 80 亿条，每年新增近 2 亿条，约 80% 数据全网首发更新；有十多种数据可视化图表和数字地图，近 30 种数据处理与分析工具。

相关网址：http://olap.epsnet.com.cn/index.html。

6. 中国自然资源数据库

该数据库依托于"资源学科创新平台"，由中国科学院"十三五"信息化专项提供支持，中科院地理科学与资源研究所承建。资源学科创新平台以资源学科与信息化的融合为手段，进行资源学科领域数据资源的深度集成整合。平台内包括图形数据库、自然资源及其开发利用相关数据库、生态环境数据、全球数据、典型示范专题库、全球数据专题库、遥感及地表参数、典型区域数据、人口与劳动力专题库、社会发展专题库、地理背景专题库、基础地理数据、社会经济数据等。

相关网址：http://www.data.ac.cn/server/database.html。

7. 中宏数据库

中宏数据库是由国家发展和改革委员会所属的中国宏观经济学会、中弘基金、中国宏观经济信息网、中宏经济研究中心联合研发。中宏数据库是一个巨型的经济数据库，包括 19 类大库、74 类中库，具体可参见其网站介绍。其中，统计数据库由宏观、金融、地区、行业、国际 5 个大类、15 个子栏目组成，以时间序列和图表方式为用户提供最快、最新、最全的经济数据。

相关网址：http://edu.macrochina.com.cn/login.html。

8. CSMAR 数据库

CSMAR 数据库（China Stock Market & Accounting Research Database）是深圳希施玛数据科技有限公司从学术研究需求出发，借鉴 CRSP、COMPUSTAT、TAQ、THOMSON 等权威数据库专业标准，并结合我国实际国情开发的经济金融领域的研究型精准数据库。目前，CSMAR 数据库已涵盖因子研究、人物特征、绿色经济、股票、公司、海外、资讯、基金、债券、行业、经济、商品期货等19大系列，包含200多个数据库、4 000多张表、6万多个字段。

相关网址：http://www.gtarsc.com/。

9. CCER经济金融数据库

CCER经济金融数据库是色诺芬公司联合北京大学中国经济研究中心推出的研究型数据库。该数据库覆盖我国宏观、微观市场经济金融数据，遵循学术研究使用习惯，设计迎合市场需求的数据产品。目前数据库数据主要分成四大模块："一带一路"、标准数据、特供数据、合作产品。其中标准数据库分为A股市场、港股市场、沪/深港通数据、新三板数据（中小企业）、货币市场、行业数据、宏观数据、期货数据、基金市场、债券市场、权证数据、央企高管、理财产品和海外上市15个版块，特供数据库提供中国工业企业数据库、海关进出口数据库、县级财政数据库、专利数据库、环境数据库和旅游数据库，"一带一路"数据库由"一带一路"沿线国家概况、数据服务、新闻资讯、政策环境组成，为实证研究提供高效多元的数据服务。

相关网址：http://new.ccerdata.cn/。

10. 其他数据库

高校财经数据库（INFOBANK）于1995年在中国香港成立，是一家专门收集、处理及传播我国商业、经济信息的香港高科技企业，包括12个大型专业数据库。相关网址：http://www.bjinfobank.com/indexShow.do?method=index。

慧科新闻（报纸）数据库，由慧科公司提供，将新闻按内容进行分类整理。相关网址：http://cn.wisesearch.wisers.net.cn/。

10.2 微观数据

目前，使用微观数据进行实证研究越来越受到学者们的青睐。一些高校、研究机构，以及国家相关部委已经围绕我国社会经济各领域，在全国范围内进行了各种主题的抽样调查。这些微观数据一般都对学术界公开，使用者可通过自主申请的方式获取相关数据，这为研究者使用微观数据进行实证分析提供了良好的数据基础。下面对其中的部分调查数据进行简单介绍。

1. 中国健康与养老追踪调查

中国健康与养老追踪调查（China Health and Retirement Longitudinal Survey，CHARLS）是由北京大学国家发展研究院主持、北京大学中国社会科学调查中心与北京大学团委共同执行的大型跨学科调查项目，是国家自然科学基金委资助的重大项目，旨在收集一套代表我国45岁及以上中老年人家庭和个人的高质量微观数据，用以分析我国人口老龄化问题，推动老龄化问题的跨学科研究，为制定和完善我国相关政策提供更加科学的基础。

CHARLS曾于2008年在分别代表我国东西部典型国情的浙江、甘肃两省开展预调查；全国基线调查于2011年开展，于2011年、2013年、2015年和2018年分别在全国28个省（自治区、直辖市）的150个县、450个社区（村）开展调查访问，至2018年全国追访完成时，其样本已覆盖总计1.24万户家庭中的1.9万名受访者。

此外，CHARLS还曾在2014年组织并实施了"中国居民生命历程调查"、2016年开展"共和国初期基层经济历史调查"两项全国性专项访问，亦完全覆盖上述样本地区。2017年在北京和天津两地开展省级代表性抽样，调查访问对象扩大到家户中的全年龄样本，这是对CHARLS现有样本的补充。

CHARLS的问卷设计参考了国际经验，包括美国健康与退休调查（HRS）、英国老年追踪调查（ELSA），以及欧洲的健康、老年与退休调查（SHARE）等。该项目采用了多阶段抽样，在县/区和村居抽样阶段均采取PPS抽样方法。CHARLS还首创了电子绘图软件（CHARLS-GIS）技术，用地图法制作村级抽样框。

CHARLS问卷内容包括：个人基本信息，家庭结构和经济支持，健康状况，体格测量，医疗服务利用和医疗保险，工作、退休和养老金、收入、消费、资产，以及社区基本情况等。可用于的研究领域包括：社会保障、老龄化问题、人口经济学、卫生经济学，以及其他劳动经济学领域，其数据在学术界得到了广泛的应用和认可。2020年9月23日，CHARLS项目组正式公开发布了CHARLS第四期（2018年）全国追访数据，研究人员可以登录CHARLS网站注册下载数据。

相关网址：http://charls.pku.edu.cn/index.htm。

2. 中国家庭追踪调查

中国家庭追踪调查（China Family Panel Studies，CFPS）由北京大学和国家自然科学基金共同资助，北京大学中国社会科学调查中心（ISSS）实施，是一项全国性、综合性的社会跟踪调查项目。它旨在通过跟踪收集个体、家庭、社区三个层次的数据，反映我国社会、经济、人口、教育和健康的变迁，为学术研究和公共政策分析提供数据基础。

CFPS重点关注我国居民的经济与非经济福利，以及包括经济活动、教育成果、家庭关系与家庭动态、人口迁移、健康等在内的诸多研究主题，是一项全国性、大规模、多学科的社会跟踪调查项目。CFPS样本覆盖25个省（自治区、直辖市），目标样本规模为16 000户，调查对象包含样本家户中的全部家庭成员。CFPS于2008年、2009年两年在北京、上海、广东三地分别开展了初访与追访的测试调查，并于2010年正式开展访问。经2010年基线调查界定出来的所有基线家庭成员及其今后的血缘/领养子女将作为CFPS的基因成员，成为永久追踪对象。CFPS调查问卷共有社区问卷、家庭问卷、成人问卷和少儿问卷四种主体问卷类型，并在此基础上不断发展出针对不同性质家庭成员的长问卷、短问卷、代答问卷、电访问卷等多种问卷类型。

CFPS项目采用计算机辅助调查技术开展访问，以满足多样化的设计需求，提高访问效率，保证数据质量。2021年12月30日，CFPS2020数据测试版发布，发布的数据包括个人库、少儿家长代答库。

相关网址：http://www.isss.pku.edu.cn/cfps/。

3. 中国家庭收入调查数据

中国家庭收入调查数据（China Household Income Projects，CHIP）是北京师范大学中国收入分配研究院（China Institute For Income Distribution）在长期研究中积累的研究资

料，是我国收入分配与劳动力市场研究领域中最具权威性的基础性数据资料。为了追踪中国收入分配的动态情况，中国家庭收入调查已经相继在 1989 年、1996 年、2003 年、2008 年和 2014 年进行了五次入户调查。它们分别收集了 1988 年、1995 年、2002 年、2007 年和 2013 年的收支信息，以及其他家庭和个人信息。这几次调查是由中外研究者共同组织的、关于中国收入不平等研究的组成部分，并且在国家统计局的协助下完成。

该研究项目最初的构想始于 1988 年，最初的调查目的有三个：一是对我国的收入不平等问题进行深入研究，随着经济改革的深入，该问题已经引起越来越多学者的关注；二是培养一些中国年轻的经济学家运用西方实证研究方法；三是通过和国外研究相同问题的学者建立联系来为中国经济学家提供专业发展的机会。调查工作实施于 1989 年春天，它涵盖了 28 个省、自治区、直辖市，包含 9 009 名城市住户（31 827 名家庭成员），10 258 多农村住户（51 352 名家庭成员），这是在我国首次采用国际通用的标准和统计方法进行的收入分配微观抽样调查。农村样本是从国家统计局的全国农村 67 186 个固定样本户中抽选出来的，城镇样本是从国家统计局的全国城镇 34 945 个固定样本户抽选出来，抽样采取了按收入水平排序的等距随机抽样方法。城镇调查点的选择代表了我国不同地区的不同城市条件及不同规模的城镇。城镇问卷包括社会经济特征、职业收入、家庭额外收入、家庭居住条件、家庭支出等五个方面；农村问卷包括家庭基本情况、家庭成员基本情况、有收入家庭成员基本情况、家庭成员的工资收入状况、家庭现金收入状况、家庭实物收入、家庭支出、全家纯收入、家庭资产与负债、出售和消费产品情况、家庭粮食收支情况、家庭购入生产资料、家庭现金支出等内容。相关问卷可以在 CHIP 官网上下载。

所有的 CHIP 数据均包含针对城镇和农村住户的调查。鉴于农村向城镇迁移日渐重要的现实意义，以及城镇和农村住户的子样本并不完全覆盖所有流动人口，2002 年的调查增加了对流动人口的调查。因此，2002 年 CHIP 调查包含了三个子样本。2007 年的调查也采用了同样的方法，也由三个部分组成：城镇住户调查、农村住户调查和流动人口调查。这一结构反映了我国的城乡分割和近 20 年中不断增加的迁移到城镇地区的农村个体数量。

相关网址：http://www.ciidbnu.org/chip/index.asp。

4. 中国健康与营养调查

20 世纪 90 年代，原中国预防医学科学院营养与食品卫生研究所与美国北卡罗来纳大学合作开展了大型开放式队列研究项目：中国健康与营养调查（China Health and Nutrition Survey，CHNS），该调查旨在检验健康、营养和计划生育政策的影响，以及研究中国社会经济的转变如何作用于整个人口健康和营养状况。项目针对同一人群分别于 1989 年、1991 年、1993 年、1997 年、2000 年、2004 年、2006 年、2009 年、2011 年、2015 年进行了十次追访调查，关注了涉及科技民生的新热点，形成了对社会经济状况、卫生服务、居民膳食结构和营养状况等内容进行重复观测的优质数据库，为政府政策制定提供了科学依据，为研究人员提供了丰富的基础研究数据，也为公众了解我国膳食营养的变迁特点及关注的健康问题提供了丰富的信息服务。这些数据可以在 CHNS 官网上下载。现在，国际一些优秀的刊物很多文章也参考了这个数据。

相关网址：http://www.cpc.unc.edu/projects/china/。

5. 中国老年人口健康状况调查项目

中国老年健康影响因素跟踪调查（CLHLS）简称"中国老年健康调查"，是由北京大学健康老龄与发展研究中心/国家发展研究院组织的老年人追踪调查，调查范围覆盖全国23个省、自治区、直辖市，调查对象为65岁及以上老年人和35~64岁成年子女，调查问卷分为存活被访者问卷和死亡老人家属问卷两种。存活被访者问卷的调查内容包括老人及家庭基本状况、社会经济背景及家庭结构、经济来源和经济状况、健康和生活质量自评、认知功能、性格心理特征、日常活动能力、生活方式、生活照料、疾病治疗和医疗费承担；死亡老人家属问卷的调查内容包括老人死亡时间、死因等内容。该调查项目在1998年进行基线调查后分别于2000年、2002年、2005年、2008—2009年、2011—2012年、2014年和2017—2018年进行了跟踪调查，最近的一次跟踪调查（2017—2018年）共访问15 874名65岁以上老年人，收集了2014—2018年期间死亡的2 226位老年人的信息。"中国老年健康调查"累计入户访问11.3万人次，其中最需照料的80岁及以上高龄老人占总样本67.4%，其余为较低龄老人和中年对照组；同时访问2.89万位65岁以上已死亡被访老人的直接家庭成员，收集了老人死亡前健康状况、生活质量与医疗和照料需求成本等详细数据。

相关网址：https://opendata.pku.edu.cn/dataset.xhtml?persistentId=doi:10.18170/DVN/WBO7LK。

6. 中国综合社会调查

中国综合社会调查（Chinese General Social Survey，CGSS）是我国最早的全国性、综合性、连续性学术调查项目，由中国人民大学中国调查与数据中心负责执行。遵照国际标准，自2003年起每年一次对中国大陆各省、自治区、直辖市10 000多户家庭进行连续性横截面调查。在CGSS年度调查的基础上，中国调查与数据中心联合全国各省市区的40多家大学及科研究机构组成了中国社会调查网络，开创了在我国组织大规模全国性调查的新模式。

CGSS系统、全面地收集社会、社区、家庭、个人多个层次的数据，总结社会变迁的趋势，探讨具有重大科学和现实意义的议题，推动国内科学研究的开放与共享，为政府决策与国际比较研究提供数据资料，充当了多学科的经济与社会数据采集平台，开创了我国大型学术调查数据开放与共享之先河。CGSS数据的用户包括世界各国经济学、社会学、人口学、政治学、管理学、新闻学、心理学、劳动人事学、地理学、历史学、人类学以及其他学科的学者、学生及其他人员。

相关网址：http://cgss.ruc.edu.cn/xmjs/xmgk.htm。

7. 中国家庭金融调查项目

中国家庭金融调查（China Household Finance Survey，CHFS）是中国家庭金融调查与研究中心在全国范围内开展的抽样调查项目，旨在收集有关家庭金融微观层次的相关信息，主要内容包括住房资产与金融财富、负债与信贷约束、收入与消费、社会保障与保险、代际转移支付、人口特征与就业及支付习惯等相关信息，以便为学术研究和政府决策提供高质量的微观家庭金融数据，对家庭经济、金融行为进行全面细致的刻画。

自 2011 年起，该调查已成功实施六轮，样本分布于 29 个省、355 个县（区、县级市）、1 428 个社区；覆盖 40 011 户家庭及 12.7 万个个体；具有全国、省级和副省级城市代表性。2023 年，第七轮调查已经开启。

目前 2011—2019 年五个年度的家庭金融调查数据库已面向校内外的研究人员开放申请。以学术研究为目的的研究人员可在中心网站数据中国家庭金融调查与研究中心注册申请数据。

相关网址：https://chfs.swufe.edu.cn/index.htm。

8. 中国流动人口动态监测调查数据

中国流动人口动态监测调查数据（China Migrants Dynamic Survey，CMDS），是国家卫生健康委自 2009 年起一年一度大规模全国性流动人口抽样调查数据，覆盖全国 31 个省（区、市）和新疆生产建设兵团中流动人口较为集中的流入地，每年样本量近 20 万户，内容涉及流动人口及家庭成员人口基本信息、流动范围和趋向、就业和社会保障、收支和居住、基本公共卫生服务、婚育和计划生育服务管理、子女流动和教育、心理文化等。此外还包括流动人口社会融合与心理健康专题调查、流出地卫生计生服务专题调查、流动老人医疗卫生服务专题调查等。

国家卫生健康委流动人口服务中心会定期向社会发布数据。政府部门、科研机构、高校及其所属事业单位（或内设机构）、具有独立法人资格的企业、民政登记的社会组织均可以按要求申请使用数据，但不接受以个人名义提交的数据申请。对已经申请过数据的单位，一般须有成果产出且报给流动人口服务中心备份，方可参加新数据的申请。

相关网址：https://www.chinaldrk.org.cn/wjw/#/home。

除了上述各类微观数据之外，还有许多其他调查数据。例如，由中国社会科学院劳动与人口研究所组织的中国城镇劳动力市场调查数据，由全国妇联和国家统计局组织的中国妇女社会地位调查，由中山大学社会科学调查中心组织的中国劳动力动态调查（China Laborforce Dynamics Survey，CLDS），由麦可思（MyCOS）公司组织的中国大学毕业生求职与工作能力调查数据，由零点指标组织的各项调查数据等。

10.3　数据分析的基本步骤

获取数据之后就可以对数据进行统计分析了。前面 9 章介绍了使用 SPSS 软件进行统计分析的一些基本方法，SPSS 软件是一种专业性较强的统计软件，学习和应用它时必须了解和掌握必要的统计学专业知识及数据分析的一般步骤和原则，这样才能够避免滥用和误用，不致因引用偏差甚至错误的数据分析结论而作出错误的决策。

10.3.1　数据分析的一般步骤

数据分析一般经过收集数据、加工和整理数据、分析数据等三个主要阶段，统计学对此有非常完整和严谨的论述。在数据分析的实践中，用统计学的理论指导应用是必不可少的,也是极为重要的。数据分析的步骤一般包括以下几个方面。

1. **明确数据分析的目标**

明确数据分析目标是数据分析的出发点。明确数据分析目标就是要明确本次数据分析所要研究的主要问题和预期分析目标等。例如:分析不同消费群体的消费行为是否存在显著差异及其原因;分析企业的客户群特征;分析不同学历和专业的大学毕业生的收入差异等。只有明确了数据分析的目标,才能够正确地制定数据采集方案,即应收集哪些数据,应采用怎样的方式收集等,进而为数据分析做好准备。

2. **正确收集数据**

正确收集数据是应从分析目标出发,排除干扰因素,正确收集服务于既定分析目标的数据,准确的数据对于实现数据分析目标将起到关键作用。

3. **加工和整理数据**

在明确数据分析目标的基础上收集到的数据,往往要进行必要的加工整理后才能真正用于分析建模。数据的加工整理通常包括数据缺失值的处理、数据的分组、基本描述统计量的计算、基本统计图形的绘制、数据的变换处理等。通过数据的加工整理,能够大致掌握数据的总体分布特征,这是进一步分析和建立模型的基础。

4. **选择恰当的统计分析方法**

一般数据加工整理完成后就可以进行数据分析了,分析时切忌滥用和误用统计分析方法。滥用和误用统计分析方法主要是由于对方法能解决哪些问题、方法适用的前提、方法对数据的要求不清楚等原因造成的。另外,统计软件的不断普及和应用中的不求甚解也会加重这种现象。因此,在数据分析中应避免"拿来主义",否则,得到的分析结论可能会偏差较大甚至是错误的。

另外,选择多种统计分析方法对数据进行探索性的反复分析也是极为重要的。每一种统计分析方法都有自己的特点和局限性,因此一般需要选择几种方法反复进行分析,仅依据一种分析方法的结果就断然下结论是不科学的。

5. **读懂统计分析结果**

数据分析的直接结果就是统计量,正确理解统计量的统计含义是一切分析结论的基础。正确理解统计量的含义不仅能够帮助人们有效避免毫无根据地随意引用分析结果的错误,同时也是证实分析结论正确性和可信性的依据,而这一切都取决于人们能否正确地把握统计分析方法的核心思想。

另外,将统计分析结果与实际问题相结合也是非常重要的。客观地说,统计方法仅仅是一种有用的数量分析工具,它绝不是万能的。统计方法能否正确地解决各学科的具体问题,不仅取决于应用统计方法或工具的人能否正确地选择统计方法,还取决于他们是否具有深厚的应用背景。只有将各学科的专业与统计分析结果相结合,才能得出令人满意的分析结论。

10.3.2 利用SPSS进行数据分析的步骤

利用SPSS进行数据分析也应遵循数据分析的一般步骤,但涉及的方面主要集中在以下几个阶段。

1. SPSS 数据准备

在该阶段应按照 SPSS 的要求，利用 SPSS 提供的功能准备 SPSS 数据文件，其中包括在数据编辑器中定义 SPSS 数据的结构，录入和修改 SPSS 数据等。

2. SPSS 数据的加工整理

在该阶段，应按照所使用统计分析方法对数据的要求，对数据编辑器中的数据进行必要的预处理。

3. SPSS 数据的分析

该阶段应选择正确的统计分析方法，对数据编辑器中的数据进行分析建模。由于 SPSS 能够自动完成数据建模中的数学计算并自动给出计算结果，因而有效屏蔽了许多对一般应用来说非常晦涩的数学公式，分析人员不必记忆数学公式，这无疑为统计分析方法的广泛应用铺平了道路。

4. SPSS 分析结果的阅读和解释

该阶段的主要任务是读懂 SPSS 结果查看器中的分析结果，明确其统计含义，并结合应用背景知识做出切合实际的合理解释，这一点在实际应用中非常重要。

第十一章 描述统计案例

作　　者：王秀芝、潘艳平
教学目的：掌握不同变量的描述统计方法，学会选择适当的图表对数据进行描述分析。
知识准备：SPSS 软件、描述统计。
知 识 点：描述统计、统计图、统计表。

11.1 农民工与城镇职工的收入差距

11.1.1 案例简介

在中国，农村转移劳动力基本上都是流向城镇务工，他们成为一个新的群体——农民工。我国的特殊国情造就了这个群体数量之大，史无前例，在世界上也绝无仅有。每年春节前后由他们带来的全球最大规模的人口迁徙，也成为社会关注的焦点之一。大规模的农民工成为各大城市制造业、建筑业、服务业的主力军，为我国的经济发展做出了巨大贡献，但是由于种种原因，他们也成为我国经济发展过程中一个身份非常尴尬的群体（他们的收入与城镇居民还存在较大差距）。本案例使用国家统计局农民工监测调查数据及《中国统计年鉴》相关数据，对农民工与城镇职工的收入差距进行分析。[1]

11.1.2 案例分析

提高收入是农民外出务工的最直接原因。长期以来的二元经济结构导致的城乡收入差距是造成我国大规模劳动力在城乡间流动的最直接因素。在此，我们以农民工监测调查数据和宏观经济数据为依据，对我国农民工收入及城乡收入差距情况进行分析，从现象上了解我国的"迁移谜题"[2] 问题。

1. 农民工的就业与收入

由于文化程度不高，制造业和建筑业一直是农民工外出就业的首选行业，2004 年以来，在这两个行业就业的农民工所占比重每年都超过了 50%。虽然农民工就业的行业分布情况变化较小，但在行业分布中却也表现出一定的变化特征。过去十余年，在制造业中就业的农民工比重呈现上升再下降的倒 "U" 型变化趋势，由 2004 年的 30.3% 上升到 2008

---

[1] 本案例为作者的学术专著《中国城镇化进程中的"迁移谜题"及其破解机制研究》中第二章的内容，部分数据进行了更新。
[2] "迁移谜题"是大规模农村劳动力流动并没有缩小城乡收入差距的现象。根据传统理论，劳动力从欠发达地区向发达地区转移有助于经济收敛，但国外的经验研究表明，有些国家的地区间劳动力转移缩小了地区差距，而有些则相反，这一理论和经验研究的矛盾称为"迁移谜题"。在我国，农村劳动力转移规模一直保持逐步上升态势，而与之并存的现象是城乡收入差距的持续扩大，我国近年来的大规模劳动力转移并没有起到经济收敛的作用，"迁移谜题"问题在我国城镇化进程中同样存在。

年的 37.2%，随后又下降为 2020 年的 27.3%；建筑业就业比重则呈"先下降、再上升、再下降"的波浪形变化特征。交通运输、仓储和邮政业，住宿餐饮业近十年的就业比重变化不大，批发零售业就业比重逐年上升，服务业分布比例则呈现震荡波动趋势（表 11-1）。

表 11-1　农民工行业分布（2004—2020 年）　　　　　单位：%

年 份	制造业	建筑业	交通运输、仓储和邮政业	批发零售业	住宿餐饮业	居民服务和其他服务业
2004	30.3	22.9	3.4	4.6	6.7	10.4
2008	37.2	13.8	6.4	9.0	5.5	12.2
2009	36.1	15.2	6.8	10.0	6.0	12.7
2010	36.7	16.1	6.9	10.0	6.0	12.7
2011	36.0	17.7	6.6	10.1	5.3	12.2
2012	35.7	18.4	6.6	9.8	5.2	12.2
2013	31.4	22.2	6.3	11.3	5.9	10.6
2014	31.3	22.3	6.5	11.4	6.0	10.2
2015	31.1	21.1	6.4	11.9	5.8	10.6
2016	30.5	19.7	6.4	12.3	5.9	11.1
2017	29.9	18.9	6.6	12.3	6.2	11.3
2018	27.9	18.6	6.6	12.1	6.7	12.2
2019	27.4	18.7	6.9	12.0	6.9	12.3
2020	27.3	18.3	6.9	12.2	6.5	12.4

数据来源：2004 年数据来自国务院研究室课题组（2006），其他年份的数据来自历年《农民工监测调查报告》。

图 11-1 给出了 2003—2020 年农民工的收入及增长情况。由图可知，农民工的人均月收入一直保持逐年增加趋势，而且在一些年份的增长速度较快。2010 年，农民工人均月收入的增长率达 19.3%，剔除物价上涨因素[1]，实际增长率为 15.5%，比同年度城镇国有单位就业人员平均实际工资增长率 8.9%[2] 高出 6.6 个百分点，比城镇集体单位就业人员实际工资增长率（12.9%）高 2.6 个百分点。2011 年，农民工人均月收入增长率达 21.2%，剔除物价上涨因素，实际增长率为 15.0%[3]，比同年度城镇国有单位就业人员平均实际工资增长率 7.7%[4] 高出 7.3 个百分点，比城镇集体单位就业人员实际工资增长率高 1.1 个百分点。

---

[1] 2010 年居民消费价格指数为 103.3%。数据来自国家统计局网站《2010 年国民经济和社会发展统计公报》，网址链接：http://www.stats.gov.cn/tjsj/tjgb/ndtjgb/qgndtjgb/201102/t20110228_30025.html。
[2] 数据来源：2011 年《中国统计年鉴》。2010 年，城镇单位就业人员平均实际工资指数（上年 =100）为 109.8，其中，国有单位就业人员为 108.9，城镇集体单位就业人员为 112.9，其他单位为 110.7。
[3] 2011 年居民消费价格比上年上涨 5.4%，2011 年农民工实际人均月收入 = 2 049/1.054=1 944 元，比上年增长 = 1 944/1 690−1=15.0%。
[4] 数据来源：2012 年《中国统计年鉴》。2011 年，城镇单位就业人员平均实际工资指数（上年 =100）为 108.6，其中，国有单位就业人员为 107.7，城镇集体单位就业人员为 113.9，其他单位为 109.6。

2013 年后，农民工人均月收入水平的增长速度开始逐年下降，由 2013 年的 13.9% 降为 2014 年的 9.8%，2015 年开始，增速较为平稳，在 6%~7% 之间，2020 年由于全球新冠疫情影响有所下降（图 11-1）。

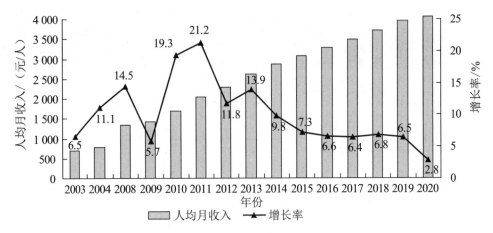

图 11-1　农民工月均收入水平的变化（2003—2020 年）

注：2008 年的增长速度为 2004—2008 年的年均增长速度，用几何平均法计算得到。
数据来源：原始数据来自国务院研究室课题组（2006）、历年《农民工监测调查报告》。

由前述分析可以看出，大多数农民工以初中学历为主，这种文化程度使得他们在建筑业、制造业、服务业中从事技术含量不高的工作，因而他们的收入也较低。尽管在一些年份，农民工的人均月收入水平增长速度较快，但从绝对量来看，他们与城镇居民的收入水平还存在较大差距。2002 年，农民工的人均月收入仅为 659 元，如果按每年工作 10 个月计算[①]，一个有两个孩子、夫妻双方均在外务工的举家外出农民工家庭的人均年收入为（659×10×2）÷4=3 295 元，这个收入比同年农村居民人均纯收入 2 476 元高 33.1%，但仅为同年度全国城镇居民人均可支配收入 7 703[②] 元的 42.8%，这还不包括城镇居民享受的其他相关福利。如果按农村外出务工劳动力每年工作 12 个月计算（事实上，这很难达到），则人均年收入为（659×12×2）÷4=3 954 元，比同年农村居民人均纯收入高 59.7%，但仍仅为同年城镇居民人均可支配收入的 51.3%。按照同样的方法，我们分别对 2008 年、2012 年、2018 年和 2020 年的情况进行计算（表 11-2）。

表 11-2　农村居民、外出农民工和城镇居民家庭人均年收入的比较

年份	农村居民人均可支配收入 / 元	外出农民工家庭		城镇居民人均可支配收入 / 元
		假设一：每年工作 10 个月，两个孩子	假设二：每年工作 12 个月，两个孩子	
2002	2 476	3 295（42.8）	3 954（51.3）	7 703
2008	4 761	6 700（42.5）	8 040（50.9）	15 781

[①] 根据 2016 年《农民工监测调查报告》中的数据，农民工年从业时间平均为 10 个月。
[②] 农村居民人均纯收入和城镇居民人均可支配收入数据来自国家统计局网站《2002 年国民经济和社会发展统计公报》，网址链接：http://www.stats.gov.cn/tjsj/tjgb/ndtjgb/qgndtjgb/200302/t20030228_30016.html。

续表

年 份	农村居民人均可支配收入/元	外出农民工家庭		城镇居民人均可支配收入/元
		假设一：每年工作10个月，两个孩子	假设二：每年工作12个月，两个孩子	
2012	7 917	11 450（46.6）	13 740（55.9）	24 565
2018	14 617	18 605（47.4）	22 326（56.9）	39 251
2020	17 131	20 360（46.4）	24 432（55.7）	43 834

注：①假设外出农民工家庭夫妻双方均在外务工并有收入；② 2018年、2020年农村居民为人均可支配收入，其他年份为人均纯收入；城镇居民各年份均为人均可支配收入。

数据来源：农村居民和城镇居民人均可支配收入来自历年统计公报；外出农民工家庭为作者的计算，原始数据来自历年农民工监测调查报告。

2020年，农民工人均月收入为4 072元，同样的，如果按每年工作10个月计算，一个有两个孩子、夫妻双方均在外务工的举家外出农民工家庭的人均年收入为20 360元，比同年度农村居民人均可支配收入17 131元高18.8%，是同年度城镇居民人均可支配收入43 834元的46.4%；如果按农村外出务工劳动力每年工作12个月计算，则人均年收入为24 432元，比同年农村居民人均纯收入高42.6%，但仍仅为同年城镇居民人均可支配收入的55.7%[①]。由表11-2中括号内数据可知，2002—2020年，外出农民工家庭人均收入与城镇居民人均可支配收入的差距在慢慢缩小，但是缩小的速度非常慢，而且这还没有考虑家中还有无收入来源的老年人，以及有三个及以上孩子的农民工家庭。由此可以看出，在我国现有条件下，即使是举家外出、无养老负担，农民工家庭与城镇居民的收入差距依然很大。我国城镇化进程中的"迁移谜题"问题一直存在。

上述分析的是全国的情况，我们再来看一下农民工收入的地区差异。表11-3给出了2002—2020年，在不同地区就业的外出农民工月收入水平。数据显示，农民工收入存在地区差异，三大地区中，东部地区的农民工人均月收入最高，中部地区和西部地区务工的农民工人均月收入相差不大，有的年份中部地区高于西部地区，有些年份西部地区高于中部地区。2002年以来，农民工地区收入差异程度呈现先增大、再减小、再增大的态势，在某些年份，东部、中部、西部地区就业的农民工收入差距并不大，如2008—2014年。2015年后，外出农民工收入的地区差异逐渐增大。

表 11-3　农民工在不同地区务工的月均收入（2002—2020年）　　　　　单位：元/人

年 份	全 国	东部地区	中部地区	西部地区
2002	659	669	623	589
2003	702	709	643	644
2004	780	798	724	701
2008	1 340	1 352	1 275	1 273
2009	1 417	1 422	1 350	1 378

[①] 即使以城镇居民人均可支配收入中位数40 378元来计算，外出农民工家庭人均年收入也仅为同年城镇居民人均可支配收入的60.5%。

续表

年 份	全 国	东部地区	中部地区	西部地区
2010	1 690	1 696	1 632	1 643
2011	2 049	2 053	2 006	1 990
2012	2 290	2 286	2 257	2 226
2013	2 609	2 693	2 534	2 551
2014	2 864	2 966	2 761	2 797
2015	3 072	3 213	2 918	2 964
2016	3 275	3 454	3 132	3 117
2017	3 485	3 677	3 331	3 350
2018	3 721	3 955	3 568	3 522
2019	3 962	4 222	3 794	3 723
2020	4 072	4 351	3 866	3 808

注：2016—2020 年东部地区不含辽宁，中部地区不含吉林和黑龙江。
数据来源：国务院研究室课题组（2006），历年《农民工监测调查报告》。

图 11-2 给出了 2002 年、2008 年、2012 年和 2020 年四个年份各地区农民工人均月收入与全国平均水平的比较情况。图中数据显示，2002 年，东部地区就业的农民工人均月收入略高于全国平均水平，中部地区和西部地区低于全国平均水平，且两个地区的差异较大，中部地区是全国平均水平的 0.95，而西部地区仅为全国平均水平的 0.89。2008 年和 2012 年，三个地区的差异较小，尤其是 2012 年差异最小。2020 年，东部地区和中西部地区的差距再次拉大，在东部地区务工的农民工人均月收入是全国平均水平的 1.07 倍，而在中西部地区务工的农民工人均月收入分别是全国平均水平的 0.95 和 0.94。

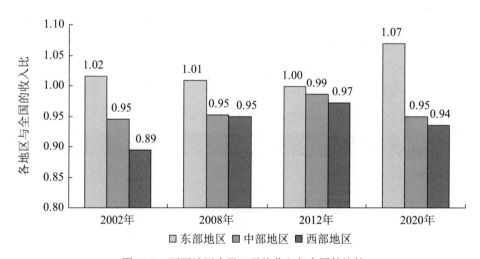

图 11-2 不同地区农民工月均收入与全国的比较

注：①图中数据为各地区外出农民工月均收入与全国水平的比值（全国 =1）；②地区划分同表 11-3。
数据来源：作者的计算，原始数据来源同表 11-3。

综合上述分析，进入 21 世纪以来，无论是在我国哪个地区就业的外出务工农村劳动力，其收入水平都有了较大幅度的提高。并且，他们月均收入的增长速度高于城镇单位就业人员平均工资增长速度。但是，从绝对数来看，一个纯粹依靠外出务工收入生活的农民工家庭与城镇居民家庭还存在着较大差距。那么，如果不从家庭角度，仅从不同行业就业的角度来看，农民工与城镇职工收入之间的差距又有多大呢？接下来，我们将从这个视角来分析我国"迁移谜题"的现状。

2. 农民工与城镇职工收入的比较

根据上述分析，农民工主要在制造业、建筑业、服务业等行业工作，下面对在这些行业就业农民工的收入与城镇职工的收入进行比较。

首先看近年来各行业农民工的人均月收入变化情况。根据表 11-4 的数据，不同行业就业的农民工收入存在较大差异。在农民工就业的各行业中，收入最高的是交通运输仓储和邮政业，2011 年，在该行业就业的农民工月均收入为 2 485 元，比上年增长 27.0%，增速在六个行业中位居第一，其收入水平是最低行业（住宿餐饮业）的 1.38 倍；2015 年，在该行业就业的农民工月均收入为 3 553 元，比上年增长 7.7%（增速第一），是收入最低行业（居民服务业）的 1.32 倍；2018 年，在该行业就业的农民工月均收入为 4 345 元，同比增长 7.3%（位居第三），是收入最低行业（住宿餐饮业）的 1.38 倍；2020 年，在这个行业就业的农民工月均收入为 4 814 元，增速为 3.1%（位居第二），是收入最低行业（住宿餐饮业）的 1.43 倍。数据显示，收入较低的行业有住宿餐饮业、批发零售业、居民服务业，不过这三个行业的收入差异并不大。

表 11-4 分行业农民工月均收入与增速（2011—2020 年）

行 业	2011 年		2015 年		2018 年		2020 年	
	收入/元	增速/%	收入/元	增速/%	收入/元	增速/%	收入/元	增速/%
制造业	1 920	21.4	2 970	4.9	3 732	8.4	4 096	3.5
建筑业	2 382	22.4	3 508	6.6	4 209	7.4	4 699	2.9
批发零售业	2 024	17.9	2 716	6.4	3 263	7.0	3 532	1.7
交通运输仓储和邮政业	2 485	27.0	3 553	7.7	4 345	7.3	4 814	3.1
住宿餐饮业	1 807	19.6	2 723	6.2	3 148	4.3	3 358	2.1
居民服务和其他服务业	1 826	20.1	2 686	6.1	3 202	6.0	3 387	1.5

数据来源：历年《农民工监测调查报告》。

调查显示，几乎所有的农民工都选择在城镇就业，以 2015 年的数据为例，流入地级以上城市的农民工为 1.119 亿人，占外出农民工总量的 66.3%，流入小城镇的共 5 621 万人，占 33.3%，两者相加共 99.99%。而在跨省流动的农民工中，有 80% 流入地级以上大中城市，省内流动的农民工有 54.6% 流入地级以上大中城市[①]。因此，我们以城镇单位就

---

① 数据来源：中华人民共和国国家统计局，2015 年农民工监测调查报告，国家统计局官网（2016-04-28）。网址链接：http://www.stats.gov.cn/tjsj/zxfb/201604/t20160428_1349713.html。因为 2016 年以后的农民工监测调查报告中均未汇报该项目指标，故使用 2015 年数据。

业人员平均工资与农民工月均收入来进行对比。根据《中国统计年鉴》数据进行整理的城镇就业人员在上述六个行业的历年月平均工资如表 11-5 和表 11-6 所示。

表 11-5 按行业分城镇非私营单位就业人员月平均工资（2011—2020 年）　　单位：元

年 份	制造业	建筑业	批发零售业	交通运输、仓储和邮政业	住宿餐饮业	居民服务和其他服务业
2011	3 055	2 675	3 388	3 923	2 291	2 764
2012	3 471	3 040	3 862	4 449	2 606	2 928
2013	3 869	3 506	4 192	4 833	2 837	3 202
2014	4 281	3 817	4 653	5 285	3 105	3 490
2015	4 610	4 074	5 027	5 735	3 401	3 734
2016	4 956	4 340	5 422	6 138	3 615	3 965
2017	5 371	4 631	5 933	6 685	3 813	4 213
2018	6 007	5 042	6 713	7 376	4 022	4 612
2019	6 512	5 465	7 421	8 088	4 196	5 019
2020	6 899	5 832	8 043	8 387	4 069	5 060

数据来源：作者的计算，原始数据来自 2020 年《中国统计年鉴》。

表 11-6 按行业分城镇私营单位就业人员月平均工资（2011—2020 年）　　单位：元

年 份	制造业	建筑业	批发零售业	交通运输、仓储和邮政业	住宿餐饮业	居民服务和其他服务业
2011	2 012	2 176	1 899	2 162	1 740	1 712
2012	2 351	2 576	2 269	2 347	1 994	2 006
2013	2 670	2 907	2 550	2 762	2 279	2 290
2014	2 971	3 237	2 825	3 241	2 457	2 548
2015	3 246	3 476	3 053	3 375	2 657	2 767
2016	3 510	3 734	3 299	3 559	2 893	2 985
2017	3 749	3 912	3 530	3 821	3 074	3 201
2018	4 106	4 240	3 765	4 212	3 303	3 422
2019	4 405	4 514	4 060	4 501	3 535	3 661
2020	4 826	4 776	4 418	4 776	3 522	3 711

数据来源：作者的计算，原始数据来自 2020 年《中国统计年鉴》。

可以看出，城镇单位就业人员的行业收入存在差异，并且，城镇非私营单位就业人员的平均工资明显高于私营单位就业人员。按照《中国统计年鉴》中的主要指标解释，城镇私营单位就业人员是在工商管理部门注册登记、经营地址设在县城关镇（含县城关镇）以上的私营企业就业人员，包括私营企业投资者和雇工，这里面应该包括部分农民工，他们的收入水平应该与农民工最接近。因此，我们将农民工分别与城镇私营单位就业人员、城镇非私营单位就业人员的收入情况进行对比。

为了更好地进行对比，需要对这些指标进行说明。第一，《中国统计年鉴》中给出的是城镇非私营单位和私营单位就业人员的年平均工资，而历年《农民工监测调查报告》中给出的是农民工月均收入，考虑到数据可比性，我们统一以年收入为标准。根据2016年《农民工监测调查报告》中的数据，农民工每年从业时间按10个月计算。第二，根据《中国统计年鉴》中的主要指标解释，就业人员平均工资由报告期就业人员工资总额除以报告期就业人员平均人数得到。其中，工资总额是在报告期内直接支付给本单位全部就业人员的劳动报酬总额，包括计时工资、计件工资、奖金、津贴和补贴、加班加点工资、特殊情况下支付的工资；工资总额是税前工资，包括单位从个人工资中直接为其代扣或代缴的房费、水费、电费、住房公积金和社会保险基金个人缴纳部分等。并且，工资不论是以货币形式支付的还是以实物形式支付的，均列入工资总额的计算范围。然而，绝大多数农民工只有在外务工而获得的货币收入，其他社会保险很难享受。根据2016年《农民工监测调查报告》的数据，2015年和2016年，没有签订劳动合同的农民工分别占全部农民工的63.8%和64.9%，显然，这些连劳动合同都没有签的农民工，更谈不上单位为其缴纳的养老、医疗等社会保险基金，他们的收入更多地是按劳计酬的货币收入，因而用这个收入与城镇单位就业人员的平均工资进行对比存在一定缺陷。但是，由于并无其他来源的可比数据，在此我们只能使用能够获取的，按农民工月均收入推算的年均收入来和城镇单位就业人员的平均工资进行对比。我们主要关注农民工就业较多的两个行业：制造业和建筑业，按上述方法得到的这两个行业的收入对比如图11-3和图11-4所示。

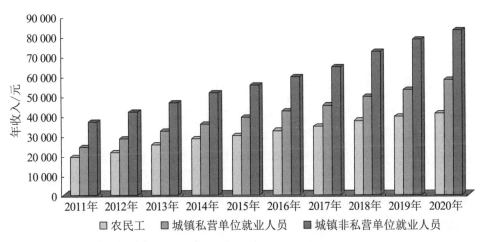

图11-3 制造业就业的农民工与城镇单位就业人员收入对比（2011—2020年）

注：农民工年收入按每年工作10个月计算。
数据来源：原始数据来自历年《农民工监测调查报告》和《中国统计年鉴》。

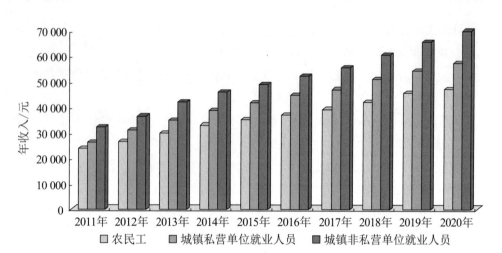

图 11-4　建筑业就业的农民工与城镇单位就业人员收入对比（2011—2020 年）

注：农民工年收入按每年工作 10 个月计算。
数据来源：原始数据来自历年《农民工监测调查报告》和《中国统计年鉴》。

从以上两图中可以看出，每个行业在各个年份之间的差异不大，但制造业中农民工与城镇单位就业人员的收入差距较大，相对而言，服务业差距较小。

由表 11-1 数据可知，制造业是最多农民工选择的行业，2017 年以前，在制造业中就业的农民工超过 30%。2020 年仍有 27.3% 的农民工在制造业就业，他们的平均月收入为 4 096 元，按每年工作 10 个月计算，将其年收入与城镇私营单位和非私营单位就业人员的平均工资进行对比（图 11-3），可知在 2020 年，城镇私营单位就业人员的年平均工资是农民工年均收入的 1.41 倍，而城镇非私营单位就业人员的年平均工资是农民工年均收入的 2.02 倍。2020 年，在建筑业，这两个比值分别为 1.22 和 1.49。由前述分析，我们知道，由于大量农民工并没有其他福利，所以农民工与城镇单位就业人员的收入差距应该比这些数据更大，这也反映出"迁移谜题"存在的制度根源。

11.1.3　小结

本案例分别从农民工的就业、收入及其与城镇职工收入的比较，分析了农民工与城镇职工的收入差距现状，采用描述统计方法进行分析，使用的原始数据全部来自国家统计局《农民工监测调查报告》及《中国统计年鉴》。

由本案例可以看出，描述统计的应用非常广泛，在一些研究报告和学术论文中，使用描述统计方法进行分析是非常必要的。但是，我们不能仅仅依靠一些原始数据进行描述统计，对一些变量的计算也很必要。那么使用哪些变量来描述一个现实问题就变得非常重要，这依赖于研究者的专业知识。

在本案例中，由于农民工监测调查数据和《中国统计年鉴》数据的统计数据不一致，我们进行了多个变量的计算，这些计算的目的在于能够更清晰地将农民工收入与城镇职工收入进行比较。因此，人们常说，统计学只是一个工具，它的使用一定是建立在对其他专业知识了解并精通的基础上的。在现实的工作中，也会看到个别仅仅使用描述统计方法发表了非常好的论文，不过，这需要作者有一个好的想法，需要不断的训练。

11.2 迁移与老人健康

11.2.1 案例简介

多数研究认为，农村劳动力转移起到了增加农户收入的作用。这种收入的提高，主要通过外出者的收入转移，即向家乡的汇款实现。那么，在家庭收入增加的情况下，家中老人健康状况会不会改善呢？有外出劳动力的家庭和没有外出劳动力的家庭（我们暂且称其为"迁移家庭"和"非迁移家庭"）是否存在差异呢？在此，我们根据第六次全国人口普查数据，以农村劳动力输出大省——江西省为研究对象，从"利他性"角度分析农村劳动力转移对老人健康的影响。

为使样本具有代表性，我们采取多阶段随机抽样方法，在全省 70 个县中随机抽取 10 个县，在每个县中随机抽取 2 个村，再在各个村中随机抽取农户进行分析。本次抽样共抽取 701 户农户，除去 4 户集体户，有效样本计 697 户[①]。根据家庭中是否有外出务工人员将农户分为迁移家庭与非迁移家庭，其中，非迁移家庭占 45.05%，迁移家庭占 54.95%。数据显示，随着家庭人口数的增加，非迁移家庭比重越来越小。在迁移家庭中，举家外出的占 9.60%，均为 6 人以下家庭（表 11-7）。

表 11-7 按家庭人口数分组的迁移家庭和非迁移家庭

家庭人口数/人	非迁移家庭占比/%	按外出人口数分组的迁移家庭占比/%							
		1人外出	2人外出	3人外出	4人外出	5人外出	6人外出	7人外出	小计
1	4.16	0.43	0.00	0.00	0.00	0.00	0.00	0.00	0.43
2	11.48	2.30	0.57	0.00	0.00	0.00	0.00	0.00	2.87
3	7.75	4.88	1.87	3.44	0.00	0.00	0.00	0.00	10.19
4	11.33	4.88	6.74	2.58	4.16	0.00	0.00	0.00	18.36
5	5.88	2.87	4.02	3.30	1.00	0.57	0.00	0.00	11.76
6	2.30	0.72	3.16	1.00	0.72	0.57	0.43	0.00	6.60
7	1.72	0.43	0.72	0.72	0.14	0.14	0.14	0.00	2.30
8	0.43	0.00	0.14	0.14	0.29	0.00	0.00	0.14	1.00
9	0.00	0.00	0.00	0.14	0.29	0.00	0.00	0.14	0.57

---

① 根据随机原则在 10 个县的 20 个村中共抽取 701 户，具体数据是：新建县 62 户、莲花县 44 户、九江县 84 户、都昌县 74 户、崇义县 60 户、宁都县 80 户、新干县 72 户、宜丰县 55 户、乐安县 90 户、铅山县 76 户。剔除集体户 4 户，共计 697 户。所有数据均由江西省第六次人口普查办公室提供。根据《中华人民共和国统计法》第三章第二十五条规定，本案例不提供具体数据。

续表

家庭人口数/人	非迁移家庭占比/%	按外出人口数分组的迁移家庭占比/%							
		1人外出	2人外出	3人外出	4人外出	5人外出	6人外出	7人外出	小计
10	0.00	0.14	0.00	0.00	0.00	0.29	0.00	0.00	0.43
11	0.00	0.00	0.14	0.00	0.00	0.00	0.00	0.00	0.14
12	0.00	0.00	0.00	0.00	0.14	0.00	0.00	0.00	0.14
13	0.00	0.00	0.00	0.00	0.00	0.00	0.14	0.00	0.14
合计	45.05	16.64	17.36	11.33	6.74	1.72	0.86	0.29	54.95

注：表内数据为家庭数占全部农户家庭数的百分比。

调查样本共包括农村居民 2 826 人，其中，男性 52.41%，女性 47.59%；15~60 岁人口占 67.48%，60 岁以上人口占 11.50%。不同年龄及性别劳动力[①]的受教育状况见表 11-8。数据显示，农村劳动力以初中文化程度为主；男性文化程度高于女性，但男女之间受教育程度差距逐渐缩小；劳动力的受教育程度与年龄呈反向关系，说明农村劳动力的受教育情况正在逐渐好转。

表 11-8 不同年龄、性别劳动力受教育情况

文化程度	性别	按年龄分组					
		15~20 岁	21~30 岁	31~40 岁	41~50 岁	51~60 岁	合计
未读过书	男	0.00	0.10	0.10	0.00	0.42	0.63
	女	0.05	0.05	0.16	0.84	1.21	2.31
小学	男	0.21	0.89	2.05	3.41	4.30	10.85
	女	0.37	1.78	5.45	6.45	5.24	19.30
初中	男	2.99	8.13	8.44	7.08	2.20	28.84
	女	2.62	7.66	5.77	4.14	0.58	20.77
高中	男	2.52	2.20	1.21	1.36	1.00	8.29
	女	2.20	1.73	0.26	0.26	0.31	4.77
大学专科	男	0.47	1.52	0.21	0.21	0.05	2.46
	女	0.37	0.63	0.00	0.00	0.00	1.00
大学本科	男	0.16	0.47	0.05	0.00	0.00	0.68
	女	0.05	0.05	0.00	0.00	0.00	0.10
合计		12.01	25.22	23.70	23.75	15.31	100.00

根据人口普查时点，在所有样本中除去 1995 年 10 月以后出生和 1950 年 11 月以前出生的人口，再去除普查时点居住在本普查小区、本村及本乡的人口，样本中共有外出劳动

---

① 此处仅指 15~60 岁的劳动人口，共 1 907 人。

力 783 人，其中"离开户口登记地原因"选填"务工经商"的有 668 人。在这些样本中，男性占 56.4%，女性占 43.6%；未婚占 31.4%，已婚占 68.6%（其中，有配偶占 66.6%，离婚 1.2%，丧偶 0.7%）；在乡外县内就业的占 17.7%，县外就业的占 82.3%。

在全部外出劳动力中，男性外出劳动力平均年龄 33.08 岁，女性外出劳动力平均年龄 31.70 岁，外出劳动力年龄集中于 21~40 岁，超过全部外出劳动力的 60%。外出务工劳动力文化程度高于全部劳动力一般水平，外出务工劳动力仍以初中文化程度为主，文化程度较高的倾向于县外务工。分性别来看，男性外出务工劳动力的文化程度高于女性。

11.2.2 案例分析

在全部 60 周岁及以上老年人口中，身体健康（指过去一个月健康状况良好，完全可以保证日常的生活）的占 27.81%，基本健康（指过去的一个月健康状况一般，可以保证日常的生活）的占 47.93%，不健康但生活能自理（指过去一个月健康状况不是太好，但可以基本保证正常的生活）的占 21.89%，生活不能自理（指过去一个月健康状况较差，不能照顾自己日常的生活起居，如吃饭、穿衣、自行走动等）的占 2.37%。将样本中所有 60 岁以上老人按迁移家庭与非迁移家庭分组，比较其健康状况（图 11-5），可以看出，迁移家庭中老人的身体健康状况好于非迁移家庭。分性别和年龄看，也存在类似情况，即迁移家庭的老年人健康状况好于非迁移家庭（参见表 11-9 和表 11-10）。

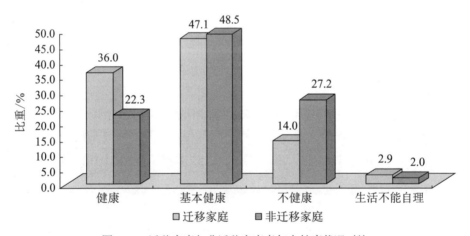

图 11-5 迁移家庭与非迁移家庭老年人健康状况对比

表 11-9 迁移家庭与非迁移家庭不同性别老年人健康状况比较　　　　单位：%

健康状况	迁移家庭			非迁移家庭		
	男	女	小计	男	女	小计
健康	20.6	15.4	36.0	13.4	8.9	22.3
基本健康	21.3	25.7	47.1	19.8	28.7	48.5
不健康	4.4	9.6	14.0	12.4	14.9	27.2
生活不能自理	0.7	2.2	2.9	2.0	0.0	2.0
合计	47.1	52.9	100.0	47.5	52.5	100.0

表 11-10　迁移家庭与非迁移家庭不同年龄老年人健康状况比较　　　　　单位：%

健康状况	迁移家庭（按年龄分组）				非迁移家庭（按年龄分组）			
	60~69岁	70~79岁	80岁以上	小计	60~69岁	70~79岁	80岁以上	小计
健康	25.0	9.6	1.5	36.0	15.8	5.9	0.5	22.3
基本健康	25.0	18.4	3.7	47.1	22.8	22.8	3.0	48.5
不健康	2.2	9.6	2.2	14.0	7.4	13.9	5.9	27.2
生活不能自理	0.7	2.2	0.0	2.9	0.5	1.0	0.5	2.0
合计	52.9	39.7	7.4	100.0	46.5	43.6	9.9	100.0

由于人口普查为横截面数据，无法从时间序列上判断劳动力外出之后家中老年人福利状况的改善。但是，比较迁移家庭与非迁移家庭老年人的生活来源可以帮助我们进一步分析迁移对家中老年人生存状况的影响。

将所有老年人按主要生活来源和健康状况进行复合分组后可以发现，在迁移家庭中，依靠家庭其他成员供养的占 64.6%，非迁移家庭为 59.9%，显然迁移家庭高于非迁移家庭。再根据身体健康状况来分析两类家庭中依靠其他成员供养老人的情况。在迁移家庭中，身体"健康"组的老年人由家庭其他成员供养的比重占全部迁移家庭老人比重的 14.7%，高于非迁移家庭（6.4%）；身体"基本健康"组的老年人由其他成员供养的比重为 33.8%，也高于非迁移家庭（32.2%）；但是，身体"基本健康，但生活能自理"组的老年人由其他成员供养的比重为 13.2%，低于非迁移家庭（20.3%），详见表 11-11。总体而言，迁移家庭中，由家庭其他成员供养的老人多于非迁移家庭。从这个方面来看，迁移能够为家庭老人提供更多的生活保障。

表 11-11　迁移家庭与非迁移家庭不同健康状况老年人生活来源　　　　　单位：%

主要生活来源	迁移家庭（按健康状况分组）				非迁移家庭（按健康状况分组）			
	健康	基本健康	不健康能自理	生活不能自理	健康	基本健康	不健康能自理	生活不能自理
劳动收入	21.3	13.2	0.0	0.0	12.9	9.9	0.5	0.0
离退休养老金	0.0	0.0	0.0	0.0	1.5	3.5	0.0	1.0
最低生活保障	0.0	0.0	0.7	0.0	0.5	1.5	4.5	0.0
家庭其他成员供养	14.7	33.8	13.2	2.9	6.4	32.2	20.3	1.0
其他	0.0	0.0	0.0	0.0	1.0	1.5	2.0	0.0
合计	36.0	47.1	14.0	2.9	22.3	48.5	27.2	2.0

为了判断迁移对家庭生活的影响，我们将主要生活来源为"家庭其他成员供养"的样本[1]根据未工作原因进行细分，具体分组数据见表 11-12。

---

[1] 全部样本数为 503 人，剔除缺失数据 3 人，共有 500 人，其中，迁移家庭 294 人，非迁移家庭 206 人。

表 11-12　迁移家庭和非迁移家庭成员未工作原因　　　　　　　　　　单位：%

年龄/岁	在校学习		丧失工作能力		毕业后未工作		因本人原因失去工作		料理家务		其他		合计	
	是	非	是	非	是	非	是	非	是	非	是	非	是	非
20 以下	27.9	20.4	0.3	0.0	0.7	1.5	0.0	0.0	0.7	0.5	1.7	1.0	31.3	23.3
21~30	5.1	1.5	0.3	1.0	0.3	0.0	0.3	0.5	3.7	4.4	0.7	2.4	10.5	9.7
31~40	0.0	0.0	0.0	0.5	0.0	0.0	0.0	0.0	8.2	3.4	0.3	1.0	8.8	4.9
41~50	0.0	0.0	0.0	0.5	0.0	0.0	0.0	0.0	4.4	2.9	0.0	0.5	4.4	3.9
51~59	0.0	0.0	1.0	0.0	0.0	0.0	0.0	0.0	8.5	6.3	0.7	0.5	10.2	7.3
60 以上	0.0	0.0	19.4	33.5	0.0	0.0	0.0	0.0	13.6	13.1	1.7	4.4	34.7	51.0
合计	33.0	21.8	21.1	35.9	1.0	1.5	0.7	0.5	39.1	30.6	5.1	9.7	100.0	100.0

注："是"表示迁移家庭，"非"表示非迁移家庭。

对比迁移家庭和非迁移家庭成员未工作的原因，在迁移家庭中，比重最高的是"料理家务"，占 39.1%，其次是"在校学习"，占 33.0%，位于第三的是"丧失工作能力"，占 21.1%；在非迁移家庭中，比重最高的是"丧失工作能力"，占 35.9%，其次是"料理家务"，占 30.6%，位于第三的是"在校学习"，占 21.8%。可以看出，两类家庭上述 3 个选项的排序不同。由此可以有以下三个判断。

第一，迁移家庭对教育的投入更多。迁移家庭成员未工作原因选择"在校学习"的占 33.0%，比非迁移家庭高出 11.2 个百分点。从年龄分组数据来看，在 20 岁以下组，迁移家庭高出非迁移家庭 7.5 个百分点；在 21~30 岁组，迁移家庭"在校学习"人数占全部的 5.1%，而非迁移家庭仅为 1.5%。可见，迁移家庭子女接受教育情况好于非迁移家庭。

第二，非迁移家庭的负担比迁移家庭更重。由表中数据可知，在迁移家庭中，由家庭其他成员供养的 60 岁以上老人占未工作人口的 34.7%，其中，19.4% 的人丧失了工作能力，13.6% 的人因料理家务而未工作。在非迁移家庭中，由家庭其他成员供养的 60 岁以上老人占未工作人口的 51.0%，其中，33.5% 的人丧失了工作能力，13.1% 的人因料理家务而未工作。可见，与迁移家庭相比，非迁移家庭面临着更大的压力，可能是因为家里有丧失工作能力的老人，使得他们无法外出务工。

第三，存在迁移的"利他"性，迁移家庭可为家庭成员提供更多保障。对比迁移家庭和非迁移家庭中"由其他成员供养"人口的未工作原因可以看出，迁移家庭中"料理家务"的占 39.1%，非迁移家庭为 30.6%，比迁移家庭低 8.5 个百分点。对比迁移家庭和非迁移家庭中老年人的主要生活来源（图 11-6）可以发现，迁移家庭中 64.7% 的老年人由其他成员供养，非迁移家庭为 59.9%，比迁移家庭低 4.8 个百分点。

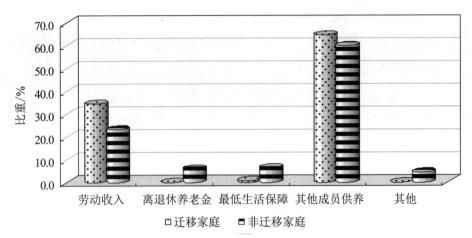

图 11-6　迁移家庭与非迁移家庭老年人主要生活来源对比

根据 Lucas 和 Stark（1985）的研究，如果迁移的动机是"自利"的，那么迁移可能会仅仅改善迁移者的福利状况，如果迁移动机是"利他"的，那么迁移将会对家庭中其他贫困人口的福利也有帮助。我们利用江西省第六次人口普查的抽样数据证明了迁移的利他性假说。

数据分析显示，迁移家庭中，老年人的身体健康状况好于非迁移家庭；非迁移家庭中有 1/3 的老年人丧失了工作能力，他们的负担比迁移家庭更重；迁移家庭中，由家庭其他成员供养的老人多于非迁移家庭。从这个方面来看，迁移能够为家庭老人提供更多的生活保障。一些研究显示，非迁移家庭往往是那些贫困家庭，某些基本条件的缺陷制约了他们的迁移。因此，政府相关部门需要考虑的应该是如何采取更为有效的措施缓解非迁移家庭的贫困，让这些家庭的老人老有所依。

11.2.3　小结

本案例根据第六次人口普查数据中的江西样本，使用描述统计方法，分析了江西省农村外出劳动力的基本情况，对比分析了有外出劳动力的农村家庭和没有外出劳动力的农村家庭中老年人的健康状况，以及两类家庭成员未工作的原因。本案例完全使用描述统计方法，使用统计表和统计图对上述现象进行了简单分析，从中发现了经济现象之间的一些联系。

事实上，描述统计是最简单而且行之有效的一种统计分析方法，但是，在使用之前要求研究者对所要描述的现象有个清晰的认识，即我们常说的理论分析。一般来说，先从理论上分析两个或多个变量之间的关系，然后使用描述统计方法进行判断，最后再使用推断统计方法进行更深入的分析和判断。

第十二章 推断统计案例

作　　者：王秀芝、佘睿婕
教学目的：掌握定性变量分析方法，学会灵活运用不同分析方法。
知识准备：SPSS软件、定性数据分析、参数估计、假设检验、方差分析。
知　识　点：参数估计、χ^2检验、t检验、方差分析、列联表、直方图。

12.1 人力资本与我国城乡低龄老年人就业

12.1.1 案例简介

目前，我国已经进入老龄化社会，根据第七次全国人口普查数据，我国60岁及以上人口为264 018 766人，占全国总人口的18.7%，其中，65周岁及以上人口为190 635 280人，占全国总人口的13.50%[1]。人口老龄化进程的加快，带来了一系列问题，老年人口数量的增加一方面使劳动力有所短缺，另一方面也给社会养老带来了巨大的压力。我国目前法定退休年龄是男性60岁，女干部55岁，女工人50岁。而根据国家卫健委2019年7月公布的数据，2018年中国人均预期寿命为77岁，健康预期寿命为68.7岁[2]。可以看出，如果身体健康的话，退休后再次就业是解决我国养老压力的有效方式。而对于没有固定工作的大量农村老年人口而言，如果没有子女供养，持续就业是解决他们生存的重要方式。

本案例以60~69岁的低龄老年人为研究对象，利用国家卫健委"中国流动人口动态监测调查"2015年数据[3]，通过描述统计方法分析我国低龄老年人的人力资本存量与参与就业的关系，同时对流动人口和户籍人口进行对比，并分析它对应对人口老龄化的启示。

2015年"中国流动人口动态监测调查"数据包括流动人口和户籍人口。其中，流动人口为全国样本，目标总体为调查前一个月前来本地居住、非本区（县、市）户口且2015年5月年龄在15周岁及以上的流入人口，其中，60~69岁老年人口共3 936人，我们将其定义为"流动老年人"；户籍人口调查总体为北京、上海、大连、无锡、杭州、合肥、广州、贵阳8个城市中居住在城区范围内，且2015年5月年龄在15周岁及以上的本市户籍人口（不包含学生、军人等人群），其中，60~69岁老年人口共2 445人，我们将其定义为"户籍老年人"。

---

[1] 资料来源：中华人民共和国国家统计局.第七次全国人口普查公报（第五号）[EB/OL]. http://www.stats.gov.cn/ztjc/zdtjgz/zgrkpc/dqcrkpc/ggl/202105/t20210519_1817698.html.
[2] 资料来源：国家卫生健康委员会.[新闻直播间] 国家卫健委 中国人均预期寿命77岁 [EB/OL]. http://www.nhc.gov.cn/wjw/spxw/201907/985d93c680744cfab9159091beaf973c.shtml.
[3] 2015年，为了解流动老人健康状况、医疗卫生服务利用情况，国家卫健委在北京、上海、大连、无锡、杭州、合肥、广州、贵阳等8个城市开展流动老人专题调查。其中，流动老人样本构成分为两个部分：一是CMDS抽中的流动人口家庭中全部60岁及以上流动人口；二是上述8个城市抽中的户籍人口家庭中全部60岁及以上流动人口。同时，在8个城市中开展户籍人口抽样调查。由于其他年份未进行类似调查，故采用2015年的数据。

相应数据见文件"ch12 流动老年人"和"ch12 户籍老年人"。

要求：

（1）分别对流动老年人和户籍老年人的个体特征进行描述；

（2）使用列联表分析性别、受教育程度、卫生保健服务与流动老年人和户籍老年人就业的关系，分析迁移原因与流动老年人就业的关系；

（3）使用 χ^2 独立性检验分析上述关系。

12.1.2 案例分析

本案例共涉及一个定量变量和四个定性变量。其中，定量变量是年龄，定性变量分别是性别、受教育程度、卫生保健服务、就业情况。根据案例分析的要求，可使用描述统计分析，再进行 χ^2 独立性检验。

1. 样本个体特征

流动老年人和户籍老年人样本的个体特征描述如表 12-1 所示。

表 12-1 流动老年人和户籍老年人的样本个体特征

个体特征		流动老年人		户籍老年人	
		样本量/人	百分比	样本量/人	百分比
性别	男性	2 396	60.9	1 299	53.1
	女性	1 540	39.1	1 146	46.9
婚姻状况	未婚	38	1.0	20	0.8
	已婚	3 351	85.2	2 178	89.1
	离婚	128	3.3	81	3.3
	丧偶	419	10.6	166	6.8
受教育程度	未上过学	449	11.4	37	1.5
	小学	1 540	39.1	373	15.3
	初中	1 256	31.9	1 166	47.7
	高中/中专	488	12.4	555	22.7
	大专及以上	203	5.1	2 314	12.9
社区健康档案建立情况	否	2 050	52.1	704	28.8
	是	1 264	32.1	1 540	63.0
	不清楚	622	15.8	201	8.2
是否就业	是	1 533	38.9	170	7.0
	否	2 403	61.1	2 275	93.0

注：表中"社区健康档案建立情况"是在本地居住的社区建立居民健康档案情况，"是否就业"是"五一"节前一周是否做过一小时以上有收入的工作。

数据显示，流动老年人就业比例为 38.9%，明显高于户籍老年人的 7%。从个体特征来看，流动老年人受教育程度和社区健康档案建立情况要低于户籍老年人，并且未上过学的比例是户籍老年人的10倍。可以大致看出，流动老年人相对户籍老年人更加倾向于就业，受教育程度更低，社区健康档案建立情况更差，婚姻状况和性别比例则没有太大差别。

2. 人力资本与低龄老年人就业：列联表分析

1）性别与低龄老年人就业的关系

根据表12-2容易看出，在就业的老年人中，男性老年人的就业比例要高于女性老年人，流动老年人的就业比例高于户籍老年人。由于我国的传统思想是"男主外女主内"，而低龄老年人受这种思想影响也较深，男性老年人更多的选择就业也比较好理解。

表12-2 性别与低龄老年人就业

性别	流动老年人就业情况				户籍老年人就业情况			
	是		否		是		否	
	样本量	百分比	样本量	百分比	样本量	百分比	样本量	百分比
男	1 189	49.6	1 207	50.4	137	10.5	1 162	89.5
女	344	22.3	1 196	77.7	33	2.9	1 113	97.1
样本总量	1 533	—	2 403	—	170	—	2 275	—

2）受教育程度与低龄老年人就业的关系

本部分将受教育程度按照未上过学、小学、初中、高中/中专、大专及以上划分为5个阶段。从表12-3中数据可以看出，无论哪种文化程度的户籍老年人，其不就业的比重都很高；相对来看，流动老年人的就业比重较高，除大专及以上文化程度组的就业比重略低之外，其他组的都在30%以上。这可以从一个侧面反映出流动老年人的生活压力大于户籍老年人。

表12-3 受教育程度与低龄老年人就业

受教育程度	流动老年人就业情况				户籍老年人就业情况			
	是		否		是		否	
	样本量	百分比	样本量	百分比	样本量	百分比	样本量	百分比
未上过学	179	39.9	270	60.1	2	5.4	35	94.6
小学	703	45.6	837	54.4	31	8.3	342	91.7
初中	473	37.7	783	62.3	70	6.0	1 096	94.0
高中/中专	150	30.7	338	69.3	37	6.7	518	93.3
大专及以上	28	13.8	175	86.2	30	9.6	284	90.4
样本总量	1 533	—	2 403	—	170	—	2 275	—

3）卫生保健服务与低龄老年人就业的关系

数据显示，在抽取样本中社区建立了社区健康档案的比例并不高，而且有相当一部分人从未听过或不了解这一档案。对于流动老年人，已经建立社区健康档案的共1 264人，占全部样本（3 936人）的32.1%；选择"没听说过"的有1 038人，占全部样本的26.4%。对于户籍老年人，已经建立健康档案的共1 643人，占全部样本（2 445人）的67.2%，是流动老年人的2倍；选择"没听说过"的共264人，占全部样本的10.8%，只有流动老年人的1/6。说明在城市居住的流动老年人的卫生保健服务水平与户籍老年人相差甚远。从表12-4可以看出,无论是否建立卫生保健档案,户籍老年人就业的百分比都远远低于流动老年人。

表12-4 卫生保健服务与低龄老年人就业

社区健康档案建立情况	流动老年人就业情况				户籍老年人就业情况			
	是		否		是		否	
	样本量	百分比	样本量	百分比	样本量	百分比	样本量	百分比
没建,没听说过	450	43.4	588	56.6	19	7.8	245	92.2
没建,但听说过	375	37.1	637	62.9	28	6.1	459	93.9
已经建立	446	35.3	818	64.7	103	6.7	1 540	93.3
不清楚	262	42.1	360	57.9	20	10.0	201	90.0
样本总量	1 533	—	2 403	—	170	—	2 275	—

4)迁移与低龄老年人口就业的关系

由于迁移也是人力资本的一部分,迁移的费用可算作人力资本投资,在此,我们对流动老年人的迁移与就业情况进行分析。问卷中流动原因共设计了9个选项,分别是:务工经商、家属随迁、婚姻嫁娶、拆迁搬家、投亲靠友、学习培训、参军、出生、其他。在此,选取其中的4个选项进行分析,具体数据见表12-5。

表12-5 流动原因与就业

流动原因	就业		未就业	
	样本量/人	百分比	样本量/人	百分比
务工经商	1 396	76.3	434	23.7
家属随迁	66	6.8	905	93.2
拆迁搬家	13	5.6	221	94.4
投亲靠友	45	7.8	530	92.2
合计	1 520	—	2 090	—

通过对4个流动原因的直观了解,这4个流动原因所产生的费用应该是务工经商最高,其次是拆迁搬家、家属随迁和投亲靠友。本文将流动原因看作是迁移产生费用的一种体现,不同的流动原因代表着大小不同的迁移费用。从表12-5中不难看出,人们最主要的流动原因是务工经商,在这部分人群当中就业的人口占比达到76.3%。在其他3个流动原因之下,未就业的比例都要大于就业的比例。因此可以看出,流动原因(迁移费用)与是否就业存在一定关系。

3. 人力资本与低龄老年人就业的关系:卡方检验

根据上述分析,可以看出,无论是流动老年人还是户籍老年人,其人力资本与就业情况存在一定关系,那么,它们之间是否相关?在此,采用χ独立性检验进行分析,结果见表12-6。

表 12-6 人力资本与低龄老年就业关系的 χ^2 检验结果

人力资本变量	流动老年人		户籍老年人	
	Ch-Square	sig.	Chi-Square	sig.
受教育程度	97.975	0.000	6.180	0.186
健康档案建立	19.762	0.000	3.717	0.294
迁移	1 779	0.000	—	—

首先，分析受教育程度与低龄老年人就业的关系。对于流动老年人而言，χ^2 统计量为 97.975，对应 p 值接近 0，说明受教育程度与流动老年人就业相关；对于户籍老年人，χ^2 统计量为 6.180，p 值为 0.186，不能拒绝原假设，说明没有证据表明户籍老年人是否就业与受教育程度有关，可以认为受教育程度与户籍老年人是否就业之间没有关系。

其次，分析卫生保健服务与低龄老年人就业的关系。与上面情况相似，对于流动老年人，其就业与社区健康档案的建立情况相关；而对于户籍老年人来说，由于 χ^2 统计量对应的 p 值为 0.294，说明没有证据表明他们是否就业与社区健康档案的建立情况有关，可以认为健康档案建立情况与户籍老年人是否就业之间没有关系。

最后，看迁移情况，流动老年人就业与其流动原因显著相关，因为两个变量 χ^2 独立性检验的显著性水平接近 0。

12.1.3 小结

本案例通过运用描述统计和 χ^2 独立性检验等方法对低龄老年人就业情况做了简单分析。需要指出的是，在对某个问题进行分析之前，首先要进行的是理论分析，在本案例中，依据的是人力资本理论，认为包括受教育程度、健康、迁移等在内的人力资本是影响就业的主要因素。因此，本案例围绕这几个因素对低龄老年人的就业展开。此外，数据获取也是必不可少的环节，如果找到了有理论依据的变量，但是无法获得数据，这个分析也没有办法完成。因而有时在进行统计分析时，往往是先从数据获取方面着手。在后面的分析中，上述讨论均适用。

通过上文的分析可以看出，低龄老年人的人力资本存量与其就业存在着一定的关系。其中，户籍老年人的受教育程度、卫生保健服务与是否就业之间的关系并不显著；流动老年人的受教育程度、卫生保健服务、迁移这三个变量与是否就业之间都显著相关，而且流动老年人就业与其流动原因（迁移费用）有关，迁移的费用越高，就越倾向于就业。

至于户籍老年人与流动老年人，可以很明显地发现流动老年人的就业意向要强于户籍老年人。户籍老年人都是较为稳定地生活在城市，在退休之后大部分都有退休金，而这笔钱对于维持一个老年人的正常生活还是足够的，因此这部分老年人没有相关的激励机制刺激他们就业。反观流动老年人，他们中的大部分人在退休前（事实上对他们而言没有很严格的"退休"概念，也许只有到无法工作的那天才能叫"退休"）都没有稳定的工作，他们的退休金很少甚至没有。这个时候他们就必须采取再就业的方式来满足自己的需求，解决生存问题。

总体来看，低龄老年人的人力资本存量还是较为可观的。如今我国已经进入老龄化时代，人口红利不断萎缩，养老问题也日趋严峻。地区之间养老金分配的不均衡也让我们意识到养老仅仅靠政府扶持远远不够，促进低龄老年人就业是一个很好的解决办法。首先人们会为了找到更合适的就业机会进行迁移，这样有助于国内人力资本的合理配置，让人力资本得以充分利用；其次，它可以弥补某些方面劳动力的不足，政府应该制订相应政策合理利用这部分劳动力，既要符合他们的年龄情况，又要尽量避免与其他年龄段劳动力就业发生冲突；最后，低龄老年人就业可以帮助改善这部分人自身的生活条件，有利于他们生活质量的提高，为社会发挥余热。

此外，从本文的数据分析可以发现，低龄老年人的受教育程度大多处在中等水平，因此可以采取措施增强对低龄老年人相关技能的培训，以提高其就业质量。

12.2 新生代农民工家庭支出的估计和检验

12.2.1 案例简介

农民工是我国的一个特殊群体，他们为我国的经济发展作出了巨大贡献，这方面的研究文献非常之多，也有许多不同的关注点，本案例的关注点是新生代农民工的家庭支出。本案例使用的是国家卫生健康委"中国流动人口动态监测调查"2015年数据，选取流入地为江西、出生年在1980—1999年之间、本次流动原因为"务工经商"的流动人口，样本量为2 291个。

本案例分析所涉及的变量主要包括：性别、出生年、受教育程度、婚姻状况、过去一年家庭在本地月总支出、"五一"节前一周是否做过一小时以上有收入的工作、是否打算在本地长期居住、本人有几个亲生子女、是否有60岁及以上老年人在老家居住。相应数据见文件"ch12 新生代农民工家庭月支出"。

要求：

（1）估计农民工家庭月支出的置信区间，未婚和已婚[①] 农民工家庭月支出之差的置信区间（置信水平为95%）；

（2）检验未婚和已婚农民工家庭月支出是否有显著差异，检验家里有60岁以上老年人在老家居住和没有60岁以上老年人在老家居住的农民工家庭月支出是否有显著差异（$\alpha=0.05$）；

（3）分析婚姻状况、子女数量、永久迁移意愿对家庭月支出的影响。

12.2.2 案例分析

本案例的关注点是新生代农民工家庭支出与哪些变量有关系，结合所获得的变量，可以从很多方面对新生代农民工家庭月支出进行分析。根据案例分析的要求，可使用区间估

---

① 在该问题中，共包括"未婚、初婚、再婚、离婚、丧偶"5个选项，本部分的分析不考虑"再婚、离婚、丧偶"，因此，此处的"已婚"实际是指问卷中的"初婚"。

计、独立样本 t 检验、方差分析等方法。

1. 家庭支出的参数估计和检验

根据要求，在分析婚姻状况对农民工家庭支出的影响时不考虑再婚、离婚、丧偶，在全部样本中这部分非常少，只有 24 个，将他们剔除后样本量为 2 267 个。分别对全部农民工、未婚农民工和已婚农民工的家庭作区间估计，结果见表 12-7[①]。为了更好地观察婚姻状况与家庭支出的关系，我们还给出了不同婚姻状况下家庭支出的直方图（图 12-1）。

表 12-7　不同婚姻状况下的农民工家庭支出描述统计量

婚姻状况	样本量/人	均值/元	最小值/元	最大值/元	中位数/元	置信区间	
						下限/元	上限/元
未婚	716	2 039.47	200	20 000	1 700	1 935.16	2 143.77
已婚	1 551	3 590.69	500	40 000	3 000	3 464.66	3 716.72
全部	2 267	3 100.76	200	40 000	2 800	3 003.84	3 197.68

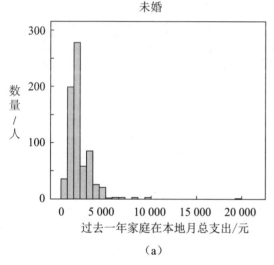 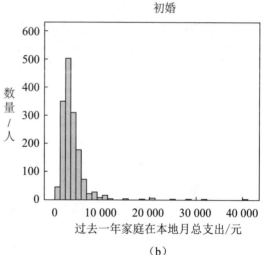

图 12-1　不同婚姻状况下农民工家庭支出的直方图

接下来检验未婚和已婚农民工家庭月支出是否有显著差异，可以认为这是两个独立样本，采用两独立样本 t 检验。分析结果显示，$t=-18.606$，p 值接近 0，拒绝原假设，说明两总体均值差异显著（从表 12-7 中也可以看出，已婚农民工平均家庭总支出远高于未婚农民工）。

同样的方法检验家里有 60 岁以上老年人在老家居住和没有 60 岁以上老年人在老家居住的农民工家庭月支出是否有显著差异，结果显示，$t=3.849$，对应 p 值为 0.000，同样拒绝原假设，认为两总体均值存在显著差异。但是，有 60 岁及以上老年人在老家居住组的家庭在本地月总支出大于另一组，这似乎与预期不一致。一方面，按照中国人的传统观念，养儿防老，且赡养老人是子女的应尽义务，对于农村老年人来说，外出务工子女给他

---

① 此处结果为汇总结果，限于篇幅，在案例分析中，部分软件输出结果不再详细列出。

们的赡养费用无疑是他们的主要经济来源；另一方面，老家没有老人居住，可能是老人与子女一起在流入地居住。因此，上述两个方面，无论从哪一点来讲，都应该是"否"那一组的支出更高。但是我们看到的结果并不是这样。

我们认为出现这种情况的原因可能是没有考虑影响支出的其他重要变量，如性别、年龄、子女数量、在家中排行第几等。

2. 各因素对新生代农民工家庭支出的影响

事实上，在前面我们已经通过两独立样本 t 检验的方法分析了婚姻状况对新生代农民工家庭月支出的影响，可以看出，已婚农民工家庭支出高于未婚农民工，这也与预期相一致。接下来分析子女数量、永久迁移意愿对家庭月支出的影响。由于家庭月支出是一个定量变量，子女数量可以看成类别变量，永久迁移意愿也是类别变量，在此采用方差分析方法。

首先分析子女数量对农民工家庭月支出的影响，把子女数量看成类别变量，在此，样本量为已婚的 1 551 个，分组描述统计数据见表 12-8。

表 12-8 不同子女数量的已婚农民工家庭支出的描述统计量

子女数量	样本量	均值	置信区间	
			下限	上限
0	114	3 291.23	2 879.61	3 702.85
1	755	3 475.29	3 298.65	3 651.93
2	599	3 696.11	3 491.07	3 901.15
3	78	4 383.97	3 668.72	5 099.23
4	5	2 840.00	1 959.38	3 720.62
全部	1 551	3 590.69	3 464.66	3 716.72

采用方差分析法，检验统计量 F 为 3.095，对应 p 值为 0.015，对于给定的显著性水平 $\alpha=0.05$，可以拒绝原假设，认为不同子女数量的已婚农民工家庭支出存在显著差异，至于具体差异，可以通过多重比较进行分析。

再分析永久迁移意愿对家庭月支出的影响，此时的样本量为 2 267，相应问题为"您今后是否打算在本地长期居住（5 年以上）"，选项有"打算""不打算""没想好"。相应的描述统计量见表 12-9。

表 12-9 不同迁移意愿的农民工家庭支出的描述统计量

迁移意愿	样本量	均值	置信区间	
			下限	上限
打算	1 001	3 708.35	3 535.45	3 881.26
不打算	308	2 388.75	2 225.58	2 551.92
没想好	958	2 694.81	2 574.54	2 815.08
全部	2 267	3 100.76	3 003.84	3 197.68

方差分析结果显示，F 统计量为 65.215，p=0.000，拒绝原假设，说明不同迁移意愿的农民工家庭支出存在显著差异。

12.2.3 小结

本案例综合使用描述统计、参数估计、两独立样本 t 检验、方差分析等方法分析了婚姻状况、家庭老人负担、子女数量、永久迁移意愿对新生代农民工家庭月支出的影响。从上述分析可以发现，对于相同的问题，可以根据变量及变量值特征采用不同的分析方法，这需要大家在进行数据分析的过程中慢慢体会不同统计方法的使用条件和前提。同时，在对有些问题的分析中，得到了与预期并不一致的分析结果，此时，我们还应该再作更为细致的分析。

第十三章 回归分析案例

> 作　　者：王秀芝
> 教学目的：掌握线性回归分析方法的使用。
> 知识准备：SPSS 软件、回归分析。
> 知　识　点：一元线性回归分析、多元线性回归分析、哑变量回归。

13.1 受教育程度的影响因素

13.1.1 案例简介

社会阶层的代际传递是学者们非常关注的社会问题之一，本案例试图通过父辈和子辈的受教育程度来对这个问题进行探讨，选用 1996 年"当代中国生命史与社会变迁"（Life Histories and Social Change in China）抽样调查数据[①]来考察父母受教育年限对子女受教育年限的影响，相应数据见文件"ch13 China1996"。

要求：

（1）使用线性回归分析方法分析父亲受教育年限（feduc）和母亲受教育年限（meduc）对子女受教育年限（educ）的影响；

（2）将性别作为哑变量加入模型，进行回归分析，并比较加入前后回归系数的变化；

（3）对回归结果进行理论检验和统计检验，并对回归结果进行解释。

13.1.2 案例分析

1. 不考虑性别的情况

在不考虑性别的情况下，建立的线性回归模型为

$$educ=\beta_0+\beta_1 feduc+\beta_2 meduc+\varepsilon$$

使用 SPSS 软件进行分析的结果如表 13-1~ 表 13-3 所示。

表 13-1　子女受教育年限的影响因素：拟合优度检验

模 型	R	R^2	调整后 R^2	标准估算的错误（std. Error of the Estimate）
1	0.432[a]	0.187	0.187	3.802

a：预测变量（常量）——meduc, feduc。

[①] 本案例的相关思路来自王存同（2017），案例使用数据来自 2017 年 7 月 17—20 日，由高等教育出版社在北京组织、中央财经大学王存同教授主讲的"高级定量、计量分析及 Stata 软件应用培训"讲义。

表 13-2 子女受教育年限的影响因素：方差分析表

模型		平方和	自由度	均方	F	显著性
1	回归	19 894.446	2	9 947.223	687.968	0.000[b]
	残差	86 536.133	5 985	14.459		
	总计	106 430.579	5 987			

a：因变量——educ。
b：预测变量（常量）——meduc, feduc。

表 13-3 子女受教育年限的影响因素：回归系数检验系数[a]

模型Ⅰ		未标准化系数		标准化系数	t	显著性
		B	标准错误（std. Error）	Beta		
1	（常量）	5.601	0.065		86.173	0.000
	feduc	0.325	0.015	0.306	21.655	0.000
	meduc	0.253	0.020	0.178	12.596	0.000

a：因变量——educ。

先看方程的拟合优度检验，在线性回归分析中，常用判定系数 R^2 作为拟合优度的测量指标。理论上，R^2 越大，说明模型对数据的拟合越好。但是，是不是 R^2 越高就越好？其实未必。通过 R^2 的计算公式可以看出，只要加入模型的自变量越多，R^2 就会越高，这样就会落入为了追求 R^2 而盲目加入自变量的陷阱。事实上，在建立回归模型的过程中，最基本的要求是简约，即要以最少的自变量个数来解释因变量中最多的变异。而且，加入的自变量过多，也会带来多重共线性问题。

在本案例中，$R^2=0.187$（表 13-1），这么小的 R^2 是不是很让我们失望呢？没有必要。如果从理论上分析没有忽略重要变量，那较小的 R^2 也可以接受。从本案例来说，分析的是子女受教育年限的影响因素，自变量是父亲和母亲的受教育年限，$R^2=0.187$ 说明父母受教育年限能解释子女受教育年限总变异中的 18.7%，这意味着子女受教育年限还可以由其他，如个人努力程度、智商等因素决定。换句话说，人们可以通过努力来达到成功。

表 13-2 是方差分析表，回归方程的 F 统计量为 687.968，相应 p 值为 0.000，说明回归方程的线性关系显著。由表 13-3，可知两个解释变量的回归系数均显著不为零，且解释变量的系数为正，说明父母受教育年限增加会导致子女受教育年限的增加，与理论预期相一致。由表中数据，可得到估计的回归方程为

$$\hat{y} = 5.601 + 0.325\text{feduc} + 0.253\text{meduc}$$

式中：$\hat{y}$——被解释变量 educ。

2. 考虑性别的哑变量回归

将"性别"作为哑变量引入模型，建立的回归模型是

$$\text{educ}=\beta_0+\beta_1\text{feduc}+\beta_2\text{meduc}+\beta_3\text{sex}+\varepsilon$$

使用 SPSS 分析的结果见表 13-4 和表 13-5。由表 13-4 中数据可知，当加入"性别"变量之后，方程的 R^2 有所增加，回归方程的 F 统计量均显著。

表 13-4 子女受教育年限影响因素的回归结果 - 主体间效应检验

因变量：educ

源	III 类平方和	自由度	均　方	F	显著性
修正模型	23 627.177[a]	3	7 875.726	569.160	0.000
截距	106 982.995	1	106 982.995	7 731.400	0.000
sex	3 732.731	1	3 732.731	269.755	0.000
feduc	6 581.724	1	6 581.724	475.645	0.000
meduc	2 445.827	1	2 445.827	176.754	0.000
误差	82 803.402	5 984	13.837		
总计	406 417.000	5 988			
修正后总计	106 430.579	5 987			

a：$R^2 = 0.222$（调整后 $R^2 = 0.222$）。

表 13-5 子女受教育年限影响因素的回归结果 - 参数估算值

因变量：educ

参　数	B	标准误差	t	显著性	95% 置信区间	
					下　限	上　限
截距	6.381	0.079	80.400	0.000	6.226	6.537
[sex=0]	-1.580	0.096	-16.424	0.000	-1.768	-1.391
[sex=Mal]	0[a]					
feduc	0.320	0.015	21.809	0.000	0.291	0.349
meduc	0.261	0.020	13.295	0.000	0.223	0.300

a：此参数冗余，因此设置为零。

由表 13-5 可知，三个解释变量的系数均显著（t 统计量对应的 p 值均接近 0），同样的，两个定量解释变量系数的符号均为正，与理论预期一致。再分析性别的系数，由表中数据可知，对于本案例中的哑变量"性别"，系统将男性定义为 0，女性定义为 1，女性的系数为 -1.580，说明在控制父母受教育水平条件下，男性的平均受教育年限高于女性 1.580 年。

由此可得到的回归方程可以写成

$$\hat{y} = 6.381 + 0.320\text{feduc} + 0.261\text{meduc} - 1.580\text{sex}$$

也可以按性别写成两个方程

男性（sex=0）：$\hat{y} = 6.381 + 0.320\text{feduc} + 0.261\text{meduc}$

女性（sex=1）：$\hat{y} = 4.801 + 0.320\text{feduc} + 0.261\text{meduc}$

13.1.3 小结

本案例分析了我国父母受教育年限对子女受教育年限的影响，这是一个非常简单的线性回归分析。在结果分析中,首先要关注回归系数的符号,它是不是与理论预期一致非常重要,因为,如果分析出来的结果与预期相反,要么你的理论分析并不正确、要么数据存在问题、要么方法不对,或者这些都没有问题的话,要考虑其他原因解释这种现象。

其次,需要进行统计检验,这比较简单,在微观数据的分析中需要注意的是 R^2。R^2 只有在截距项存在的条件下才有意义,否则没有实际意义。同时,建议不要过分追求 R^2,因为它并非是一个检验统计量,即并非像 t 检验和 F 检验等能甄别与否的统计量,它仅是一个统计指标而已,是一个帮助我们判断模型拟合程度的辅助指标。多高是好,多低是差?仁者见仁,智者见智。

最后,需要说明的是线性回归的几个假定(线性假定、误差项 ε 与 x 不相关、误差项满足正态性、方差齐性、独立性)。这些问题在第七章都进行了详细介绍,本案例没有讨论。但是,一定要注意,这些假定是线性回归的核心,也是统计学进展的主线及计量经济教材章节编写的主要脉络。只有假定满足时,才可以直接采用线性回归模型,如果不能满足其中任一假定,则应考虑选择其他模型。

13.2 省际迁移决定因素的变迁

13.2.1 案例简介

第七次人口普查数据显示,我国流动人口达 37 582 万人,比 2010 年人口普查增加 15 439 万人,增长 69.7%。2022 年,我国农民工总量 29 562 万人,比上年增长 1.1%[1]。大量的人口迁移已成为我国经济发展过程中的一个重要社会现象,也成为理论界研究的热点问题之一。其中,迁移的决定因素是众多文献关注的重要问题,在宏观层面,研究者们通常将地区和城乡收入差距、劳动力市场、城市化、迁移成本,以及决定迁移成本的距离、政策或制度等因素引入分析框架;在微观层面,则通常将年龄、性别、受教育程度、家庭人口等个人及家庭因素作为重要变量,综合分析这些因素在迁移决策中的作用。

大多数对我国不同来源数据的研究表明,收入差距、距离、城市化等在我国的人口迁移和劳动力转移中起着重要作用,那么,随着时间的推移,这些因素在省际迁移中的作用是否还会延续已有研究显示的趋势呢?基于此,本案例利用 2000 年人口普查、2005 年 1% 人口抽样调查、2010 年人口普查及其他相关统计资料,分析不同因素在省际迁移中的作用及变迁。[2]

本案例主要针对中部 6 个省(山西、安徽、江西、河南、湖北、湖南)的迁移进行分析和判断,而没有以全国各个省份为研究对象,这种选择主要基于以下三点考虑:其一,不同地区省际迁移的原因存在差异,从发达地区向欠发达地区的迁移原因可能是其他因素

---

[1] 数据来源:中华人民共和国 2022 年国民经济和社会发展统计公报,http://www.stats.gov.cn/sj/zxfb/202302/t20230228_1919011.html。
[2] 本案例来自作者 2014 年发表于《改革》期刊上的论文《省际人口迁移的内在动因及影响波及》。

而并非本文所涉及的主要变量，因而在进行计量分析时，选取经济欠发达的中部六省优于全国各个省份，其结果具有更强的说服力；其二，两次人口普查时间跨度为 10 年，10 年间不同地域的经济社会发展情况不一，影响省际迁移的因素也会随之发生变化，选择经济发展具有相似性的中部六省，可避免计量分析的复杂化；其三，在我国的省际迁移过程中，中部地区是主要的人口迁出地，根据人口普查和人口抽样调查资料，在全国 31 个省（自治区、直辖市）中，中部六省除山西外，其他 5 个省（自治区、直辖市）的迁移率（全部迁移人口 / 总人口）远高于全国平均水平。在 2010 年第六次人口普查中，迁移率最高的是安徽，比全国平均水平高出近 10 个百分点，江西、湖南、湖北、河南也高于全国平均水平（图 13-1），因而选取这 6 个省具有一定的代表性。

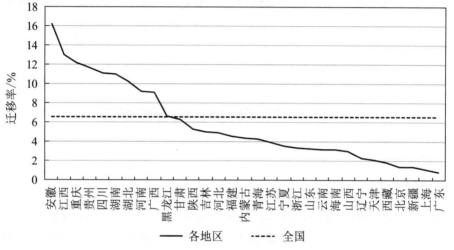

图 13-1　中国 31 个省（区、市）的迁移率

注：迁移率 = 某省全部迁移人口 / 该省总人口。

数据来源：作者的计算，原始数据来自《中国 2010 年人口普查资料》。

要求：

（1）根据理论分析结果，建立回归模型；

（2）选择合适的数据表示迁移、收入差距、距离、城市化等变量；

（3）对回归结果进行理论检验和统计检验，并进行解释。

13.2.2　案例分析

人口和劳动力在地区间的流动是劳动力市场在空间上从不均衡向均衡转变的过程，在这个过程中，收入差距、失业率、距离等因素都起着一定的作用。本案例采用双对数模型来分析这些因素对迁移的影响：以人口迁移率为被解释变量，以相对人均收入、迁入地与迁出地之间的距离、迁入地失业率、迁出地失业率、相对城市化率为解释变量，分析各因素对省际迁移的影响，具体模型如下

$$\ln M_{ij} = \beta_0 + \beta_1 \ln Y_{ji} + \beta_2 \ln D_{ij} + \beta_3 \ln U_j + \beta_4 \ln U_i + \beta_5 \ln R_{ji} + \varepsilon$$

式中：M_{ij}——总迁移率，指从中部各省到全国其他省份的迁移率，用中部各省到其他省份

的迁移人口数除以迁出地期末人口数表示；

Y_{ji}——相对人均收入，用迁入地人均收入除以迁出地人均收入，以城乡人口为权数，用"城镇居民人均可支配收入"与"农村居民人均纯收入"的加权平均数作为平均收入；

D_{ij}——迁入与迁出省省会之间的铁路距离，公里；

U_j——迁入地失业率；

U_i——迁出地失业率；

R_{ji}——相对城市化率，用迁入地城镇人口比例除以迁出地城镇人口比例得到。

采用上述模型，分别以2000年人口普查、2005年全国1%人口抽样调查和2010年人口普查中部地区人口迁移的数据为依据进行回归分析。模型中计算迁移率的迁移人口和总人口数据来源于《中国2000年人口普查资料》《2005全国1%人口抽样调查资料》和《中国2010年人口普查资料》；相对人均收入用迁移前一年的数据，其中，城镇居民人均可支配收入和农村居民人均纯收入数据来源于历年《中国统计年鉴》，由于使用收入比，没有用价格指数消胀；迁入地和迁出地失业率使用调查当年的城镇登记失业率，数据来自《中国劳动统计年鉴》和《中国统计年鉴》；城市化率使用调查当年城镇人口占总人口比重，数据来自历年《中国统计年鉴》。鉴于中部地区迁入西藏的人口非常少，本文的分析不包括西藏，观察值为174个（6×29）[①]。所有相对值在回归之前进行处理。计量分析结果见表13-6。总体而言，回归方程的拟合效果较好。

表13-6 省际迁移的决定因素（2000—2010年）

解释变量	第五次人口普查	2005年1%人口抽样调查	第六次人口普查
常数项	-8.512** (-2.147)	-8.079 (-1.687)	7.716 (1.369)
$\ln Y_{ji}$（相对人均收入）	2.754*** (6.672)	4.086*** (8.072)	2.997*** (6.250)
$\ln D_{ij}$（省会间的距离）	-1.007*** (-6.684)	-0.937*** (-6.537)	-0.892*** (-7.005)
$\ln U_j$（迁入地失业率）	-0.473 (-1.649)	-0.375 (-0.789)	-0.894** (-2.565)
$\ln U_i$（迁出地失业率）	2.778*** (5.822)	2.512*** (4.639)	0.573 (0.753)
$\ln R_{ji}$（相对城市化率）	-0.992** (-2.512)	-2.432*** (-3.999)	-1.478** (-2.230)
Adj-R^2	0.533	0.623	0.614
F	40.548	58.064	56.028

注：观察值为174个；括号内为t检验值；***，**分别表示系数在1%和5%水平上显著。

[①] 由于因变量和自变量均是通过计算得出，所使用的原始数据较多，计算也较为烦琐，因此本案例未提供相应数据。

1. 收入差距对迁移的影响及变化

由回归估计结果，Y_{ji} 系数符号均为正，与经典理论一致。在三组数据中，两地之间的迁移率与迁入地对迁出地的相对收入高度相关，且非常显著，说明迁入地对迁出地的相对收入越高，迁移率越高。因此，地区收入差距对中部六省的人口迁移存在显著正向影响，与经典理论预期一致，也是造成中部六省迁移率上升的主要原因。对比三个回归方程，其系数分别为 2.754、4.086 和 2.997，表明迁移的相对收入弹性先增加再降低，这与前面所分析的迁移率先上升再下降的趋势一致。但总体而言，2010 年的弹性系数高于 2000 年。

2. 距离对迁移的影响及变化

比较三个回归结果，D_{ij} 的系数符号均为负，且非常显著，表明在迁移过程中，人们还是倾向于流向离家乡较近的地方，这与已有的研究结论相同（蔡昉和王德文，2003；林毅夫等，2004；黄国华，2010）。但是，观察三个回归方程 D_{ij} 的系数值可以发现，距离系数的绝对值逐渐减小，其值分别为 -1.007、-0.937 和 -0.892，表明在三个不同的调查年份，距离每增加 1%，会导致迁移率分别下降 1.007%、0.937% 和 0.892%。迁移的距离弹性系数减小，说明对于中部地区的迁移人口而言，距离对外出的约束正逐渐减弱。

3. 失业率对迁移的影响及变化

首先，观察迁入地失业率对迁移率的影响。使用 2000 年和 2005 年调查数据的回归系数在统计上均不显著。由此可以判断，人口普查中的迁移人口绝大部分还是属于农村劳动力，由于不同的劳动力供给特征、流动性，以及市场分割等因素，造成了城市本地劳动力和外来劳动力在失业率上存在较大差异，城市劳动力市场的分割使得农村劳动力向城市迁移基本上不受城市下岗失业的影响。潜在的迁移者在比较城乡劳动力市场中机会差异的基础上，决定迁往城市或留在农村，使个人的预期效用达到最大。因而对一个迁移者来说，尽管城市存在着失业，但他作出向城市迁移的决策仍然是合乎理性的。根据我国目前外出农民在城市所从事的主要职业可以判定，当迁移人口主要为农村劳动力时，其向城市的迁移基本上不受城市失业率的影响。但是，随着时间的推移，这种现象发生了改变。使用 2010 年人口普查数据估计的回归方程中，迁入地失业率对迁移决策产生了显著负向影响，系数为 -0.894，说明迁入地失业率的上升对迁移存在制约作用。

其次，分析迁出地失业率对迁移率的影响。使用三个不同时间段数据进行的回归分析表明，2000 年和 2005 年，迁出地失业率对迁移率产生了显著正向影响，其系数分别为 2.778 和 2.512，说明迁出地所在省的失业率越高，迁移率越高。但是，在对 2010 年数据的回归分析结果中，这个系数并不显著。迁出地失业率对迁移的影响也发生了改变。

可以看出，迁出地失业率和迁入地失业率对迁移的影响作用和变化趋势非常一致。从这两个变量对迁移的影响及变化可以判断，我国始于 20 世纪 90 年代初期的大规模人口迁移有可能已经达到了一个相对稳定的均衡状态，对于众多的迁移人口尤其是农村迁移劳动力而言，多年的外出经验及外部环境的变化，使得他们的迁移行为也将更加理性。

4. 城市化对迁移的影响及变化

对于三个分析时段，相对城市化率的回归系数均为负，且都在 5% 的水平上显著。其

系数值分别为 -0.992、-2.432 和 -1.478，表明相对城市化率提高 1%，会导致迁移率分别下降 0.992%、2.432% 和 1.478%。这个结果与已有的研究（林毅夫等，2004）不一致，原因可能是研究对象的选择差异。林毅夫等人的研究将所有省份同时作为迁出地和迁入地，而本案例的迁出地是中部六省，我们认为，这个结果更能反映出城市化水平对经济欠发达地区大量人口迁移的影响。根据相对城市化率的定义，它是迁入地居住在城镇的人口比例除以迁出地居住在城镇的人口比例，其系数为负，表明人们更不愿意流向那些城市化率较高的地区，因为城市化率高的往往是经济发达地区，它的生存成本必然较高，外来者在这些地区会面临更高的生活成本和压力。从具体数值来看，相对城市化率对迁移率的影响呈现先增加后下降的趋势，但总体而言，近期的影响比十年前的影响更大，这个结果与收入差距对迁移的影响一致。由此可以看出，与 10 年前相比，当迁入地与迁出地的城市化水平差异增加时，人们的迁移会减少，说明人们的迁移行为更加理性了。

13.2.3 小结

本案例的分析显示，我国在经历了 20 多年的大规模劳动力迁移之后，无论是经济发达的迁入地，还是经济欠发达的迁出地，迁移已呈现一个相对稳定状态，并且，人们的迁移行为也越来越理性，这些从收入差距、距离、失业率和城市化率在迁移决策中作用的变化中都可以反映出来。在此情况下，作为迁入地，需要为迁移者提供在城市长期定居的外部环境，努力让长年为本地经济社会发展做出贡献的农村劳动者市民化，解决他们的身份问题。作为迁出地，需要为本地劳动者创造更多的留在本地就业的机会和条件，在迁移呈现相对稳定的状态下，留在本地的农村劳动力大都比外出者年纪大、能力弱，除了必要的培训增强其劳动技能之外，当地政府应该为这个群体从事农业生产和本地非农就业提供便利的条件和支持。

本案例取自作者已经发表的一篇学术论文，这篇论文在方法上相对来说比较简单，只是在原始数据的收集和处理上需要花费一定的时间。由于原始数据较多，本案例未提供相应数据。需要注意的是，在使用宏观数据进行数据分析时一定要注意统计口径的一致性，对于时间序列数据，还需要注意有关价值量数据的消胀。

第十四章 多元统计分析案例

> 作　　者：王秀芝
> 教学目的：掌握因子分析和聚类分析的使用前提，学会使用它进行数据分析。
> 知识准备：SPSS 软件、因子分析、聚类分析。
> 知　识　点：因子分析、聚类分析。

14.1 高技术产业科技实力分析

14.1.1 案例简介

高技术产业指用当代尖端技术（主要指信息技术、生物工程和新材料等领域）生产高技术产品的产业群，是国民经济的战略性先导产业，对产业结构调整和经济发展方式转变发挥着重要的作用，它的主要特征是研究开发投入高、研究开发人员比重大。发展高技术及其产业，对推动产业结构升级、提高劳动生产率和经济效益，都具有不可替代的作用。科学技术是第一生产力，技术作为一种生产要素对产出的重要作用已是不争的事实，因此，高技术产业的科技实力是影响其产出水平的重要因素。

本案例根据我国第二次经济普查[①]数据，对江西省高技术产业科技活动相关变量进行因子分析。鉴于地方经济发展的特色，江西省统计局依据国家统计局《高技术产业统计分类目录》进行了修改。根据江西省改制的《高新技术产业综合统计报表制度》对高技术产业行业的分类，以及江西省第二次经济普查的相关数据，本案例所指的江西省高技术产业包括电子信息、航空航天、光机电一体化、生物医药和医疗制造业、新材料及其他共六大产业，24 个行业[②]（表 14-1）。根据江西省第二次经济普查方案，科技统计属专业普查，其调查范围是全部规模以上工业企业。相应数据见文件"ch14 高技术产业科技投入与产出"。

[①] 第二次全国经济普查于 2008 年进行，普查时点为 2008 年 12 月 31 日 24 时，普查时期为 2008 年 1 月 1 日至 12 月 31 日。普查对象是在我国境内从事第二产业和第三产业的全部法人单位、产业活动单位和个体经营户；普查的主要内容包括：单位基本属性、财务状况、生产经营情况、生产能力、能源消耗、主要生产设备、信息化和科技活动情况等。通过普查，进一步夯实统计基础，完善我国国民经济核算制度，为加强和改善宏观调控，科学制定中长期发展规划提供科学准确的统计信息支持。

[②] 在江西省科技厅网站上公布的《江西省高新技术产业发展公报》中，涉及的高技术产业包括这六大产业，32 个行业。由于普查数据的限制，本报告的研究只包括其中的 24 个行业。缺的 8 个行业分别为：a. 其他电子设备制造，b. 金属密封件制造，c. 锻件及粉末冶金制品制造，d. 电子和电工机械专用设备制造，e. 电气机械及器材制造业，f. 特种陶瓷制品制造，g. 防水建筑材料制造，h. 食品及饲料添加剂制造。本案例所用数据由江西省统计局为江西省第二次经济普查研究立项课题"江西省高技术产业科技实力研究"提供，案例作者为课题负责人。

表 14-1 江西省高技术产业行业分类

高技术产业类别	具 体 行 业	高技术产业类别	具 体 行 业
电子信息	1. 通信设备制造	生物医药和医疗制造业	12. 化学药品原药制造
	2. 广播电视设备制造		13. 化学药品制剂制造
	3. 电子计算机制造		14. 中药饮片加工
	4. 电子器件制造		15. 中成药制造
	5. 电子元件制造		16. 兽用药品制造
	6. 家用视听设备制造		17. 生物、生化制品的制造
航空航天	7. 航空航天器制造		18. 卫生材料及医药用品制造
光机电一体化	8. 船舶及浮动装置制造		19. 医疗仪器设备及器械制造
	9. 泵、阀门、压缩机及类似机械的制造	新材料	20. 稀有稀土金属冶炼
	10. 风机、衡器、包装设备等通用设备制造		21. 有色金属压延加工
			22. 玻璃及玻璃制品制造
	11. 仪器仪表及文化、办公用机械制造业	其他	23. 专用化学产品制造
			24. 电力生产

要求：

（1）使用因子分析法对高技术产业科技活动相关变量进行分析；

（2）对因子进行命名；

（3）对结果进行解释。

14.1.2 案例分析

与科技活动有关的变量是科技投入与产出。在经济普查中，反映高技术产业人力资源投入的指标有：科技活动人员、科学家和工程师、高中级技术职称人员、R&D 人员、R&D 人员折合全时当量[①]、科学家和工程师折合全时当量。根据经济普查的数据计算，在 0.01 的显著性水平下，各指标之间均显著相关，且相关系数在 0.85 以上（表 14-2）。反映高技术产业科技活动相关的物质资源投入的指标有：科技活动经费筹集总额、R&D 经费内部支出、新产品开发经费。根据普查数据进行计算，这三项指标之间也显著相关，且相关系数在 0.95 以上。

---

① 这是国际上通用的、用于比较科技人力投入的指标，指 R&D 全时人员（全年从事 R&D 活动累积工作时间占全部工作时间的 90% 及以上人员）工作量与非全时人员按实际工作时间折算的工作量之和。例如，有 2 个 R&D 全时人员（工作时间分别为 0.9 年和 1 年）和 3 个 R&D 非全时人员（工作时间分别为 0.2 年、0.3 年和 0.7 年），则 R&D 人员全时当量 =1+1+0.2+0.3+0.7=3.2（人 / 年）。

表 14-2 高技术产业科技人力资源投入指标的相关系数

		科技活动人员	科学家和工程师	高中级职称人员	R&D 人员	R&D 人员全时当量	科学家和工程师全时当量
科技活动人员	皮尔逊相关性	1	0.993**	0.996**	0.996**	0.901**	0.881**
	Sig.（双尾）		0.000	0.000	0.000	0.000	0.000
科学家和工程师	皮尔逊相关性	0.993**	1	0.993**	0.990**	0.930**	0.921**
	Sig.（双尾）	0.000		0.000	0.000	0.000	0.000
高中级技术职称人员	皮尔逊相关性	0.996**	0.993**	1	0.992**	0.894**	0.880**
	Sig.（双尾）	0.000	0.000		0.000	0.000	0.000
R&D 人员	皮尔逊相关性	0.996**	0.990**	0.992**	1	0.915**	0.895**
	Sig.（双尾）	0.000	0.000	0.000		0.000	0.000
R&D 人员折合全时当量	皮尔逊相关性	0.901**	0.930**	0.894**	0.915**	1	0.989**
	Sig.（双尾）	0.000	0.000	0.000	0.000		0.000
科学家和工程师折合全时当量	皮尔逊相关性	0.881**	0.921**	0.880**	0.895**	0.989**	1
	Sig.（双尾）	0.000	0.000	0.000	0.000	0.000	

**：在 0.01 级别（双尾），相关性显著。

在高技术产业产出中，技术创新是备受关注的。高技术企业要想在市场竞争中立于不败之地，就必须强化创新意识，提高开发新产品和开拓市场的创新能力。在经济普查数据中，反映高技术产业科技产出的指标包括：新产品产值、新产品销售收入、新产品出口额、专利申请数、发明专利申请数、拥有发明专利数。很显然，新产品产值与新产品销售收入之间必定存在强相关关系，经计算，两者的相关系数达 0.998。

在大量国外的研究文献中，一般将专利数作为重要的衡量企业知识产出的指标。专利申请数是科技创新的重要表现，经过科学研究，最终表现为新发明、新创造的数量。根据经济普查数据，专利申请数、发明专利申请数、拥有发明专利数三者之间也存在着显著的相关关系（表 14-3）。

表 14-3 高技术产业专利指标的相关系数

		专利申请数	发明专利申请数	拥有发明专利数
专利申请数	皮尔逊相关性	1	0.987**	0.875**
	Sig.（双尾）		0.000	0.000
发明专利申请数	皮尔逊相关性	0.987**	1	0.905**
	Sig.（双尾）	0.000		0.000
拥有发明专利数	皮尔逊相关性	0.875**	0.905**	1
	Sig.（双尾）	0.000	0.000	

**：在 0.01 级别（双尾），相关性显著。

综上所述,这些变量是适合使用因子分析的。

本案例试图对科技活动有关变量进行因子分析,采用的变量包括:科技活动人员、高中级职称人员、R&D 人员全时当量、科学家和工程师全时当量、科技活动经费筹集总额、R&D 经费内部支出、新产品开发经费、专利申请数、发明专利申请数、拥有发明专利数,共 10 个变量。进行因子分析的主要结果见表 14-4~ 表 14-6。

表 14-4　高技术产业科技实力因子分析结果 -KMO 检验和 Bartlett's 球度检验

KMO 取样适切性量数		0.703
巴特利特球形度检验	近似卡方	618.226
	自由度	45
	显著性	0.000

表 14-5　高技术产业科技实力因子分析结果 - 各因子所解释的原始变量的方差

成分	初始特征值			提取载荷平方和			旋转载荷平方和		
	总计	方差百分比	累积 /%	总计	方差百分比	累积 /%	总计	方差百分比	累积 /%
1	7.450	74.503	74.503	7.450	74.503	74.503	6.334	63.342	63.342
2	2.171	21.713	96.215	2.171	21.713	96.215	3.287	32.874	96.215
3	0.209	2.095	98.310						
4	0.120	1.197	99.508						
5	0.019	0.194	99.702						
6	0.012	0.122	99.823						
7	0.010	0.105	99.928						
8	0.004	0.044	99.971						
9	0.002	0.023	99.995						
10	0.001	0.005	100.000						

提取方法:主成分分析法。

表 14-6　高技术产业科技实力因子分析结果 - 旋转后的因子载荷矩阵

	成　分	
	因子 1	因子 2
新产品开发经费	0.984	0.111
科技活动经费筹集总额	0.981	0.108
科技活动人员	0.974	0.204
R&D 经费内部支出	0.974	0.197
高中级职称人员	0.972	0.199
R&D 人员全时当量	0.851	0.444

续表

	成分	
	因子1	因子2
科学家和工程师全时当量	0.825	0.488
发明专利申请数	0.218	0.962
拥有发明专利数	0.069	0.957
专利申请数	0.323	0.931

由表14-4可知，KMO值为0.703，巴特利特球度检验相应统计量的观测值为618.226，相应概率 p 值接近0，说明数据适合进行因子分析。根据表14-5可知，可以提取两个因子，这两个因子共同解释了原有10个变量总方差的96.215%。可以看出，原有变量的信息丢失非常少，因子分析效果理想。

表14-6是旋转后的因子载荷矩阵，从数据来看，因子的含义非常清晰：因子1可以解释新产品开发经费、科技活动经费筹集总额、科技活动人员、R&D经费内部支出、高中级职称人员、R&D人员全时当量、科学家和工程师全时当量这7个变量，因子2主要解释了发明专利申请数、拥有发明专利数、专利申请数这3个变量。因此，可以把因子1命名为"科技投入"，因子2命名为"科技产出"。

操作结束后，系统会自动算出因子1和因子2的得分（表14-7中的第2、3列），根据表14-5中两个因子方差贡献确定权重，因子1的权重为0.658（6.334÷9.621），因子2的权重为0.342（3.287÷9.621），以此权重计算出的总得分见表14-7（已按总得分降序排列）。

表14-7 高技术产业科技实力因子分析结果 - 因子得分

产业类型	因子1	因子2	总得分	排序
航空航天	4.541 2	−0.266 1	2.897 1	1
中成药制造	0.497 1	2.880 7	1.312 3	2
化学药品制剂制造	−0.588 8	3.132 6	0.683 9	3
电子器件制造	0.003 3	1.208 5	0.415 4	4
专用化学产品制造	0.207 2	−0.183 1	0.073 7	5
稀有稀土金属冶炼	0.190 7	−0.365 5	0.000 5	6
化学药品原药制造	0.080 7	−0.164 0	−0.003 0	7
仪器仪表及文化、办公用机械制造业	−0.001 8	−0.087 4	−0.031 1	8
卫生材料及医药用品制造	−0.508 8	0.422 8	−0.190 2	9
电子元件制造	−0.174 8	−0.337 1	−0.230 3	10
电力生产	−0.089 1	−0.516 1	−0.235 2	11
通信设备制造	−0.198 7	−0.350 0	−0.250 5	12
医疗仪器设备及器械制造	−0.175 3	−0.415 8	−0.257 4	13
玻璃及玻璃制品制造	−0.258 6	−0.337 8	−0.285 7	14
船舶及浮动装置制造	−0.242 0	−0.540 3	−0.344 0	15

续表

产业类型	因子1	因子2	总得分	排序
电子计算机制造	-0.346 6	-0.391 3	-0.361 9	16
泵、阀门、压缩机及类似机械的制造	-0.349 2	-0.387 9	-0.362 5	17
有色金属压延加工	-0.337 6	-0.416 1	-0.364 5	18
兽用药品制造	-0.403 2	-0.324 0	-0.376 1	19
风机、衡器、包装设备等通用设备制造	-0.332 6	-0.530 3	-0.400 2	20
家用视听设备制造	-0.345 1	-0.513 4	-0.402 6	21
中药饮片加工	-0.356 3	-0.506 4	-0.407 6	22
生物、生化制品的制造	-0.393 6	-0.507 4	-0.432 6	23
广播电视设备制造	-0.418 2	-0.505 1	-0.447 9	24

表中数据显示，江西省科技投入与产出最好的是航空航天业，其次是中成药制造业、化学药品制剂制造业、电子器件制造业。

14.1.3 小结

本案例使用了包含科技投入和科技产出的10个变量，事实上，在经济普查中涉及科技投入与科技产出的变量还有一些，我们没有用到的变量有科学家和工程师、R&D人员、新产品产值、新产品销售收入、新产品出口额等。由于全时当量更能反映投入情况，因此在进行因子分析时，我们选用的是"折合全时当量"的变量。而在反映高技术产业科技产出的指标中，本案例没有使用"新产品产值、新产品销售收入、新产品出口额"，而是使用了"专利申请数、发明专利申请数、拥有发明专利数"这三个变量，主要是基于在科技投入产出的研究文献中，专利数是一个非常重要的衡量知识产出的变量，而新产品产值或销售收入较少出现。

综上所述，在因子分析中，研究者首先要在理论上对自己的研究有一个较为清晰的解释，这要求多阅读文献，多掌握专业知识。

14.2 中国宜居城市聚类分析

14.2.1 案例简介

为了解决"融入、美观、控制污染、更多公园、社区和土地综合利用"等问题，加拿大在20世纪60年代末首次提出了宜居性这个概念。2005年，我国的政策文件中出现了宜居性这个术语，国务院强调北京要成为中国宜居城市的先驱城市。2019年，习近平主席强调，在城市建设中，我们始终要贯彻以人民为中心的发展理念。城市建设要确保市民安居乐业。

在过去的几十年中，我国经历了迅速的城市化进程。根据国家统计局的数据，城镇人口比例从 1949 年的 10.64%，增长到 1990 年的 26.41%，并在 2019 年超过 60%。2022 年，我国的城镇化率已达 65.2%，伴随着城镇化的快速发展，许多问题接踵而至，引起了公众的极大关注，因而"宜居城市"也成为近年来我国政界、学界、百姓关注的热点。而随着全球范围内城市化的快速发展，城市已成为吸引人才、资本和商业投资的全球竞争主体，城市宜居性也成为全球决策者最为关切的议题之一。

亚洲竞争力研究所自 2012 年开始研究城市的宜居问题，其中，"中国城市宜居指数"是其开展的区域宜居性研究的一部分内容。他们制定了一个较为全面的宜居性框架，该框架包括五个环境因素，即经济活力与竞争力、环保与可持续性、地区安全与稳定、社会文化状况及城市治理。2019 年亚洲竞争力研究所与上海社会科学院进行合作，对我国城市宜居指数进行了更新和完善。他们选择了 100 座主要城市（主要包括两类：一是我国每个经济体的省会城市，二是 2016 年地区生产总值最高的城市），同时使用硬数据与调查数据计算相关指数，并对宜居城市进行排序。其中，硬数据（即统计数据）来自公开数据来源，包括《中国统计年鉴》《中国城市数据年鉴》《中国城市建设统计年鉴》《香港统计年刊》《澳门统计年鉴》《台湾统计手册》《台湾都市及区域发展统计汇编》等。调查数据由随机电话调查获取，2019 年 7 月至 10 月间，亚洲竞争力研究所和上海社会科学院聘请了一家专业机构，对我国的 100 座城市进行了随机电话调查。为了确保调查结果的代表性，每座城市至少获得了 300 份成功的回复，总计收集到了 31 502 份回复。因较大的样本量有助于避免受小范围"专家"群体潜在偏见的影响，亚洲竞争力研究所决定采用随机挑选的大量城市居民回复作为数据，而不是依赖于专家意见。

本案例使用该研究计算得到的五个城市宜居性主观评价指标得分，对城市进行聚类分析。相应数据见文件"ch14 中国宜居城市聚类分析"。

要求：

（1）使用层次聚类法，对 31 个省会城市进行聚类分析；

（2）对分析结果进行说明和解释。

14.2.2 案例分析

1. 城市宜居性主观评价得分计算方法

市民对城市宜居性的主观评价问卷调查共涉及五大类：经济活力与竞争力、环保与可持续性、地区安全与稳定、社会文化状况、城市治理。问卷调查的问题及对应的主观评价指标和大类如表 14-8 所示。在调查问卷中，受访者对每个问题进行打分，每个问题均采用 10 分制，共计 30 个问题，因此，每份问卷的总得分范围为 0~300 分。

表 14-8 城市宜居性问卷问题及对应的评价指标和大类

大　类	指　标	问　题
经济活力与竞争力	经济发展满意度	您给（所调查城市）的经济发展情况打几分？
环保与可持续性	空气质量满意度	您给（所调查城市）的空气质量打几分？
	自然环境满意度	您给（所调查城市）的自然环境打几分？

续表

大 类	指 标	问 题
地区安全与稳定	警察服务满意度	您对（所调查城市）的警察服务满意吗？
	安全感	在（所调查城市）生活，您觉得安全吗？
社会文化状况	医疗服务满意度	您给（所调查城市）的医疗服务的满意度打几分？
	医疗便捷程度	您给（所调查城市）的就医便捷程度满意度打几分？
	公厕便捷与清洁度	您给（所调查城市）公共厕所的便捷与清洁程度打几分？
	教育质量满意度	您对子女所在学校的教学质量打几分？
	教育负担能力	您认为教育负担重吗？
	居住条件满意度	您对于目前的居住条件满意度打几分？
	住房负担能力	您的家庭能负担得起住房方面的开销吗？
	公共交通方便程度	您给（所调查城市）的公共交通方便程度打几分？
	公共交通收费满意度	您对（所调查城市）公共交通的收费满意吗？
	自来水质量满意度	您给（所调查城市）的自来水水质打几分？
	食品安全	您给（所调查城市）的食品安全打几分？
	购物便捷程度	您对（所调查城市）的购物便捷程度的满意度？
	休闲娱乐满意度	您对（所调查城市）的休闲娱乐的满意度？
	生活压力	您在（所调查城市）的生活压力大吗？
	收入差距	您认为（所调查城市）的收入差距大吗？
	对外来人口友善程度	您认为（所调查城市）对待外来人口友善吗？
	对不同信仰的包容度	（所调查城市）能够包容不同的信仰吗？
城市治理	政府办事效率	您给（所调查城市）市政府的办事效率打几分？
	城管服务	您对（所调查城市）的城管服务满意吗？
	政府服务质量	您给（所调查城市）市政府的服务质量打几分？
	司法公正	您给（所调查城市）的司法公正打几分？
	政府信息公开	您给（所调查城市）市政府的行政信息公开情况打几分？
	政府政策落实	您对（所调查城市）市政府的政策落实情况满意吗？
	政府清廉程度	您给（所调查城市）市政府的清廉程度打几分？
	反腐满意度	您给（所调查城市）市政府的反腐力度打几分？

资料来源：沈开艳等（2020）的《中国城市宜居指数排名分析、模拟及政策评估》第100~102页。

假设共有 N 座被调查城市，第 i（$i=1, 2, \cdots, N$）座城市的有效问卷数量为 M。将问卷总得分换算为 100 分制，换算后的问卷总得分即为每份问卷的城市宜居性主观评价得分，记为 S_{ij}，为第 i（$i=1, 2, \cdots, N$）座城市第 j（$j=1, 2, \cdots, M$）份问卷的总得分，则第 i 座城市的宜居性主观评价得分如下所示，得分最高的城市为市民心目中宜居性水平最高的城市。

$$\overline{S_i} = \frac{1}{M}\sum_{j=1}^{M} S_{ij}$$

调查共获取样本量 32 000 个,其中有效样本数量为 31 502 个。在对样本得分进行计算后可得到所有城市的各项指标得分。此处,我们选取 31 个城市进行聚类分析,这些城市的五项指标得分如表 14-9 所示。

表 14-9 省会城市宜居性主观评价得分

城 市	经济体	经济活力与竞争力	环保与可持续性	地区安全与稳定性	社会文化状况	城市治理
北京	北京	81.962 6	70.358 3	83.302 2	65.829 2	72.667 4
成都	四川	84.174 5	77.492 2	84.143 3	69.622 5	76.514 8
福州	福建	80.254 8	81.894 9	83.232 5	70.063 7	76.890 9
广州	广东	81.230 3	70.205 0	78.927 4	66.049 4	70.634 9
贵阳	贵州	79.588 6	81.091 8	81.075 9	67.103 5	73.896 4
哈尔滨	黑龙江	61.270 4	64.983 7	74.609 1	61.699 6	64.112 4
海口	海南	73.750 0	82.828 1	81.875 0	67.566 2	73.628 9
杭州	浙江	84.108 3	81.926 8	85.812 1	70.191 1	79.152 1
合肥	安徽	79.125 0	74.296 9	83.546 9	68.553 3	75.675 8
呼和浩特	内蒙古	70.221 5	70.395 6	75.506 3	62.801 6	64.339 4
济南	山东	75.312 5	72.515 6	84.109 4	68.244 5	74.863 3
昆明	云南	78.949 0	82.945 9	82.293 0	69.024 0	76.198 2
拉萨	西藏	77.125 0	83.609 4	82.437 5	67.577 2	75.293 0
兰州	甘肃	68.099 7	70.358 3	78.785 0	63.540 4	68.469 6
南昌	江西	77.088 6	78.164 6	82.104 4	68.952 0	75.767 4
南京	江苏	79.906 3	78.109 4	85.296 9	69.020 2	76.543 0
南宁	广西	79.216 3	84.545 5	84.686 5	69.872 8	76.986 7
上海	上海	86.459 6	76.987 6	85.310 6	68.354 0	76.273 3
沈阳	辽宁	69.281 3	73.671 9	80.281 3	66.821 7	70.144 5
石家庄	河北	73.003 2	66.453 7	78.11 5	63.967 3	68.462 5
太原	山西	70.467 3	71.464 2	77.538 9	64.280 7	68.711 1
天津	天津	71.904 8	71.904 8	83.523 8	66.633 1	72.730 2
乌鲁木齐	新疆	68.031 7	77.825 4	88.317 5	68.403 4	75.436 5
武汉	湖北	81.433 0	71.479 8	80.996 9	67.157 8	73.952 5
西安	陕西	76.751 6	70.652 9	79.570 1	66.830 3	70.788 2
西宁	青海	78.038 0	82.215 2	83.639 2	68.940 8	76.724 7
银川	宁夏	75.987 5	81.316 6	82.586 2	69.605 4	74.380 9
长春	吉林	68.083 1	72.076 7	79.536 7	65.273 4	69.840 3
长沙	湖南	81.065 8	77.037 6	83.620 7	69.227 4	76.022 7

续表

城　市	经济体	经济活力与竞争力	环保与可持续性	地区安全与稳定性	社会文化状况	城市治理
郑州	河南	80.254 8	71.719 7	82.293 0	68.351 4	73.626 6
重庆	重庆	81.297 5	79.525 3	83.053 8	69.233 1	73.437 5

2. 省会城市聚类分析结果

依据聚类分析树状图（图略），可以将 31 个城市分为七类。第一类包括昆明、西宁、福州、南宁、拉萨、银川、海口、贵阳、重庆、南京、长沙、合肥、南昌 13 个城市，第二类包括成都、上海、杭州 3 个城市，第三类包括济南、天津 2 个城市，第四类包括武汉、郑州、北京、广州、西安 5 个城市，第五类只有乌鲁木齐 1 个城市，第六类包括沈阳、长春、兰州、太原、呼和浩特、石家庄 6 个城市，第七类只有哈尔滨 1 个城市（表 14-10）。

表 14-10　城市层次聚类分析结果（按城市宜居性主观评价得分分类）

分类情况	地　区	地区个数
第一类	昆明、西宁、福州、南宁、拉萨、银川、海口、贵阳、重庆、南京、长沙、合肥、南昌	13
第二类	成都、上海、杭州	3
第三类	济南、天津	2
第四类	武汉、郑州、北京、广州、西安	5
第五类	乌鲁木齐	1
第六类	沈阳、长春、兰州、太原、呼和浩特、石家庄	6
第七类	哈尔滨	1

14.2.3　小结

这个聚类分析结果可能与我们所想象的有点差异，因为它并不是按城市的经济发展水平来划分的。由此可以看出，聚类分析的指标选择非常重要，它依赖于我们的研究目标。

事实上，从表 14-9 可以发现，某些超大城市的宜居性主观评价并不乐观。比如：在环保与可持续性评价中，上海排第 16 位、北京排第 27 位、广州排第 29 位；在社会文化状况评价中，北京、上海、广州分别排第 25、14、24 位。北上广等超大城市在市民心目中的评价处于较低水平也许与市民对超大城市交通拥堵、房价高企、环境污染等"大城市病"不满有关。另外，这也从普通市民的视角表明：与其他城市相比，大城市在高速发展过程中面临的宜居性挑战和任务也更加复杂和艰巨。

同学们可以根据自己的关注点，对我国 100 个城市进行聚类分析，或者在这 100 个城市中选择相应城市进行聚类分析。相应数据见文件"ch14 中国 100 座城市宜居性主观评价得分"。

主要参考文献

冯力，2008. 统计学实验 [M]. 大连：东北财经大学出版社 .

高敏雪，蒋妍，2013. 统计学专业课程教学案例选编 [M]. 北京：中国人民大学出版社 .

国务院第七次全国人口普查领导小组办公室，2021. 2020 年第七次全国人口普查主要数据 [M]. 北京：中国统计出版社 .

国务院研究室课题组，2006. 中国农民工调研报告 [M]. 北京：中国言实出版社 .

何晓群，2016. 现代统计分析方法与应用 [M]. 4 版 . 北京：中国人民大学出版社 .

黄国华，2010. 农村劳动力转移与城乡收入差距的因应：来自全国 29 个省市的经验数据 [J]. 北京理工大学学报（社会科学版），12（2）：71-77.

贾俊平，2018. 统计学 [M]. 7 版 . 北京：中国人民大学出版社 .

贾俊平，郝静，2010. 统计学案例与分析 [M]. 北京：中国人民大学出版社 .

贾俊平，2018. 统计学学习指导书 [M]. 7 版 . 北京：中国人民大学出版社 .

潘霞，鞠晓峰，陈军，2013. 基于因子分析的我国 29 个地区高新技术产业竞争力评价研究 [J]. 经济问题探索，（4）：65-69.

沈开艳，陈企业，王红霞，等，2020. 中国城市宜居指数排名分析、模拟及政策评估 [M]. 上海：上海社会科学院出版社 .

王存同，2017. 进阶回归分析 [M]. 北京：高等教育出版社 .

王秀芝，2014. 省际人口迁移的内在动因及影响波及 [J]. 改革，(3)：142-148.

王秀芝，2020. 中国城镇化进程中的"迁移谜题"及其破解机制研究 [M]. 北京：中国社会科学出版社 .

薛薇，2021. 统计分析与 SPSS 的应用 [M]. 6 版 . 北京：中国人民大学出版社 .

袁卫，刘超，2016. 统计学——思想、方法与应用 [M]. 2 版 . 北京：中国人民大学出版社 .

曾五一，2019. 统计学简明教程 [M]. 2 版 . 北京：中国人民大学出版社 .

张文彤，2017. SPSS 统计分析基础教程 [M]. 3 版 . 北京：高等教育出版社 .

附录　常用数理统计表

表 1　标准正态分布表

x	0	0.01	0.02	0.03	0.04	0.05	0.06	0.07	0.08	0.09
0.0	0.5000	0.5040	0.5080	0.5120	0.5160	0.5199	0.5239	0.5279	0.5319	0.5359
0.1	0.5398	0.5438	0.5478	0.5517	0.5557	0.5596	0.5636	0.5675	0.5714	0.5753
0.2	0.5793	0.5832	0.5871	0.591	0.5948	0.5987	0.6026	0.6064	0.6103	0.6141
0.3	0.6179	0.6217	0.6255	0.6293	0.6331	0.6368	0.6406	0.6443	0.648	0.6517
0.4	0.6554	0.6591	0.6628	0.6664	0.67	0.6736	0.6772	0.6808	0.6844	0.6879
0.5	0.6915	0.695	0.6985	0.7019	0.7054	0.7088	0.7123	0.7157	0.719	0.7224
0.6	0.7257	0.7291	0.7324	0.7357	0.7389	0.7422	0.7454	0.7486	0.7517	0.7549
0.7	0.758	0.7611	0.7642	0.7673	0.7703	0.7734	0.7764	0.7794	0.7823	0.7852
0.8	0.7881	0.791	0.7939	0.7967	0.7995	0.8023	0.8051	0.8078	0.8106	0.8133
0.9	0.8159	0.8186	0.8212	0.8238	0.8264	0.8289	0.8315	0.834	0.8365	0.8389
1.0	0.8413	0.8438	0.8461	0.8485	0.8508	0.8531	0.8554	0.8577	0.8599	0.8621
1.1	0.8643	0.8665	0.8686	0.8708	0.8729	0.8749	0.877	0.879	0.881	0.883
1.2	0.8849	0.8869	0.8888	0.8907	0.8925	0.8944	0.8962	0.898	0.8997	0.9015
1.3	0.9032	0.9049	0.9066	0.9082	0.9099	0.9115	0.9131	0.9147	0.9162	0.9177
1.4	0.9192	0.9207	0.9222	0.9236	0.9251	0.9265	0.9278	0.9292	0.9306	0.9319
1.5	0.9332	0.9345	0.9357	0.937	0.9382	0.9394	0.9406	0.9418	0.943	0.9441
1.6	0.9452	0.9463	0.9474	0.9484	0.9495	0.9505	0.9515	0.9525	0.9535	0.9545
1.7	0.9554	0.9564	0.9573	0.9582	0.9591	0.9599	0.9608	0.9616	0.9625	0.9633
1.8	0.9641	0.9648	0.9656	0.9664	0.9671	0.9678	0.9686	0.9693	0.97	0.9706
1.9	0.9713	0.9719	0.9726	0.9732	0.9738	0.9744	0.975	0.9756	0.9762	0.9767
2.0	0.9772	0.9778	0.9783	0.9788	0.9793	0.9798	0.9803	0.9808	0.9812	0.9817
2.1	0.9821	0.9826	0.983	0.9834	0.9838	0.9842	0.9846	0.985	0.9854	0.9857
2.2	0.9861	0.9864	0.9868	0.9871	0.9874	0.9878	0.9881	0.9884	0.9887	0.989
2.3	0.9893	0.9896	0.9898	0.9901	0.9904	0.9906	0.9909	0.9911	0.9913	0.9916
2.4	0.9918	0.992	0.9922	0.9925	0.9927	0.9929	0.9931	0.9932	0.9934	0.9936

续表

x	0	0.01	0.02	0.03	0.04	0.05	0.06	0.07	0.08	0.09
2.5	0.9938	0.994	0.9941	0.9943	0.9945	0.9946	0.9948	0.9949	0.9951	0.9952
2.6	0.9953	0.9955	0.9956	0.9957	0.9959	0.996	0.9961	0.9962	0.9963	0.9964
2.7	0.9965	0.9966	0.9967	0.9968	0.9969	0.997	0.9971	0.9972	0.9973	0.9974
2.8	0.9974	0.9975	0.9976	0.9977	0.9977	0.9978	0.9979	0.9979	0.998	0.9981
2.9	0.9981	0.9982	0.9982	0.9983	0.9984	0.9984	0.9985	0.9985	0.9986	0.9986
3.0	0.9987	0.999	0.9993	0.9995	0.9997	0.9998	0.9998	0.9999	0.9999	1
3.1	0.9990	0.9991	0.9991	0.9991	0.9992	0.9992	0.9992	0.9992	0.9993	0.9993
3.2	0.9993	0.9993	0.9994	0.9994	0.9994	0.9994	0.9994	0.9995	0.9995	0.9995
3.3	0.9995	0.9995	0.9996	0.9996	0.9996	0.9996	0.9996	0.9996	0.9996	0.9997
3.4	0.9997	0.9997	0.9997	0.9997	0.9997	0.9997	0.9997	0.9997	0.9997	0.9998
3.5	0.9998	0.9998	0.9998	0.9998	0.9998	0.9998	0.9998	0.9998	0.9998	0.9999
3.6	0.9998	0.9998	0.9999	0.9999	0.9999	0.9999	0.9999	0.9999	0.9999	0.9999
3.7	0.9999	0.9999	0.9999	0.9999	0.9999	0.9999	0.9999	0.9999	0.9999	0.9999
3.8	0.9999	0.9999	0.9999	0.9999	0.9999	0.9999	0.9999	0.9999	0.9999	1.0000
3.9	1.0000	1.0000	1.0000	1.0000	1.0000	1.0000	1.0000	1.0000	1.0000	1.0000

注：本表对于 x 给出正态分布函数 $\Phi(x)$ 的数值。

例：对于 $x=1.33$，$\Phi(x)=0.9082$。

表2　卡方分布表

n	α							
	0.995	0.99	0.975	0.95	0.05	0.025	0.01	0.005
1					3.84	5.02	6.63	7.88
2	0.01	0.02	0.02	0.1	5.99	7.38	9.21	10.6
3	0.07	0.11	0.22	0.35	7.81	9.35	11.34	12.84
4	0.21	0.3	0.48	0.71	9.49	11.14	13.28	14.86
5	0.41	0.55	0.83	1.15	11.07	12.83	15.09	16.75
6	0.68	0.87	1.24	1.64	12.59	14.45	16.81	18.55
7	0.99	1.24	1.69	2.17	14.07	16.01	18.48	20.28
8	1.34	1.65	2.18	2.73	15.51	17.53	20.09	21.96
9	1.73	2.09	2.7	3.33	16.92	19.02	21.67	23.59
10	2.16	2.56	3.25	3.94	18.31	20.48	23.21	25.19
11	2.60	3.05	3.82	4.57	19.68	21.92	24.72	26.76
12	3.07	3.57	4.4	5.23	21.03	23.34	26.22	28.30
13	3.57	4.11	5.01	5.89	22.36	24.74	27.69	29.82
14	4.07	4.66	5.63	6.57	23.68	26.12	29.14	31.32
15	4.60	5.23	6.27	7.26	25.00	27.49	30.58	32.80
16	5.14	5.81	6.91	7.96	26.30	28.85	32	34.27
17	5.70	6.41	7.56	8.67	27.59	30.19	33.41	35.72
18	6.26	7.01	8.23	9.39	28.87	31.53	34.81	37.16
19	6.84	7.63	8.91	10.12	30.14	32.85	36.19	38.58
20	7.43	8.26	9.59	10.85	31.41	34.17	37.57	40.00
21	8.03	8.9	10.28	11.59	32.67	35.48	38.93	41.40
22	8.64	9.54	10.98	12.34	33.92	36.78	40.29	42.80
23	9.26	10.20	11.69	13.09	35.17	38.08	41.64	44.18
24	9.89	10.86	12.4	13.85	36.42	39.36	42.98	45.56
25	10.52	11.52	13.12	14.61	37.65	40.65	44.31	46.93
26	11.16	12.20	13.84	15.38	38.89	41.92	45.64	48.29
27	11.81	12.88	14.57	16.15	40.11	43.19	46.96	49.64
28	12.46	13.56	15.31	16.93	41.34	44.46	48.28	50.99
29	13.12	14.26	16.05	17.71	42.56	45.72	49.59	52.34
30	13.79	14.95	16.79	18.49	43.77	46.98	50.89	53.67
40	20.71	22.16	24.43	26.51	55.76	59.34	63.69	66.77
50	27.99	29.71	32.36	34.76	67.50	71.42	76.15	79.49

续表

n	α							
	0.995	0.99	0.975	0.95	0.05	0.025	0.01	0.005
60	35.53	37.48	40.48	43.19	79.08	83.30	88.38	91.95
70	43.28	45.44	48.76	51.74	90.53	95.02	100.42	104.22
80	51.17	53.54	57.15	60.39	101.88	106.63	112.33	116.32
90	59.20	61.75	65.65	69.13	113.14	118.14	124.12	128.3
100	67.33	70.06	74.22	77.93	124.34	129.56	135.81	140.17

表3 t 分布表

例：自由度 $f=10$，$P(t>1.812)=0.05$，$P(t<-1.812)=0.05$

df	0.25	0.1	0.05	0.025	0.01	0.005	0.0025	0.001	0.0005
1	1.000	3.078	6.314	12.706	31.821	63.657	127.321	318.309	636.619
2	0.816	1.886	2.920	4.303	6.965	9.925	14.089	22.327	31.599
3	0.765	1.638	2.353	3.182	4.541	5.841	7.453	10.215	12.924
4	0.741	1.533	2.132	2.776	3.747	4.604	5.598	7.173	8.610
5	0.727	1.476	2.015	2.571	3.365	4.032	4.773	5.893	6.869
6	0.718	1.440	1.943	2.447	3.143	3.707	4.317	5.208	5.959
7	0.711	1.415	1.895	2.365	2.998	3.499	4.029	4.785	5.408
8	0.706	1.397	1.860	2.306	2.896	3.355	3.833	4.501	5.041
9	0.703	1.383	1.833	2.262	2.821	3.250	3.690	4.297	4.781
10	0.700	1.372	1.812	2.228	2.764	3.169	3.581	4.144	4.587
11	0.697	1.363	1.796	2.201	2.718	3.106	3.497	4.025	4.437
12	0.695	1.356	1.782	2.179	2.681	3.055	3.428	3.930	4.318
13	0.694	1.350	1.771	2.160	2.650	3.012	3.372	3.852	4.221
14	0.692	1.345	1.761	2.145	2.624	2.977	3.326	3.787	4.140
15	0.691	1.341	1.753	2.131	2.602	2.947	3.286	3.733	4.073
16	0.690	1.337	1.746	2.120	2.583	2.921	3.252	3.686	4.015
17	0.689	1.333	1.740	2.110	2.567	2.898	3.222	3.646	3.965
18	0.688	1.330	1.734	2.101	2.552	2.878	3.197	3.610	3.922
19	0.688	1.328	1.729	2.093	2.539	2.861	3.174	3.579	3.883
20	0.687	1.325	1.725	2.086	2.528	2.845	3.153	3.552	3.850
21	0.686	1.323	1.721	2.080	2.518	2.831	3.135	3.527	3.819
22	0.686	1.321	1.717	2.074	2.508	2.819	3.119	3.505	3.792
23	0.685	1.319	1.714	2.069	2.500	2.807	3.104	3.485	3.768
24	0.685	1.318	1.711	2.064	2.492	2.797	3.091	3.467	3.745
25	0.684	1.316	1.708	2.060	2.485	2.787	3.078	3.450	3.725
26	0.684	1.315	1.706	2.056	2.479	2.779	3.067	3.435	3.707
27	0.684	1.314	1.703	2.052	2.473	2.771	3.057	3.421	3.690
28	0.683	1.313	1.701	2.048	2.467	2.763	3.047	3.408	3.674
29	0.683	1.311	1.699	2.045	2.462	2.756	3.038	3.396	3.659
30	0.683	1.310	1.697	2.042	2.457	2.750	3.030	3.385	3.646
31	0.682	1.309	1.696	2.040	2.453	2.744	3.022	3.375	3.633
32	0.682	1.309	1.694	2.037	2.449	2.738	3.015	3.365	3.622

续表

df	0.25	0.1	0.05	0.025	0.01	0.005	0.0025	0.001	0.0005
33	0.682	1.308	1.692	2.035	2.445	2.733	3.008	3.356	3.611
34	0.682	1.307	1.091	2.032	2.441	2.728	3.002	3.348	3.601
35	0.682	1.306	1.690	2.030	2.438	2.724	2.996	3.340	3.591
36	0.681	1.306	1.688	2.028	2.434	2.719	2.990	3.333	3.582
37	0.681	1.305	1.687	2.026	2.431	2.715	2.985	3.326	3.574
38	0.681	1.304	1.686	2.024	2.429	2.712	2.980	3.319	3.566
39	0.681	1.304	1.685	2.023	2.426	2.708	2.976	3.313	3.558
40	0.681	1.303	1.684	2.021	2.423	2.704	2.971	3.307	3.551
50	0.679	1.299	1.676	2.009	2.403	2.678	2.937	3.261	3.496
60	0.679	1.296	1.671	2.000	2.390	2.660	2.915	3.232	3.460
100	0.677	1.290	1.660	1.984	2.364	2.626	2.871	3.174	3.390
∞	0.6745	1.2816	1.6449	1.9600	2.3263	2.5758	2.8070	3.0902	3.2905

表4 F分布表（α=0.05）

	$df_1=1$	2	3	4	5	6	7	8	9
$df_2=1$	161.5	199.5	215.7	224.6	230.2	234.0	236.8	238.9	240.5
2	18.51	19.00	19.16	19.25	19.30	19.33	19.35	19.37	19.38
3	10.13	9.55	9.28	9.12	9.01	8.94	8.89	8.85	8.81
4	7.71	6.94	6.59	6.39	6.26	6.16	6.09	6.04	6.00
5	6.61	5.79	5.41	5.19	5.05	4.95	4.88	4.82	4.77
6	5.99	5.14	4.76	4.53	4.39	4.28	4.21	4.15	4.10
7	5.59	4.74	4.35	4.12	3.97	3.87	3.79	3.73	3.68
8	5.32	4.46	4.07	3.84	3.69	3.58	3.50	3.44	3.39
9	5.12	4.26	3.86	3.63	3.48	3.37	3.29	3.23	3.18
10	4.96	4.10	3.71	3.48	3.33	3.22	3.14	3.07	3.02
11	4.84	3.98	3.59	3.36	3.20	3.09	3.01	2.95	2.90
12	4.75	3.89	3.49	3.26	3.11	3.00	2.91	2.85	2.80
13	4.67	3.81	3.41	3.18	3.03	2.92	2.83	2.77	2.71
14	4.60	3.74	3.34	3.11	2.96	2.85	2.76	2.70	2.65
15	4.54	3.68	3.29	3.06	2.90	2.79	2.71	2.64	2.59
16	4.49	3.63	3.24	3.01	2.85	2.74	2.66	2.59	2.54
17	4.45	3.59	3.20	2.96	2.81	2.70	2.61	2.55	2.49
18	4.41	3.55	3.16	2.93	2.77	2.66	2.58	2.51	2.46
19	4.38	3.52	3.13	2.90	2.74	2.63	2.54	2.48	2.42
20	4.35	3.49	3.10	2.87	2.71	2.60	2.51	2.45	2.39
22	4.30	3.44	3.05	2.82	2.66	2.55	2.46	2.40	2.34
24	4.26	3.40	3.01	2.78	2.62	2.51	2.42	2.36	2.30
26	4.23	3.37	2.98	2.74	2.59	2.47	2.39	2.32	2.27
28	4.20	3.34	2.95	2.71	2.56	2.45	2.36	2.29	2.24
30	4.17	3.32	2.92	2.69	2.53	2.42	2.33	2.27	2.21
32	4.15	3.29	2.90	2.67	2.51	2.40	2.31	2.24	2.19
34	4.13	3.28	2.88	2.65	2.49	2.38	2.29	2.23	2.17
36	4.11	3.26	2.87	2.63	2.48	2.36	2.28	2.21	2.15
38	4.10	3.24	2.85	2.62	2.46	2.35	2.26	2.19	2.14
40	4.08	3.23	2.84	2.61	2.45	2.34	2.25	2.18	2.12
42	4.07	3.22	2.83	2.59	2.44	2.32	2.24	2.17	2.11
44	4.06	3.21	2.82	2.58	2.43	2.31	2.23	2.16	2.10
46	4.05	3.20	2.81	2.57	2.42	2.30	2.22	2.15	2.09

	$df_1=1$	2	3	4	5	6	7	8	9
48	4.04	3.19	2.80	2.57	2.41	2.29	2.21	2.14	2.08
50	4.03	3.18	2.79	2.56	2.40	2.29	2.20	2.13	2.07
60	4.00	3.15	2.76	2.53	2.37	2.25	2.17	2.10	2.04
70	3.98	3.13	2.74	2.50	2.35	2.23	2.14	2.07	2.02
80	3.96	3.11	2.72	2.49	2.33	2.21	2.13	2.06	2.00
90	3.95	3.10	2.71	2.47	2.32	2.20	2.11	2.04	1.99
100	3.94	3.09	2.70	2.46	2.31	2.19	2.10	2.03	1.97
120	3.92	3.07	2.68	2.45	2.29	2.18	2.09	2.02	1.96
140	3.91	3.06	2.67	2.44	2.28	2.16	2.08	2.01	1.95
160	3.90	3.05	2.66	2.43	2.27	2.16	2.07	2.00	1.94
180	3.89	3.05	2.65	2.42	2.26	2.15	2.06	1.99	1.93
200	3.89	3.04	2.65	2.42	2.26	2.14	2.06	1.98	1.93

	10	12	15	20	30	40	60	80	120
$df_2=1$	241.9	243.9	246.0	248.0	250.1	251.1	252.2	252.7	253.3
2	19.40	19.41	19.43	19.45	19.46	19.47	19.48	19.48	19.49
3	8.79	8.74	8.70	8.66	8.62	8.59	8.57	8.56	8.55
4	5.96	5.91	5.86	5.80	5.75	5.72	5.69	5.67	5.66
5	4.74	4.68	4.62	4.56	4.50	4.46	4.43	4.41	4.40
6	4.06	4.00	3.94	3.87	3.81	3.77	3.74	3.72	3.70
7	3.64	3.57	3.51	3.44	3.38	3.34	3.30	3.29	3.27
8	3.35	3.28	3.22	3.15	3.08	3.04	3.01	2.99	2.97
9	3.14	3.07	3.01	2.94	2.86	2.83	2.79	2.77	2.75
10	2.98	2.91	2.85	2.77	2.70	2.66	2.62	2.60	2.58
11	2.85	2.79	2.72	2.65	2.57	2.53	2.49	2.47	2.45
12	2.75	2.69	2.62	2.54	2.47	2.43	2.38	2.36	2.34
13	2.67	2.60	2.53	2.46	2.38	2.34	2.30	2.27	2.25
14	2.60	2.53	2.46	2.39	2.31	2.27	2.22	2.20	2.18
15	2.54	2.48	2.40	2.33	2.25	2.20	2.16	2.14	2.11
16	2.49	2.42	2.35	2.28	2.19	2.15	2.11	2.08	2.06
17	2.45	2.38	2.31	2.23	2.15	2.10	2.06	2.03	2.01
18	2.41	2.34	2.27	2.19	2.11	2.06	2.02	1.99	1.97
19	2.38	2.31	2.23	2.16	2.07	2.03	1.98	1.96	1.93
20	2.35	2.28	2.20	2.12	2.04	1.99	1.95	1.92	1.90

续表

	10	12	15	20	30	40	60	80	120
22	2.30	2.23	2.15	2.07	1.98	1.94	1.89	1.86	1.84
24	2.25	2.18	2.11	2.03	1.94	1.89	1.84	1.82	1.79
26	2.22	2.15	2.07	1.99	1.90	1.85	1.80	1.78	1.75
28	2.19	2.12	2.04	1.96	1.87	1.82	1.77	1.74	1.71
30	2.16	2.09	2.01	1.93	1.84	1.79	1.74	1.71	1.68
32	2.14	2.07	1.99	1.91	1.82	1.77	1.71	1.69	1.66
34	2.12	2.05	1.97	1.89	1.89	1.75	1.69	1.66	1.63
36	2.11	2.03	1.95	1.87	1.78	1.73	1.67	1.64	1.61
38	2.09	2.02	1.94	1.85	1.76	1.71	1.65	1.62	1.59
40	2.08	2.00	1.92	1.84	1.74	1.69	1.64	1.61	1.58
42	2.06	1.99	1.91	1.83	1.73	1.68	1.62	1.59	1.56
44	2.05	1.98	1.90	1.81	1.72	1.67	1.61	1.58	1.55
46	2.04	1.97	1.89	1.80	1.71	1.65	1.60	1.57	1.53
48	2.03	1.96	1.88	1.79	1.70	1.64	1.59	1.56	1.52
50	2.03	1.95	1.87	1.78	1.69	1.63	1.58	1.54	1.51
60	1.99	1.92	1.84	1.75	1.65	1.59	1.53	1.50	1.47
70	1.97	1.89	1.81	1.72	1.62	1.57	1.50	1.47	1.44
80	1.95	1.88	1.79	1.70	1.60	1.54	1.48	1.45	1.41
90	1.94	1.86	1.78	1.69	1.59	1.53	1.46	1.43	1.39
100	1.93	1.85	1.77	1.68	1.57	1.52	1.45	1.41	1.38
120	1.91	1.83	1.75	1.66	1.55	1.50	1.43	1.39	1.35
140	1.90	1.82	1.74	1.65	1.54	1.48	1.41	1.38	1.33
160	1.89	1.81	1.73	1.64	1.53	1.47	1.40	1.36	1.32
180	1.88	1.81	1.72	1.63	1.52	1.46	1.39	1.35	1.31
200	1.88	1.80	1.72	1.62	1.52	1.46	1.39	1.35	1.30

表5 D.W.检验上下界表（α=0.05）

n	k=1		k=2		k=3		k=4		k=5		k=6	
	d_L	d_U	d_L	d_U	d_L	d_U	d_L	d_U	d_L	d_U	d_L	d_U
11	0.927	1.324	0.658	1.604	0.595	1.928	0.444	2.283	0.316	2.645	0.203	3.005
12	0.971	1.331	0.812	1.579	0.658	1.864	0.512	2.177	0.379	2.506	0.268	2.832
13	1.010	1.340	0.861	1.562	0.715	1.816	0.574	2.094	0.445	2.390	0.328	2.692
14	1.045	1.350	0.905	1.551	0.767	1.779	0.632	2.030	0.505	2.296	0.389	2.572
15	1.077	1.361	0.946	1.543	0.814	1.750	0.685	1.977	0.562	2.220	0.447	2.472
16	1.106	1.371	0.982	1.539	0.857	1.728	0.734	1.935	0.615	2.157	0.502	2.388
17	1.133	1.381	1.015	1.536	0.897	1.710	0.779	1.900	0.664	2.104	0.554	2.318
18	1.158	1.391	1.046	1.535	0.933	1.696	0.820	1.872	0.710	2.060	0.603	2.257
19	1.180	1.401	1.074	1.536	0.967	1.685	0.859	1.848	0.752	2.023	0.649	2.206
20	1.201	1.411	1.100	1.537	0.998	1.676	0.894	1.828	0.792	1.991	0.692	2.162
21	1.221	1.420	1.125	1.538	1.026	1.669	0.927	1.812	0.829	1.964	0.732	2.124
22	1.239	1.429	1.147	1.541	1.053	1.664	0.958	1.797	0.863	1.940	0.769	2.090
23	1.257	1.437	1.168	1.543	1.078	1.660	0.986	1.785	0.895	1.920	0.804	2.061
24	1.273	1.446	1.188	1.546	1.101	1.656	1.013	1.775	0.925	1.902	0.837	2.035
25	1.288	1.454	1.206	1.550	1.123	1.654	1.038	1.767	0.953	1.886	0.868	2.012
26	1.302	1.461	1.224	1.553	1.143	1.652	1.062	1.759	0.979	1.873	0.897	1.992
27	1.316	1.469	1.240	1.556	1.162	1.651	1.084	1.753	1.004	1.861	0.925	1.974
28	1.328	1.476	1.255	1.560	1.181	1.650	1.104	1.747	1.028	1.850	0.951	1.958
29	1.341	1.483	1.270	1.563	1.198	1.650	1.124	1.743	1.050	1.841	0.975	1.944
30	1.352	1.489	1.284	1.567	1.214	1.650	1.143	1.739	1.071	1.833	0.998	1.931
31	1.363	1.496	1.297	1.570	1.229	1.650	1.160	1.735	1.090	1.825	1.020	1.920
32	1.373	1.502	1.309	1.574	1.244	1.650	1.177	1.732	1.109	1.819	1.041	1.909
33	1.383	1.508	1.321	1.577	1.258	1.651	1.193	1.730	1.127	1.813	1.061	1.900
34	1.393	1.514	1.333	1.580	1.271	1.652	1.208	1.728	1.144	1.808	1.080	1.891
35	1.402	1.519	1.343	1.584	1.283	1.653	1.222	1.726	1.160	1.803	1.097	1.884
36	1.411	1.525	1.354	1.587	1.295	1.654	1.236	1.724	1.175	1.799	1.114	1.877
37	1.419	1.530	1.364	1.590	1.307	1.655	1.249	1.723	1.190	1.795	1.131	1.870
38	1.427	1.535	1.373	1.594	1.318	1.656	1.261	1.722	1.204	1.792	1.146	1.864
39	1.435	1.540	1.382	1.597	1.328	1.658	1.273	1.722	1.218	1.789	1.161	1.859
40	1.442	1.544	1.391	1.600	1.338	1.659	1.285	1.721	1.230	1.786	1.175	1.854
45	1.475	1.566	1.430	1.615	1.383	1.666	1.336	1.720	1.287	1.776	1.238	1.835
50	1.503	1.585	1.462	1.628	1.421	1.674	1.378	1.721	1.335	1.771	1.291	1.822

续表

n	k=1		k=2		k=3		k=4		k=5		k=6	
	d_L	d_U	d_L	d_U	d_L	d_U	d_L	d_U	d_L	d_U	d_L	d_U
55	1.528	1.601	1.490	1.641	1.452	1.681	1.414	1.724	1.374	1.768	1.334	1.814
60	1.549	1.616	1.514	1.652	1.480	1.689	1.444	1.727	1.408	1.767	1.372	1.808
65	1.567	1.629	1.536	1.662	1.503	1.696	1.471	1.731	1.438	1.767	1.404	1.805
70	1.583	1.641	1.554	1.672	1.525	1.703	1.494	1.735	1.464	1.768	1.433	1.802
75	1.598	1.652	1.571	1.680	1.543	1.709	1.515	1.739	1.487	1.770	1.458	1.801
80	1.611	1.662	1.586	1.688	1.560	1.715	1.534	1.743	1.507	1.772	1.480	1.801
85	1.624	1.671	1.600	1.696	1.575	1.721	1.550	1.747	1.525	1.774	1.500	1.801
90	1.635	1.679	1.612	1.703	1.589	1.726	1.566	1.751	1.542	1.776	1.518	1.801
95	1.645	1.687	1.623	1.709	1.602	1.732	1.579	1.755	1.557	1.778	1.535	1.802
100	1.654	1.694	1.634	1.715	1.613	1.736	1.592	1.758	1.571	1.780	1.550	1.803

注：a 表示显著性水平，n 表示样本容量，k 表示回归模型中解释变量个数（不包括常数项），d_U 和 d_L 分别表示 D.W. 检验上临界值和下临界值。

表6　D.W.检验上下界表（$\alpha=0.01$）

n	k=1		k=2		k=3		k=4		k=5		k=6	
	d_L	d_U	d_L	d_U	d_L	d_U	d_L	d_U	d_L	d_U	d_L	d_U
11	0.653	1.010	0.519	1.297	0.396	1.640	0.286	2.030	0.193	2.453	0.124	2.892
12	0.697	1.023	0.569	1.274	0.449	1.575	0.339	1.913	0.244	2.280	0.164	2.665
13	0.738	1.038	0.616	1.261	0.499	1.526	0.391	1.826	0.294	2.150	0.211	2.490
14	0.776	1.054	0.660	1.254	0.547	1.490	0.441	1.757	0.343	2.049	0.257	2.354
15	0.811	1.070	0.700	1.252	0.591	1.464	0.488	1.704	0.391	1.967	0.303	2.244
16	0.844	1.086	0.737	1.252	0.633	1.446	0.532	1.663	0.437	1.900	0.349	2.153
17	0.874	1.102	0.772	1.255	0.672	1.432	0.574	1.630	0.480	1.847	0.393	2.078
18	0.902	1.118	0.805	1.259	0.708	1.422	0.613	1.604	0.522	1.803	0.435	2.015
19	0.928	1.132	0.835	1.265	0.742	1.415	0.650	1.584	0.561	1.767	0.476	1.963
20	0.952	1.147	0.863	1.271	0.773	1.411	0.685	1.567	0.598	1.737	0.515	1.918
21	0.975	1.161	0.890	1.277	0.803	1.408	0.718	1.554	0.633	1.712	0.552	1.881
22	0.997	1.174	0.914	1.284	0.831	1.407	0.748	1.543	0.667	1.691	0.587	1.849
23	1.018	1.187	0.938	1.291	0.858	1.407	0.777	1.534	0.698	1.673	0.620	1.821
24	1.037	1.199	0.960	1.298	0.882	1.407	0.805	1.528	0.728	1.658	0.652	1.797
25	1.055	1.211	0.981	1.305	0.906	1.409	0.831	1.523	0.756	1.645	0.682	1.776
26	1.072	1.222	1.001	1.312	0.928	1.411	0.855	1.518	0.783	1.635	0.711	1.759
27	1.089	1.233	1.019	1.319	0.949	1.413	0.878	1.515	0.808	1.626	0.738	1.743
28	1.104	1.244	1.037	1.325	0.969	1.415	0.900	1.513	0.832	1.618	0.764	1.729
29	1.119	1.254	1.054	1.332	0.988	1.418	0.921	1.512	0.855	1.611	0.788	1.718
30	1.133	1.263	1.070	1.339	1.006	1.421	0.941	1.511	0.877	1.606	0.812	1.707
31	1.147	1.273	1.085	1.345	1.023	1.425	0.960	1.510	0.897	1.601	0.834	1.698
32	1.160	1.282	1.100	1.352	1.040	1.428	0.979	1.510	0.917	1.597	0.856	1.690
33	1.172	1.291	1.114	1.358	1.055	1.432	0.996	1.510	0.936	1.594	0.876	1.683
34	1.184	1.299	1.128	1.364	1.070	1.435	1.012	1.511	0.954	1.591	0.896	1.677
35	1.195	1.307	1.140	1.370	1.085	1.439	1.028	1.512	0.971	1.589	0.914	1.671
36	1.206	1.315	1.153	1.376	1.098	1.442	1.043	1.513	0.988	1.588	0.932	1.666
37	1.217	1.323	1.165	1.382	1.112	1.446	1.058	1.514	1.004	1.586	0.950	1.662
38	1.227	1.330	1.176	1.388	1.124	1.449	1.072	1.515	1.019	1.585	0.966	1.658
39	1.237	1.337	1.187	1.393	1.137	1.453	1.085	1.517	1.034	1.584	0.982	1.655
40	1.246	1.344	1.198	1.398	1.148	1.457	1.098	1.518	1.048	1.584	0.997	1.652
45	1.288	1.376	1.245	1.423	1.201	1.474	1.156	1.528	1.111	1.584	1.065	1.643
50	1.324	1.403	1.285	1.446	1.245	1.491	1.205	1.538	1.164	1.587	1.123	1.639

续表

n	k=1		k=2		k=3		k=4		k=5		k=6	
	d_L	d_U	d_L	d_U	d_L	d_U	d_L	d_U	d_L	d_U	d_L	d_U
55	1.356	1.427	1.320	1.466	1.284	1.506	1.247	1.548	1.209	1.592	1.172	1.638
60	1.383	1.449	1.350	1.484	1.317	1.520	1.283	1.558	1.249	1.598	1.214	1.639
65	1.407	1.468	1.377	1.500	1.346	1.534	1.315	1.568	1.283	1.604	1.251	1.642
70	1.429	1.485	1.400	1.515	1.372	1.546	1.343	1.578	1.313	1.611	1.283	1.645
75	1.448	1.501	1.422	1.529	1.395	1.557	1.368	1.587	1.340	1.617	1.313	1.649
80	1.466	1.515	1.441	1.541	1.416	1.568	1.390	1.595	1.364	1.624	1.338	1.653
85	1.482	1.528	1.458	1.553	1.435	1.578	1.411	1.603	1.386	1.630	1.362	1.657
90	1.496	1.540	1.474	1.563	1.452	1.587	1.429	1.611	1.406	1.636	1.383	1.661
95	1.510	1.552	1.489	1.573	1.468	1.596	1.446	1.618	1.425	1.642	1.403	1.666
100	1.522	1.562	1.503	1.583	1.482	1.604	1.462	1.625	1.441	1.647	1.421	1.670

注：a 表示显著性水平，n 表示样本容量，k 表示回归模型中解释变量个数（不包括常数项），d_U 和 d_L 分别表示 D.W. 检验上临界值和下临界值。

教师服务

感谢您选用清华大学出版社的教材！为了更好地服务教学，我们为授课教师提供本书的教学辅助资源，以及本学科重点教材信息。请您扫码获取。

≫ 教辅获取

本书教辅资源，授课教师扫码获取

≫ 样书赠送

统计学类重点教材，教师扫码获取样书

 清华大学出版社

E-mail: tupfuwu@163.com
电话：010-83470332 / 83470142
地址：北京市海淀区双清路学研大厦 B 座 509

网址：http://www.tup.com.cn/
传真：8610-83470107
邮编：100084